SOMMAIRE

ÉDITORIAL

Société du Figaro. Siège social 14, boulevard Haussmann, 75009 Paris.
Président *Charles Edelstenne*. Directeur général, directeur de la publication *Marc Feuillée*.
Directeur des rédactions *Alexis Brézet*. Directeur général adjoint *Jean-Luc Breysse*.

Directeur de la rédaction *Michel De Jaeghere*. Rédactrice en chef adjointe *Isabelle Schmitz*.
Enquêtes *François-Joseph Ambroselli*. Secrétariat de rédaction *Caroline Lécharny-Maratray*.
Rédactrice photo *Carole Brochart*. Chef de studio *Françoise Grandclaude*.
Editeur *Robert Mergui*. Directeur industriel *Marc Tonkovic*. Responsable fabrication *Emmanuelle Dauer*.
Responsable pré-presse *Corinne Videau*.

LE FIGARO Hors-Série Hors-Série du Figaro. Commission paritaire : N° 0421 C 83022. ISSN : 1951 - 5065. ISBN : 978-2-8105-0914-0
Edité par la Société du Figaro. Rédaction 14, boulevard Haussmann, 75009 Paris. Tél. : 01 57 08 50 00.
Régie publicitaire MEDIA.figaro. Président-directeur général *Aurore Domont*. 14, boulevard Haussmann, 75009 Paris.
Tél. : 01 56 52 26 26. Imprimé par RotoFrance Impression, 25, rue de la Maison-Rouge, 77185 Lognes.
Origine du papier : Finlande. Taux de fibres recyclées : 0 %. Eutrophisation : Ptot 0,0093 kg/tonne de papier. Mars 2021.

Retrouvez *Le Figaro Hors-Série* sur Twitter et Facebook

Le Figaro Hors-Série est imprimé dans le respect de l'environnement.

IMPRIM'VERT

PEFC
10-31-1557
Certifié PEFC
Ce produit est issu de forêts gérées durablement et de sources contrôlées
pefc-france.org

REMERCIEMENTS. CE NUMÉRO A ÉTÉ RÉALISÉ AVEC LA PRÉCIEUSE COLLABORATION DE CHARLES-ÉLOI VIAL, CONSERVATEUR À LA BNF, DÉPARTEMENT DES MANUSCRITS, ALEXANDRA MONGIN, DÉLÉGUÉE À L'ADMINISTRATION GÉNÉRALE, FONDATION NAPOLÉON, ÉLODIE MARIANI, RESPONSABLE DE LA COMMUNICATION, CHÂTEAU DE VERSAILLES, ANGELINE HERVY, CHARGÉE DE COMMUNICATION, CHÂTEAU DE FONTAINEBLEAU, MARGAUX GRAIRE, ATTACHÉE DE PRESSE, ALAMBRET COMMUNICATION, SOPHIE CHIRICO, CHARGÉE DE COMMUNICATION ET DE MÉCÉNAT, MUSÉE NATIONAL DES CHÂTEAUX DE MALMAISON ET DE BOIS-PRÉAU, CHRISTOPHE MATTHYS, CHARGÉ DES COLLECTIONS, MUSÉE DES CANONNIERS SÉDENTAIRES DE LILLE, MANON PAINEAU, CHARGÉE DE COMMUNICATION, MUSÉE MARMOTTAN-MONET, ARIANE PLOUSSARD, CHARGÉE DE MISSION, CHÂTEAU DE GROSBOIS, FANNY CHRISTIAEN, ADMINISTRATRICE, CHÂTEAU DE VALENÇAY, DENIS GAILLARD, DIRECTION DE LA CULTURE, MUSÉES DE CHÂTEAUROUX, VALÉRIE DUPONT-AIGNAN, DIRECTRICE DE LA PROPRIÉTÉ CAILLEBOTTE, DAVID CHANTERANNE, DIRECTEUR DU MUSÉE BERTRAND DE CHÂTEAUROUX, JEAN-LOUIS JANIN DAVIET, CHARGÉ DE LA RESTAURATION ET DE LA CONSERVATION DE L'HÔTEL ABBATIAL DE LUNÉVILLE, JEAN-MARC OLIVESI, CONSERVATEUR GÉNÉRAL DU PATRIMOINE AU MUSÉE NATIONAL DE LA MAISON BONAPARTE, ODILE BIANCO, CHARGÉE DES RECHERCHES ET DE LA DOCUMENTATION AU MUSÉE NATIONAL DE LA MAISON BONAPARTE, ANGÉLIQUE DUC, CHARGÉE DE DÉVELOPPEMENT AU MUSÉE NAPOLÉON DE BRIENNE-LE-CHÂTEAU, LIONEL HALLEUX, CHARGÉ DE COMMUNICATION CHEZ EUROPA EXPO, SOPHIE TROTIN, FABRICATION, KEY GRAPHIC, PHOTOGRAVURE.

FAITES ENTRER L'ACCUSÉ !

Chateaubriand, retour d'exil, avait écrit que Bonaparte avait été « *marqué de loin* » par la Providence « *pour l'accomplissement de ses desseins prodigieux* ». On était en 1803 et le Concordat avait, de fait, dopé les ventes du *Génie du christianisme,* dont on publiait la deuxième édition. L'écrivain en était vite revenu, comparant dès 1807 dans le *Mercure de France* l'Empereur à Néron et dénonçant, derrière « *le tyran déifié (...), l'histrion, l'incendiaire et le parricide* ». Il avait quitté entre-temps la Carrière. Il n'espérait plus jouer de rôle politique sous l'Empire et vivait le parfait amour avec Natalie de Noailles, beauté ensorcelante issue d'un milieu royaliste où l'on espérait encore une chute rapide du régime : sous la forme d'un coup d'audace, l'article avait eu quelque chose d'un serment d'amour. Ecrit au lendemain d'Eylau, où les armes avaient paru, soudain, contraires aux espérances françaises, il avait été publié après la victoire de Friedland, à la veille de l'apogée de Tilsit. « *L'acte de courage devenait un suicide* », écrit André Maurois. Le contretemps avait valu à Chateaubriand les foudres du maître, et plusieurs années de relégation à la Vallée-aux-Loups.

Le 4 avril 1814, alors que depuis cinq jours Paris a capitulé devant les troupes alliées, et tandis que le tsar, vainqueur, hésite encore sur le gouvernement auquel il va confier la France, Chateaubriand fait paraître *De Buonaparte et des Bourbons.* La brochure a été écrite dans l'urgence et la fièvre. L'écrivain en avait, pendant sa rédaction, caché chaque nuit sous son oreiller le manuscrit, laissant deux pistolets chargés auprès de son lit. Plaidoyer pour le retour de la branche aînée des Bourbons sur le trône de leurs pères, elle accable un « *Buonaparte* » désormais désigné comme un fléau du Ciel avec toute la violence et l'excès d'une œuvre de combat. L'Empereur déchu n'avait été, à la lire, qu'un étranger sans parole et sans lois, qui avait semé le crime et l'oppression dans le sillage de la plus tatillonne des dictatures policières, livré le pays au pillage afin de financer une administration tracassière, poursuivi des conquêtes inutiles au fil desquelles il avait mis la jeunesse de France en coupe, épuisant son armée dans l'absurde guerre d'Espagne et la désastreuse campagne de Russie, au terme de laquelle il avait lui-même abandonné ses hommes à la défaite et à la mort.

Le libelle n'était pas, à vrai dire, le premier du genre. D'autres avaient, dès 1813, commencé à paraître sous le manteau. Ils dénonçaient l'Ogre qui avait fait périr plus d'un million de soldats et réclamait chaque année, comme Moloch, sa ration de chair fraîche ; l'Antéchrist qui avait emprisonné le pape et détrôné les rois. De 1814 à 1821, les pamphlets se multiplièrent. Jean Tulard en a recensé plus de cinq cents (*L'Anti-Napoléon,* 1964). Ils se proposaient de dissiper les images glorieuses imprimées aux esprits par quinze ans de propagande, en même temps que de désarmer les nostalgies que pouvait faire naître le souvenir de l'épopée, par comparaison au spectacle d'un roi podagre, régnant sur une France diminuée. L'euthanasie des pestiférés de Jaffa, le départ clandestin d'Egypte, les violences antiparlementaires du 19 brumaire et l'abandon de la Grande Armée lors de la retraite de Russie offraient les thèmes autour desquels s'ordonnaient mille et une variations. Les ultras ne pardonnaient pas à Napoléon d'avoir retardé une Restauration qui aurait pu survenir, sans lui, dès octobre 1795 ; qui avait été à deux doigts de se faire en 1799, dix ans à peine après la prise de la Bastille. Les libéraux lui reprochaient d'avoir détourné le cours de la Révolution pour installer son pouvoir personnel. Mme de Staël et Benjamin Constant regrettaient qu'il n'ait pas mieux suivi les leçons du salon de Coppet, et respecté les libertés modernes.

Un demi-siècle passe. Pour son *Grand dictionnaire universel du XIXe siècle*, appelé à devenir la bible des instituteurs de la IIIe République, Pierre Larousse consacre en 1867 et 1874 deux articles distincts à Bonaparte et à Napoléon (ils ont chacun la taille d'un livre). Le premier avait porté « *le nom le plus grand, le plus glorieux, le plus éclatant de l'histoire* ». Mais il était « *mort au château de Saint-Cloud, près de Paris, le 18 brumaire* ». L'autre était un général factieux, un usurpateur et un parvenu, étranger à la France « *par la race et par les idées* », fossoyeur d'une Révolution dont il avait étouffé « *les principes et les résultats (...) dans des vues de grandeur personnelle et d'intérêt privé* », méprisant pour un peuple qu'il n'appréciait que pour sa « *force brute, dans la mesure où il pouvait l'exploiter pour ses tueries* ». Son règne avait été une « *réaction haineuse* » imitée du « *césarisme byzantin* ».

A l'autre extrémité du spectre politique, Jacques Bainville rouvrit le dossier en 1931, avec une biographie qui, plus qu'un récit de la vie de l'Empereur (celle de l'homme privé avait été, déjà, détaillée dans les livres de Frédéric Masson ; celle de l'homme public, racontée dans l'*Histoire du Consulat et de l'Empire* d'Adolphe Thiers), se voulait réflexion sur le sens de son aventure. Son analyse était plus subtile. Elle était à peine moins sévère : Napoléon avait poursuivi, à ses yeux, une ambition dont il n'avait pas les moyens. Faire accepter à l'Angleterre, à l'Autriche et à la Prusse l'annexion de la Belgique et l'hégémonie française sur l'Europe aurait pu être l'œuvre d'une dynastie. Elle demandait des siècles, une continuité, une stabilité, du temps dont, faute de légitimité, Napoléon était dépourvu. Il s'était efforcé de l'imposer à la hussarde, déployant les ressources de tout son génie pour surmonter la précarité de victoires encore et toujours à refaire. Il s'était heurté aux lois inexorables de l'histoire, et il avait fini par laisser la France, exsangue, plus petite qu'il ne l'avait reçue. « *Sauf pour la gloire, sauf pour l'"art"*, concluait-il, *il eût probablement mieux valu qu'il n'eût pas existé.* »

Publiant en 1937 *Jeanne d'Arc, Louis XIV, Napoléon,* Charles Maurras y reprit à son compte les analyses de son ami Bainville en s'efforçant de traiter Bonaparte « *de sang-froid* ». Rendant hommage à « *l'épée fulgurante* » qui avait porté l'art militaire français à l'« *incandescence* », il reprochait au souverain d'avoir miné

Editorial

par Michel De Jaeghere

l'Europe de l'ordre et de l'équilibre en y infusant le principe des nationalités, qu'il jugeait appelé à rendre les nations, *« déesses d'un monde nouveau »*, insatiables. Simplifiant au cœur du continent le chaos germanique, Napoléon avait en outre ouvert la voie dangereuse de l'unité de l'Allemagne. Il pouvait bien avoir abaissé et démembré la Prusse : réveillant, par son humiliation même, le sentiment national allemand, il avait, avec la confédération du Rhin, offert pour l'avenir aux Hohenzollern un formidable champ d'expansion. Son œuvre intérieure avait, dans le même temps, avalisé la destruction révolutionnaire des corps intermédiaires au nom d'un égalitarisme qui laissait désormais l'individu nain en tête à tête avec l'Etat-géant.

Le réquisitoire comportait, cependant, cet étrange codicille, qui en dit long sur le regret d'avoir dû, par raison raisonnante, refuser de céder à l'enchantement : *« Il y a l'homme, disait le maréchal Lyautey ! On ne cite pas de créature plus émouvante. L'admiration ne tarit pas. Mémoire immense, génie de l'organisation, flamme de rêve, psychologie aiguë, puissance de travail, étendue et ressort de la volonté, le sujet est inépuisable, et l'épuiserait-on, il resterait le charme : le romantique charme d'une carrière unique par l'abrupte sauvagerie du point de départ, le vertige de l'apogée, l'éloignement du point de chute. (…) Le tout oblige à répéter :* "Encore une fois, je le trouve grand !" »

Le bicentenaire de la mort de Napoléon est commémoré en 2021 par l'organisation d'une splendide rétrospective de sa vie et de son œuvre à la Grande Halle de La Villette, en même temps que par une superbe exposition sur ses derniers instants au musée de l'Armée (« Napoléon n'est plus »). Par le nombre des publications, colloques, conférences, expositions parisiennes et provinciales qu'a coordonnés à cette occasion la Fondation Napoléon, on mesure que, cinquante-deux ans après le lancement des festivités qui avaient célébré, en 1969, l'anniversaire de sa naissance, la ferveur n'est pas retombée en France.

Ce même bicentenaire est marqué pourtant, dans la presse et le monde politique, par la reprise du procès dont Napoléon est l'inusable prévenu, et qui semble ne jamais devoir se conclure. Les chefs d'accusation ont cependant changé de nature. Napoléon n'est plus menacé par le feu croisé des jacobins et des ultras, des libéraux, des contre-révolutionnaires et des républicains. On ne lui demande plus compte de l'équilibre européen non plus que du respect des libertés individuelles. Foin de ces vieilleries ! Victime de l'intersectionnalité des luttes, il doit désormais répondre d'accusations relatives au nouvel ordre moral qui fait chaque jour sentir son emprise de manière un peu plus étouffante. Napoléon n'avait-il pas traité les femmes, dans le Code civil, en mineures ? Ne s'était-il pas lui-même comporté parfois comme un soudard avec certaines d'entre elles ? N'avait-il pas négligé d'abolir l'esclavage en Martinique, lorsqu'il avait recouvré en 1802 la souveraineté sur l'île, où il avait été maintenu par les Anglais depuis 1794 ? Pis encore, cédant aux incitations du Sénat conservateur, aux pressions des planteurs, ne l'avait-il pas rétabli en Guadeloupe au prétexte que son abolition avait ruiné l'île ? N'y eut-il pas là chez lui une manifestation typique du « racisme systémique » de cet Occident que des populations du monde entier s'efforcent par tous les moyens de rejoindre alors même qu'on paraît ne jamais devoir clore la liste de ses crimes ?

Napoléon fut, pour le meilleur et pour le pire, un homme blanc ; il n'était pas vegan, il ne triait pas ses déchets. Il est trop tard pour lui en faire grief (nul ne propose encore que soient réexhumées ses cendres et qu'elles soient jetées, en signe d'exécration, à la fosse commune : cela viendra peut-être). Mais il reste loisible aux spécialistes du harcèlement démocratique de tenter de nous interdire de nous pencher sur son souvenir sans faire au préalable repentance. Nous en avons, depuis vingt ans, tellement pris l'habitude ! Cela ne serait, après tout, qu'une fois de plus.

Notre réponse aura pourtant, ici, quelque chose de plus décisif. On pourrait certes tenter de faire valoir que Napoléon fut homme de son temps, qu'engagé dans le maelström politique il avait accepté de s'y compromettre, et de faire, ici ou là, des choix discutables, des erreurs de jugement, des fautes, mais qu'il s'était efforcé d'étreindre son époque avec une énergie sans pareille, et avait fait briller, dans le brouhaha d'une France à peine sortie de la commotion révolutionnaire, des éclairs de génie. Ce serait en quelque sorte plaider les circonstances atténuantes. Mais ces arguments seraient en réalité irrecevables pour ses adversaires, et il est temps peut-être d'adopter contre l'indigénisme, la *cancel culture* et leurs produits dérivés ce que Jacques Vergès appelait *« la défense de rupture »*. Car les animateurs de cette campagne se moquent bien au fond de Napoléon, des femmes et de l'esclavage. S'ils entendent substituer, à Rouen, la statue de Gisèle Halimi à celle de l'Empereur parce qu'elle fut militante de la cause féministe et avocate du FLN, c'est bien parce que l'histoire de l'Empire les indiffère. Ce qu'ils veulent, c'est nous imposer les canons de leur nouvelle morale en décrétant ce qui a droit ou non à notre admiration. Ce qui les indispose, chez Napoléon, ce ne sont pas les faiblesses réelles ou supposées de son règne, c'est d'avoir illustré de manière éclatante ce « monde d'avant » dont ils entendent nous faire honte afin de désarmer en nous le désir de rester ce que nous sommes. Ce qu'ils lui reprochent, c'est en définitive cela même que lui reconnaissait Maurras, pourtant adversaire de sa cause : d'avoir été *« grand »*, à l'image de l'histoire et de la civilisation dont il a été, un instant, le porte-parole et l'incarnation. La réponse que nous ferons à ses accusateurs dépassera dès lors le cadre d'une controverse savante : elle témoignera de notre volonté de poursuivre l'aventure, ou de notre résignation à sortir, confus, de l'histoire.

À L'ÉCOLE MILITAIRE DE BRIENNE

Ci-contre : *Napoléon Bonaparte en 1780*, par Eugène Guillaume, vers 1860 (Rueil-Malmaison, Musée national des châteaux de Malmaison et de Bois-Préau). En fond : bordure de la tenture qui ornait les côtés du char funèbre de l'Empereur lors du retour des Cendres le 15 décembre 1840 (Rueil-Malmaison, Musée national des châteaux de Malmaison et de Bois-Préau).

NAPOLÉON

LES ORS DE L'EMPIRE

Sous la houlette de Bernard Chevallier et d'Arthur Chevallier, le bicentenaire de la mort de Napoléon est célébré à la Grande Halle de La Villette par une magnifique exposition RMN-Grand Palais qui regorge de peintures, de sculptures, de meubles raffinés, de porcelaines de Sèvres, de mannequins drapés d'uniformes de « grognards », d'objets de l'Empereur, et tant d'autres reliques impériales témoignant de son ascension vers le sommet, de ses conquêtes, ou de sa chute. Trésors de l'art français ou simples souvenirs historiques, ces œuvres impérissables dévoilent les mille facettes d'une époque hors du commun.

« Je sortais de la foule ; il me fallait, de nécessité, me créer un extérieur, me composer une certaine gravité, en un mot, établir une étiquette, autrement l'on m'eût journellement frappé sur l'épaule. »

« Ce qui est grand est beau »

Le chemin de la gloire

Bonaparte connaissait l'importance de la communication visuelle de masse. Lorsque, en août 1800, le roi d'Espagne Charles IV commanda au peintre Jacques-Louis David un portrait du Premier consul *« en pied et de grandeur naturelle »* pour l'exposer au côté d'autres portraits signés Titien, Rubens ou Velázquez dans son palais royal de Madrid, le conquérant s'empara de l'idée : après s'être mis d'accord avec David pour être représenté *« calme sur un cheval fougueux »* franchissant le col du Grand-Saint-Bernard, il ordonna, simultanément à l'achèvement du tableau destiné au roi d'Espagne, la réalisation d'une autre version pour le château de Saint-Cloud (aujourd'hui conservée à Berlin) : *« Bonaparte s'affirme à la fois comme un chef d'Etat et un chef de guerre. C'est le début de la confusion du pouvoir civil et militaire »*, souligne Arthur Chevallier, l'un des deux commissaires principaux de l'exposition de La Villette. Trois autres répliques furent exécutées entre 1801 et 1803, dont celle destinée à orner la bibliothèque de l'hôtel des Invalides où le futur empereur fixe le spectateur d'un regard impétueux *(page de droite, Musée national des châteaux de Versailles et de Trianon)*. Comme sur les autres versions, les noms d'Hannibal et de Charlemagne, qui avaient franchi les Alpes avant lui, sont inscrits sur les rochers au premier plan au côté du sien, tandis que la mule qu'il avait utilisée pour l'expédition s'est métamorphosée en pur-sang espagnol. Après sa mort, son image *« possède »* le monde selon la formule de Chateaubriand, et les représentations idéalisées envahissent les galeries d'art et les expositions. La magnifique sculpture en bronze argenté réalisée en 1857 par Louis Rochet *(ci-contre, Musée national des châteaux de Versailles et de Trianon)* témoigne du regain de popularité de l'Empereur sous le règne de son neveu Napoléon III : représenté en jeune étudiant au collège militaire de Brienne, le futur conquérant a déjà sa main glissée dans son gilet et songe à son destin.

BONAPARTE
KAROLVS. MAGNVS IMP

ÉGYPTOMANIE Le désastre de l'expédition d'Egypte fut l'occasion pour Bonaparte d'exercer son talent de communicant : épaulé de cent soixante-sept ingénieurs, imprimeurs, dessinateurs, peintres, graveurs et sculpteurs, il la transforma en événement culturel majeur : *« Napoléon a su occulter sa défaite militaire par la publication d'ouvrages scientifiques qui ont pérennisé sa gloire »*, souligne l'historien de l'art Bernard Chevallier, co-commissaire de l'exposition de La Villette. L'aventure orientale du célèbre général participa aussi à la recrudescence, en France, du goût pour l'Egypte ancienne, et marqua durablement les esprits, comme en témoigne ce bronze de Meurant du XIXe siècle *(ci-dessus, Paris, Fondation Napoléon)*, représentant le conquérant juché sur un dromadaire.

L'ART DE LA GUERRE
Ci-contre : mannequin de trompette du régiment des Dromadaires (Paris, musée de l'Armée). Créé le 9 janvier 1799 par Bonaparte, six mois après le débarquement de son armée à Alexandrie, ce régiment était composé de 389 hommes *« montés sur un dromadaire, armés de fusil, baïonnette, giberne, comme l'infanterie et d'une très longue lance »*. Capables de parcourir soixante kilomètres par jour sans manger ni boire, ces mammifères étaient parfaitement adaptés au climat égyptien, et aux dunes du désert.

HABIT DU DIMANCHE Sur le chemin du retour de Marengo, Bonaparte fait escale à Lyon, les 28 et 29 juin 1800, où la municipalité lui offre un magnifique habit de Premier consul *(ci-contre, Rueil-Malmaison, Musée national des châteaux de Malmaison et de Bois-Préau)*, en velours de soie rouge corail, brodé de motifs de feuilles d'olivier. Avec son col droit et son rang unique de boutons, cette tenue « à la française » diffère quelque peu de l'habit quotidien porté par le Premier consul dans son portrait peint par Antoine-Jean Gros en 1802 *(ci-dessus, Paris, Musée national de la Légion d'honneur)*.

LE ROI DES MEUBLES Décrété empereur le 18 mai 1804, Napoléon établit aussitôt une nouvelle étiquette. Si le roi recevait dans sa chambre, lui se réserve un cadre plus solennel : il ordonne la confection de trônes en bois d'acajou doré pour les Tuileries et le château de Saint-Cloud, mais aussi pour le Corps législatif et le Sénat, bien qu'il s'y rende rarement. Dessiné par Jean-François Chalgrin et réalisé, comme les autres versions, par l'ébéniste Jacob-Desmalter et le brodeur Picot, l'exemplaire livré au Sénat *(ci-contre, Paris, Sénat de la République française)* inspire le respect de l'Empire avec ses lignes droites, son velours de soie cramoisi, ses broderies d'or, et ses deux sphinges musclées. Débarrassé de ses emblèmes impériaux sous la Restauration, il fut finalement restauré sous Napoléon III.

« MON AMBITION ÉTAIT GRANDE »

ÉPÉE DE DAMOCLÈS
Commandée en 1801, l'épée dite « du Sacre » *(ci-contre, Musée national du château de Fontainebleau, musée Napoléon Ier)* fut arborée pour la première fois par le Premier consul Bonaparte à Notre-Dame de Paris, le 18 avril 1802, lors de la messe de Pâques qui consacra publiquement la promulgation du Concordat. Deux ans plus tard, l'Empereur la portait lors de son couronnement dans la même cathédrale et le peintre François Gérard la représenta à son côté dans son portrait en grand habillement *(page de droite, 1808, Musée national des châteaux de Versailles et de Trianon).* En 1812, elle fut délestée de ses quarante-deux diamants pesant au total deux cent cinquante-quatre carats, pour être sertie de décorations en cristal de roche.

GRAND COUVERT Offert à l'Empereur par la Ville de Paris à l'occasion du sacre, le service d'orfèvrerie appelé le « Grand Vermeil » était utilisé lors des banquets officiels. Des quelque mille pièces qui le composaient, il ne subsiste plus que vingt-six éléments, parmi lesquels ce pot à oille sommé de la figure de l'Histoire *(ci-dessus, Musée national du château de Fontainebleau)*. Il décora la table du mariage de Napoléon avec Marie-Louise en 1810, au côté du « service particulier de l'Empereur » et ses assiettes en porcelaine de Sèvres ornées de vues d'endroits chers à son cœur *(page de gauche, « Vue de Malmaison », 1808, Musée national des châteaux de Malmaison et de Bois-Préau)*.

PAGE DE GAUCHE : © RMN-GP (MUSÉE DES CHÂTEAUX DE MALMAISON ET DE BOIS-PRÉAU)/ANDRÉ MARTIN. © RMN-GP (CHÂTEAU DE FONTAINEBLEAU)/THIERRY OLLIVIER. © MP/LEEMAGE.

CŒUR DE BOIS Fabriqué en 1806 dans les ateliers de la famille Levasseur, ce secrétaire *(ci-contre, Paris, Fondation Napoléon)* témoigne du savoir-faire des artisans français sous l'Empire. L'essence sombre de l'acajou et la blondeur du buis sont ici rehaussées par des incrustations d'écaille, de nacre, de lapis-lazuli ou de corail, tandis que des appliques en bronze doré font ressortir les veines du bois. Ce meuble aurait pu avoir sa place dans les salons du château de Malmaison où l'impératrice Joséphine *(ci-dessus, en costume du sacre, après 1808, d'après François Gérard, Musée national des châteaux de Malmaison et de Bois-Préau)* avait déployé son goût pour le luxe.

© PHOTO12/COLLECTION FONDATION NAPOLÉON/ PHOTOGRAPHIE PATRICE MAURIN-BERTHIER.

CHEF DE GUERRE

DES HOMMES ET DES LIONS **Les grenadiers à pied de la Garde *(ci-dessus, mannequin, 1810, Salon-de-Provence, musée de l'Empéri)* composaient la fine fleur de l'armée impériale. Chargés de la protection de l'Empereur, ils étaient ces fameux « grognards » braves et fidèles, qui sont passés à la postérité. Pour intégrer ce corps d'élite, au moins cinq années de service et une réputation exemplaire étaient nécessaires. Il fallait en outre avoir déjà participé à deux campagnes, et mesurer plus de cinq pieds et cinq pouces, soit 1,76 mètre. Ci-contre : mannequin de sapeur du 23e régiment d'infanterie de ligne (Salon-de-Provence, musée de l'Empéri). Ancien régiment Royal renommé pendant la Révolution, le 23e régiment d'infanterie de ligne se distingua notamment pendant la bataille de Wagram. Sa devise renseignait l'ennemi sur l'ardeur au combat de ses soldats : *« Ce ne sont pas des hommes, ce sont des lions. »***

STRATÈGE Avant chaque bataille, Napoléon étudie le terrain et mobilise ses agents de renseignement pour connaître l'emplacement exact des troupes ennemies. Les informations récoltées sont soigneusement répertoriées sur des cartes, à l'image de celle qui a appartenu à son fils adoptif, le prince Eugène, vice-roi d'Italie *(ci-dessous, Salon-de-Provence, musée de l'Empéri)*, où les épingles indiquent la position des forces françaises et coalisées : elles portent les noms d'officiers qui se sont affrontés en Allemagne en 1813.

BOULET ROUGE Ci-dessus : bâton de maréchal de France du maréchal Davout (Paris, musée de l'Armée). Le titre de maréchal était une dignité civile conférant un rang à la Cour et l'honneur d'être appelé *« Mon cousin »* par l'Empereur. Ci-dessous : canon de campagne de 4 livres (Lille, musée des Canonniers sédentaires). Ce canon léger fournissait un soutien direct aux fantassins engagés sur le champ de bataille. Hérité du système d'artillerie mis au point par le général de Gribeauval de 1763 à 1789, il se montra décisif lors de la guerre d'indépendance américaine, mais aussi pendant les guerres révolutionnaires et les premières campagnes napoléoniennes, avant d'être progressivement remplacé par le canon de 6 livres à partir de 1803. Artilleur de formation, Bonaparte était partisan d'une artillerie à cheval, capable d'approcher l'ennemi et de le faucher à courte distance.

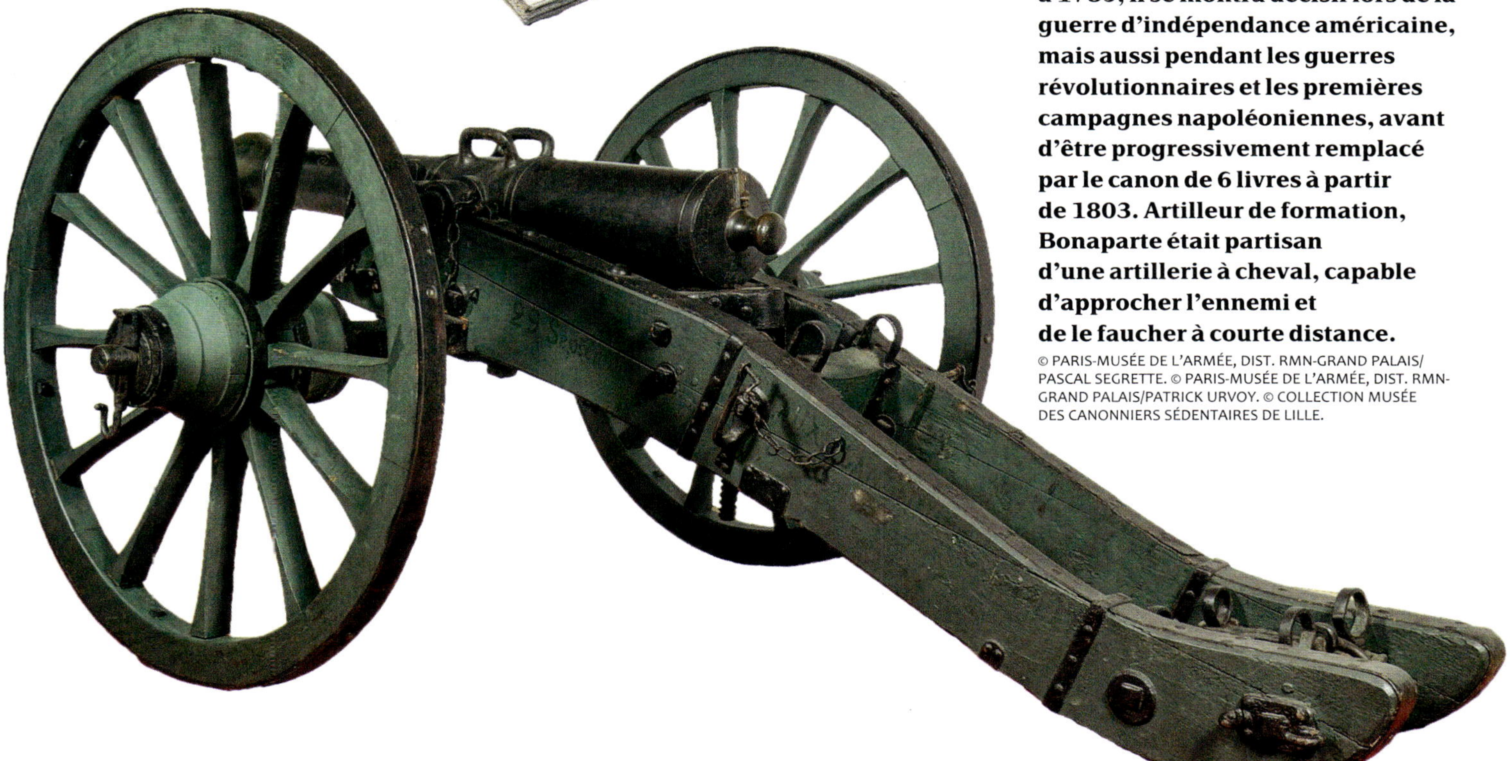

AGONIE Le 5 mai 1821, à 5 h 49 du soir, Napoléon, âgé de cinquante et un ans, rend son dernier souffle sur l'île de Sainte-Hélène. Dans l'après-midi du 7 mai, un moulage en creux du visage du défunt est réalisé avec du plâtre grossier, obtenu à partir de gypse trouvé sur l'île. Subtilisée dans la nuit par le clan français pour qu'elle ne reste pas aux mains des geôliers, la partie faciale est ramenée en Europe par le général Bertrand et sa femme, afin qu'elle serve de moule à plusieurs épreuves en plâtre fin. Deux de ces copies sont aujourd'hui conservées au château de Malmaison : le masque dit « Bertrand », qui resta dans la famille du général jusqu'à la fin du XIXe siècle avant d'être versé dans les collections publiques, ainsi que le masque dit « Antommarchi » *(ci-contre, Musée national des châteaux de Malmaison et de Bois-Préau)*, du nom du médecin de l'Empereur en exil, François Antommarchi, à qui il appartenait. Ce féru d'anatomie fit passer ce masque pour l'original et le fit dupliquer en série à partir de 1834. Sans doute envoyée à Madame Mère en Italie en 1821, l'empreinte faite à Longwood demeure quant à elle introuvable. Des études scientifiques sont néanmoins en cours pour vérifier qu'elle ne se cache pas derrière l'une des copies historiques.

LES DERNIERS FEUX

LA PLUME ET LE FUSIL Ci-contre : plume d'oie de Napoléon à Sainte-Hélène, avec cachet de cire impérial (Salon-de-Provence, musée de l'Empéri). A Sainte-Hélène, l'Empereur livra son ultime combat : rédiger ses Mémoires. L'ancien conquérant dut se contenter de *« vivre du passé »* selon la formule de Las Cases. Près d'un demi-siècle plus tard, en 1866, le sculpteur Vincenzo Vela imagina un Napoléon vivant ses derniers moments, avachi sur son fauteuil, une carte sur ses genoux, le regard fixe *(page de droite, Musée national des châteaux de Versailles et de Trianon)*. La sculpture fut achetée par Napoléon III avant d'être déclinée en bronzes de tailles diverses. L'Empereur avait achevé sa dernière conquête : celle des esprits.

EUROPA
VINCENZO VELA
1822 - 1891

GÉNÉRAL EN CHEF
Ci-contre : *Napoléon Bonaparte en 1797*, par Eugène Guillaume, vers 1860 (Rueil-Malmaison, Musée national des châteaux de Malmaison et de Bois-Préau).

NAPOLÉON

DOUZE JOURNÉES DE LA VIE DE L'EMPEREUR

PAR JEAN TULARD, *DE L'INSTITUT*

De son enfance corse jusqu'à son exil au milieu de l'océan Atlantique, Napoléon fut animé par l'envie irrésistible de *« remplir ses destinées »*.

« J'ai eu de vastes projets et en grand nombre, tous assurément bien dans l'intérêt de la raison et du bien-être de l'espèce humaine. On me redoutait à l'égal de la foudre ; on m'accusait d'avoir une main de fer ; mais dès qu'elle eût frappé le but, tout se serait radouci et pour tous. Que de millions d'êtres m'eussent béni alors et dans la postérité ! Mais, il faut en convenir, que de fatalités se sont accumulées contre moi sur la fin de ma carrière ! Mon malheureux mariage, les perfidies qui en ont été la suite ; ce chancre de l'Espagne, sur lequel il n'y avait pas à revenir ; cette funeste guerre de Russie, qui m'est arrivée par malentendu ; cette effroyable rigueur des éléments, qui a dévoré toute une armée…, et puis l'univers entier contre moi !… »

Napoléon, le 20 juillet 1816, cité par le comte de Las Cases.

11 juin 1793

LE RÊVE CORSE

Refusant de suivre l'indépendantiste Paoli prêt à s'allier aux Anglais pour faire sécession, Napoléon est contraint de fuir la Corse avec sa famille.

Comment devient-on Napoléon ? Le deuxième fils de Charles Marie Bonaparte et de Letizia Ramolino, est né le 15 août 1769, à Ajaccio, dans une Corse tout récemment passée de la domination génoise à celle de la France, à la suite du traité de Versailles du 15 mai 1768. Chateaubriand soulignera avec délices qu'à quelques mois près, le futur empereur ne serait pas né français. Lui, fera en 1806 de son anniversaire (c'était aussi celui du concordat de 1801) une fête carillonnée, la Saint-Napoléon (improbable martyr du début du IVe siècle dont le nom était peu utilisé, même en Corse), qui viendra se superposer à la fête de l'Assomption : on y chantera un *Te Deum* après la traditionnelle procession à la Sainte Vierge pour remercier le ciel de la paix religieuse retrouvée.

Pasquale Paoli avait défendu en vain l'indépendance de l'île ; il avait été vaincu à Ponte-Novu, en mai 1769, et s'était exilé. Charles Bonaparte, qui avait combattu à ses côtés, avait alors rallié les Français, qui avaient brisé toute résistance.

Le nouveau gouverneur, le comte de Marbeuf, est pourtant soucieux de gagner les élites corses à la France. Sensible au charme de Mme Letizia, il fait galamment reconnaître la noblesse, d'origine florentine, des Bonaparte par M. d'Hozier, ouvrant ainsi à Napoléon les écoles d'officiers du continent.

Napoléon quitte la Corse le 15 décembre 1778. Il sera successivement élève au collège d'Autun, puis à celui de Brienne et enfin à l'Ecole militaire de Paris. Au sortir de celle-ci, le 28 octobre 1785, il est nommé lieutenant au régiment de La Fère, à Valence.

Se sent-il pour autant français, comme l'espérait M. de Marbeuf ? Nullement. A Valence, l'ennui d'une ville de garnison et la nostalgie de la Corse, qu'il n'a pas revue depuis 1778, le saisissent. Il écrit, pour lui-même, le 3 mai 1786 : *« Quel spectacle verrai-je dans mon pays ? Mes compatriotes chargés de chaînes et qui baisent en tremblant la main qui les opprime ! »* On ne peut être plus hostile à la France, alors qu'on est officier du roi Louis XVI. Son grand homme est alors ce Paoli qu'a abandonné son père et qui symbolise le patriotisme corse.

Après sept ans d'absence, Napoléon retrouve cependant son île natale à la faveur d'un congé semestriel, le 15 septembre 1786. Son père mort, c'est lui qui doit s'occuper des affaires de famille. La Corse l'envoûte ; il rêve d'en écrire l'histoire et ne la quitte à regret que le 12 septembre 1787.

Il est de retour à Ajaccio dès le 1er janvier 1788. Il y reste jusqu'en mai, négligeant sa carrière militaire et indifférent au bouillonnement des esprits qui agite la France. Il écrit une lettre à Paoli, qu'il admire toujours : *« Je naquis quand la patrie périssait. »*

Le revoici à nouveau en Corse, fin septembre 1789. L'île est en effervescence. Elle devient un département français et Paoli est autorisé à revenir. Aussitôt, Napoléon se range à ses côtés.

Lors d'un nouveau séjour en Corse, en septembre 1791, Napoléon décide de devenir le lieutenant de Paoli. Il achète des biens nationaux et se fait élire lieutenant-colonel en second du 2e bataillon de volontaires corses.

Peu importe que la guerre éclate sur le continent et que la monarchie soit renversée : son avenir est en Corse. Là et nulle part ailleurs. Il le sent, il le sait.

Ses relations avec Paoli, toutefois, ne sont pas simples : celui-ci n'a pas oublié la trahison de Charles Bonaparte et voit en son fils un officier français dont le zèle finit par l'agacer.

Or, sur le continent, les événements se précipitent. Une partie de la France se soulève contre la Convention. En mars 1793, la Vendée s'insurge, puis c'est le tour de Bordeaux, Marseille, Caen et Toulouse après la chute de la Gironde, le 2 juin. Paoli, qui rêve d'une Corse indépendante, se rapproche des Anglais bien installés en Méditerranée. Napoléon s'y oppose. Son admiration pour Paoli, qu'il découvre vieilli et aux mains de la faction pro-anglaise dirigée par Pozzo di Borgo, soudain, s'effondre.

Quand Paoli est mis hors la loi par la Convention le 2 avril 1793, Bonaparte rejoint les conventionnels envoyés en mission pour rétablir l'ordre. Une opération contre Ajaccio, aux mains des partisans de Paoli, échoue le 31 mai.

Il ne reste à Napoléon, réfugié à Calvi, qu'à fuir avec sa famille en bateau le 11 juin. *« Tout avait plié ; ma présence n'était bonne à rien, je quittai la Corse. »*

Il n'y fera plus, à son retour d'Egypte, qu'un bref passage. C'est sur le continent que s'écrira son histoire. ***JT***

PREMIERS GALONS

Page de droite : *Napoléon Bonaparte, lieutenant-colonel au 2e bataillon de la Corse en 1792*, par Henri Félix Emmanuel Philippoteaux, 1835 (Versailles, musée du Château).
Ci-contre : Bonaparte à l'Ecole royale militaire de Brienne, illustration de Job tirée de *Bonaparte* de G. Montorgueil et Job (Boivin et Cie éditeurs, 1910).

10 mai 1796

LA GLOIRE EN ITALIE

Après avoir écrasé les Sardes, Bonaparte remporte à Lodi une victoire éclatante sur les Autrichiens.

La page corse est tournée. Bonaparte se retrouve projeté dans l'histoire d'une Révolution qu'il a jusqu'alors dédaignée. Il réintègre une armée qui n'est plus royale mais révolutionnaire. Il devient montagnard, la cause fédéraliste s'étant confondue avec un Paoli désormais honni.

Le voilà capitaine d'artillerie, assiégeant en septembre 1793 Toulon avec l'armée de la Convention. C'est là que se révèle son génie militaire. Ses canons précipitent la chute du port alors aux mains des royalistes et des Anglais. L'époque est aux promotions foudroyantes. En récompense, le 22 décembre 1793, il est nommé général de brigade. Mais il doit cette nomination au frère de Robespierre. La chute de l'Incorruptible le 9 Thermidor (27 juillet 1794) lui vaut dès lors d'être destitué et, un temps, mis en état d'arrestation. S'est-il à nouveau trompé dans son choix ?

En proie aux difficultés financières, il est à Paris à la recherche d'un commandement lorsque la Convention doit faire face à une insurrection royaliste. Barras, qui défend l'Assemblée, sollicite les généraux républicains qui se trouvent dans la capitale. Parmi eux, ce Bonaparte qu'il a rencontré lors d'une mission dans le Midi. Les canons du jeune général vont une nouvelle fois faire merveille le 13 Vendémiaire (5 octobre 1795) alors que la Convention est cernée par 25 000 insurgés. Bonaparte n'avait pas assisté en vain à la prise des Tuileries, le 10 août 1792. Il avait été marqué par la violence et l'efficacité de l'émeute. Il empêche cette fois la concentration des sections contre-révolutionnaires en interdisant les avenues donnant accès au quartier par des pièces d'artillerie. Il y est aidé par un jeune chef d'escadrons : Joachim Murat. Sans doute ne canonnent-ils pas la foule sur les escaliers de Saint-Roch, comme le prétendra la légende (la topographie des lieux s'y oppose), mais ils dispersent sans faiblesse les émeutiers. Il n'y aura pas de restauration monarchique. La place est libre pour le Directoire. Paris, selon le mot de Michelet, va redevenir très gai.

Bonaparte est pour la première fois dans le camp des vainqueurs. Il y a gagné la main d'une ancienne maîtresse de Barras, Joséphine de Beauharnais, et le commandement de l'armée d'Italie qui doit faire une manœuvre de diversion quand les armées de Sambre-et-Meuse (sous Jourdan) et du Rhin (sous Moreau) porteront les coups décisifs aux Autrichiens et marcheront sur Vienne.

Ce commandement, Bonaparte l'a passionnément souhaité, car il avait déjà élaboré plusieurs plans d'invasion de la péninsule sous Robespierre.

Le 26 mars 1796, il est à Nice. Le lendemain, il reçoit les généraux placés sous ses ordres : Masséna, Augereau, Laharpe et Sérurier. Ils ont mal accueilli sa nomination : ce général ne compte à son actif qu'une opération peu glorieuse de maintien de l'ordre, il est nouveau sur les champs de bataille de l'Europe. Masséna le considère comme un intrigant, Augereau le tient pour un imbécile. La légende veut que, d'un seul regard, il les ait subjugués.

Autre légende : le dénuement de l'armée d'Italie, qui a été exagéré. Dernière légende : la fameuse proclamation que lui aurait adressée Bonaparte : *« Soldats, vous êtes nus, mal nourris ; le gouvernement vous doit beaucoup, il ne peut rien vous donner. (...) Je veux vous conduire dans les plus fertiles plaines du monde. (...) vous y trouverez honneur, gloire et richesses. »* Rien de tout cela n'est vrai. La harangue date de Sainte-Hélène.

En face, l'armée austro-sarde compte 80 000 hommes contre à peine 60 000 pour les Français, mais elle est commandée par des généraux âgés : Beaulieu a soixante-dix ans, Wurmser soixante et onze. Bonaparte, comme Joubert, en a vingt-six.

Il va appliquer là, d'emblée, ce qui va devenir son principe favori : la surprise. Elle repose sur la rapidité de ses déplacements, et la concentration de ses forces pour affronter les uns après les autres sans se disperser ses adversaires. Il surgit par le col de Cadibone le 11 avril 1796, entre les forces autrichiennes et l'armée sarde, et en trois jours les sépare. Il repousse les Autrichiens à Montenotte le 12 avril, écrase sur sa gauche les Sardes à Millesimo le 13 puis sur sa droite les Autrichiens à Dego le 15. Déjà très éprouvés, coupés des Autrichiens, les Sardes sont enfin anéantis à Mondovi le 21 avril et poursuivis jusqu'à Turin.

Le souverain du Piémont-Sardaigne signe la paix le 15 mai et reconnaît par le traité de Paris l'attribution de la Savoie et du comté de Nice à la France.

Il faut maintenant affronter à nouveau les Autrichiens de Beaulieu. Celui-ci a pour principal souci de défendre Milan. Bonaparte franchit le Pô à Plaisance le 7 mai. L'affrontement a lieu à Lodi. Beaulieu a abandonné la ville aux Français pour se replier sur la rive gauche de l'Adda, de l'autre côté d'un pont vétuste qu'il n'a pas pu détruire. Au terme d'une bataille acharnée, les Français le franchissent. L'armée de Beaulieu bat en retraite. La route de Milan est ouverte. Bonaparte y fait une entrée triomphale immortalisée par Stendhal dans *La Chartreuse de Parme* : *« Le 15 mai 1796, le général Bonaparte fit son entrée dans Milan à la tête de cette jeune armée qui venait de passer le pont de Lodi, et d'apprendre au monde qu'après tant de siècles César et Alexandre avaient un successeur. »*

Une légende est, de fait, en train de naître.

« Après Lodi, dira plus tard Napoléon, *je me regardai non plus comme un simple général mais comme un homme appelé à influer sur le sort d'un peuple. »* ***JT***

LE PETIT CAPORAL ***Le Brevet de caporal à Lodi,*** **d'après Nicolas-Eustache Maurin (île d'Aix, Musée napoléonien). A l'issue de la bataille, les soldats de l'armée d'Italie élèvent le « soldat » Bonaparte au grade de caporal pour le courage dont il a fait preuve.**

19 mai 1798

L'ÉGYPTE EN TROMPE-L'ŒIL

La flotte française appareille pour l'Egypte. Sous prétexte de porter un coup à l'Angleterre, Bonaparte cherche avant tout à conquérir la France.

Est-il dans notre histoire expédition plus incompréhensible, plus insensée et plus risquée que la conquête de l'Egypte entreprise par Bonaparte en 1798 ?

Les soldats embarqués à Toulon, le 19 mai, sans connaître leur destination tenue secrète, ne l'apprirent en mer que le 28 juin, avant-veille de leur débarquement à Alexandrie, par une proclamation de leur général en chef : c'est l'Egypte qu'ils allaient conquérir. On devine leur stupéfaction. Avaient-ils même auparavant entendu parler de ce pays ?

Ainsi, ce rassemblement à partir des ports de Toulon, Marseille, Ajaccio, Gênes et Civitavecchia de trois cent quarante et un navires portant une armée de près de 40 000 hommes commandés par les meilleurs généraux de la République, Bonaparte, général en chef, Berthier, chef d'état-major, Desaix, Kléber, Caffarelli, Davout, Murat, Lannes, Dumas et Menou, accompagnés d'illustres savants, Monge, Berthollet, Dolomieu, Geoffroy Saint-Hilaire, d'un peintre de fleurs, Redouté, et même d'un pianiste, avait pour mission l'invasion de l'Egypte !

Mais pourquoi cette conquête ? Bonaparte l'expliquait à ses soldats : *« Vous porterez à l'Angleterre le coup le plus sûr et le plus sensible, en attendant que vous puissiez lui donner le coup de mort. »*

Faute de pouvoir débarquer en Angleterre, l'expédition d'Egypte répondait à trois objectifs : en occupant l'isthme de Suez, couper l'une des routes de l'Angleterre vers l'Inde ; utiliser l'Egypte comme base d'attaque contre l'Inde où s'était insurgé Tippo-Sahib ; enfin, fonder une colonie qui se substituerait aux Antilles que nous avait enlevées l'Angleterre.

Une autre raison plus noble est invoquée : la découverte scientifique d'un pays que *Les Ruines* de Volney avait mis à la mode. De là, la présence de plusieurs membres de l'Institut. Ce sera le seul élément positif de l'expédition avec la publication de la *Description de l'Egypte* et la découverte de la pierre de Rosette qui permettra à Champollion de déchiffrer les hiéroglyphes.

Faut-il croire au rêve oriental de Napoléon ? Malgré les déclarations qu'on lui prête, il était trop réaliste pour rêver d'un empire dans la lignée de celui d'Alexandre. Les temps avaient changé.

Pourquoi Bonaparte est-il allé en Egypte ? Non pour conquérir ce pays, mais la France. La campagne d'Egypte allait lui valoir un immense prestige. Ne ferait-elle pas de lui ce général qui devait mettre fin à la Révolution, si l'on en croyait l'exemple de l'Angleterre au XVIIe siècle ? La Fayette, Dumouriez et Pichegru avaient cru tour à tour qu'ils seraient le nouveau Monk. Ils avaient l'un après l'autre échoué. Après la paix de Campoformio, qui avait mis fin à la campagne d'Italie, Bonaparte avait déjà pensé qu'il pourrait renverser le Directoire. Talleyrand l'en avait dissuadé. C'était trop tôt. Le régime était sorti renforcé de l'échec du coup d'Etat royaliste du 18 Fructidor. Il fallait attendre. Mais attendre, c'était risquer de se faire oublier. Talleyrand suggéra alors l'Egypte, proie facile selon le consul français à Alexandrie, Magallon. L'autorité du sultan de Constantinople y était purement nominale et la domination des mamelouks très affaiblie. Et quel prestige en retirer ! Les pyramides ! Le Nil ! Les fastes de l'Orient !

Ni Bonaparte ni Talleyrand n'avaient prévu que la flotte française serait détruite par Nelson à Aboukir et que malgré l'éclatante victoire des Pyramides, le conquérant serait dès lors prisonnier de sa conquête ! Arrêté à Saint-Jean-d'Acre, Bonaparte ne peut remonter sur Constantinople et il est coupé de ses relations maritimes avec la France. Tous ses succès en sont stérilisés. Or, la guerre a repris sur le continent. C'est en Europe que se joue le destin du pays. A guerroyer au loin sans autre profit que les progrès que ses compagnons font faire à l'égyptologie, il risque de tout perdre. Il faut rentrer sans avoir abouti.

Le 18 août 1799, Bonaparte quitte Le Caire pour Alexandrie, abandonnant le commandement de l'armée à Kléber. Le 22, avec une poignée d'officiers et de savants, il embarque pour la France sur la frégate la *Muiron*.

Ce n'est pas le retour triomphal qu'il avait prévu. ***JT***

LE GOÛT DE LA CONQUÊTE

Page de droite : *Bonaparte en Egypte, le 21 juillet 1798*, par Richard Caton Woodville Jr., 1911 (collection particulière). Alors qu'il s'apprête à livrer bataille, Bonaparte, s'adressant à ses troupes, leur aurait lancé : *« Soldats, songez que, du haut de ces pyramides, quarante siècles vous contemplent ! »* Ci-contre : Bonaparte sur le pont de la frégate la *Muiron*, au retour de la campagne d'Egypte, illustration de Job tirée de *Bonaparte* de G. Montorgueil et Job (Boivin et Cie éditeurs, 1910).

9 novembre 1799

TECHNIQUE DU COUP D'ÉTAT

Discrédité, le régime du Directoire est renversé par le coup d'Etat conçu par Sieyès et exécuté par Bonaparte.

Lorsque, après une courte escale en Corse, Bonaparte arrive en vue des côtes françaises, le 9 octobre 1799, il ignore l'accueil qui lui sera réservé. Nul en France n'a été prévenu de son départ. A peine débarqué et négligeant la quarantaine, il avertit le Directoire de son arrivée. Elle est vite connue. La curiosité se transforme en enthousiasme.

Ce qu'il ignore, c'est que la campagne d'Egypte, malgré la rareté des nouvelles, n'a cessé de faire rêver. L'imagerie populaire, diffusée par les colporteurs, si l'on en croit les Mémoires de Lamartine, a fait connaître la bataille des Pyramides dans les villages les plus reculés. Les frères de Napoléon qui siègent au Conseil des Cinq-Cents, Joseph et Lucien, ont mené une active propagande en sa faveur.

En Europe, la situation militaire est mauvaise pour la France. Les conquêtes italiennes ont été compromises. La coalition des Autrichiens et des Russes a repris Milan et mis fin à la République cisalpine, fondée par Bonaparte. Les Anglais et les Autrichiens attaquent la Belgique. On attend le général qui redressera la situation militaire et chassera un gouvernement impopulaire. Faute de Bonaparte retenu en Egypte, Talleyrand et Fouché avaient poussé le jeune Joubert, mais il a été tué en Italie, à la bataille de Novi.

Napoléon revient au bon moment. A Avignon, le 11 octobre, c'est l'enthousiasme à son passage. Lyon, le 13, illumine en son honneur et fait jouer une pièce : *Le Héros de retour.* Mêmes manifestations à Nevers. Le 16 octobre au matin, Bonaparte est à Paris. Après s'être reposé, il rend visite à Gohier, président du Directoire. Le lendemain, c'est l'ensemble du Directoire (Barras, Sieyès, Roger Ducos, Moulin et Gohier) qui le reçoit. Sa maison rue de la Victoire (anciennement rue Chantereine) ne désemplit pas de visiteurs. Que va-t-il faire ?

Il songe à entrer au Directoire pour prendre le pouvoir par la voie légale. Mais il n'a pas les quarante ans nécessaires. Se rapprocher des jacobins, vainqueurs des dernières élections, est impossible. Ils ont leur général, Bernadotte, qui a épousé Désirée Clary, son ancienne fiancée, et qui n'aime guère son rival. Barras ? On lui prête l'intention d'un coup d'Etat en faveur des royalistes avec l'appui du général Hédouville. Reste Sieyès, l'ancien abbé, qui depuis le début de la Révolution attend son heure. L'alliance entre Sieyès et Bonaparte est conclue grâce à l'entremise de Talleyrand et de Fouché, ministre de la Police.

Un plan est établi. Première étape : faire le vide à la tête de l'exécutif pour entraîner la chute de la Constitution. Sieyès et Roger Ducos peuvent remettre leur démission. Mais il faut un troisième directeur démissionnaire : on achètera Barras.

Deuxième étape : transférer les deux Conseils, Anciens et Cinq-Cents, en dehors de Paris, à Saint-Cloud. Ils seront à la merci des troupes chargées de les protéger et que commandera Bonaparte. Ils désigneront, sous la pression, un nouveau gouvernement et une commission chargée de donner à la France une nouvelle constitution, celle que médite Sieyès depuis 1789.

Le 18 brumaire (9 novembre 1799), Talleyrand obtient par la persuasion la démission de Barras et garde les deux millions qu'il devait lui verser pour lui. Il les place à la Bourse, alors à la baisse.

Le 19, la suite du coup d'Etat se joue à Saint-Cloud. Bonaparte peine à expliquer devant le Conseil des Anciens qu'on les fait siéger à Saint-Cloud pour échapper à un complot parisien. Il pénètre ensuite sans autorisation du président devant le Conseil des Cinq-Cents. Des cris – *« Hors-la-loi ! Dictateur ! »* – fusent de la part des députés hostiles. Bonaparte perd son sang-froid. Appelées au secours, les troupes sous le commandement de Murat et Leclerc chassent alors les opposants.

Le coup d'Etat change de sens. Il devait être parlementaire, l'armée se limitant à un rôle d'intimidation : les députés votaient la formation d'un nouveau gouvernement et approuvaient la nécessité d'une nouvelle constitution. Sieyès restait le maître du jeu. L'intervention de la troupe en fait un coup d'Etat militaire. La confusion de Bonaparte a cependant tourné à son avantage : le coup d'Etat a perdu toute forme légale, mais c'est lui qui tient désormais les rênes du pouvoir en s'appuyant sur l'armée.

A la Bourse, le 20 brumaire, c'est la hausse : les deux millions placés par Talleyrand ont doublé. ***JT***

DÉBANDADE
Page de droite : *Le Général Bonaparte au Conseil des Cinq-Cents, à Saint-Cloud, 10 novembre 1799*, par François Bouchot, 1840 (Versailles, musée du Château). Ci-contre : les députés chassés de la salle du Conseil des Cinq-Cents, illustration de Job tirée de *Bonaparte* de Job et G. Montorgueil (Boivin et Cie éditeurs, 1910).

2 décembre 1804
UN EMPEREUR POUR QUOI FAIRE ?

Six mois et demi après avoir été proclamé empereur, Napoléon est sacré à Notre-Dame de Paris en présence du pape.

Napoléon était bien le général appelé à mettre fin à la Révolution. En deux ans il a redressé la situation financière, établi de nouvelles institutions, pacifié la Vendée, signé un concordat avec le pape qui a permis la reprise du culte, et mis fin à la guerre avec l'Angleterre par la signature de la paix d'Amiens.

En 1802, un plébiscite fait de Bonaparte un consul à vie, témoignage de la reconnaissance nationale. Mais son pouvoir reste fragile.

On le découvre alors que la guerre reprend en 1803 avec l'Angleterre. Un complot royaliste est ourdi par Cadoudal avec la complicité de l'ancien général Pichegru et l'approbation tacite de Moreau, rival en gloire militaire de Bonaparte. Sa riposte est foudroyante : il fait enlever sur le territoire de Bade le duc d'Enghien et le fait fusiller.

L'exécution lève les dernières inquiétudes des anciens révolutionnaires qui craignaient une restauration de Louis XVIII par le Premier consul. Ils acceptent que la dictature soit habillée en monarchie pour conforter le régime, garant des conquêtes de la Révolution. Mais le titre de roi passe mal. On préfère celui d'empereur. Il offre à Napoléon de renouer avec les Carolingiens en effaçant les Capétiens. On pense qu'il va en outre lui permettre de parler d'égal à égal avec l'empereur d'Autriche et celui de Russie.

Un référendum est organisé en 1804 sur la question *« Le peuple français veut-il l'hérédité de la dignité impériale dans la descendance directe, naturelle, légitime et adoptive de Napoléon Bonaparte ? »*. Il y eut plus de trois millions et demi de « oui » contre 2 579 « non ».

Une nouvelle constitution est élaborée : les femmes sont exclues de la succession, conformément à la vieille loi salique, mais l'Empereur peut adopter un héritier, référence à la Rome antique.

Un sacre n'était pas prévu dans la Constitution. Mais il renforcerait l'autorité de l'Empereur, d'autant que Louis XVIII n'a lui-même pas été sacré.

Après débats, Paris est retenu comme lieu du sacre, malgré l'esprit frondeur des Parisiens. La cérémonie aura lieu à Notre-Dame, bien que le bâtiment ait été vandalisé par les hébertistes sous la Terreur.

L'idée de faire venir le pape est lancée. Mais son rôle sera limité à une bénédiction. Soucieux de sauver les intérêts de l'Eglise menacés par les articles organiques que Bonaparte a ajoutés au Concordat pour tenir fermement l'Eglise de France sous sa férule, Pie VII accepte.

La cérémonie est fixée au 2 décembre 1804.

Elle aura lieu dans une église glaciale, en présence d'une assemblée totalement athée : Talleyrand, Fouché, l'armée et Napoléon lui-même. Elle donnera l'impression d'être inutile. L'Empereur n'a pas d'héritier et Joséphine ne peut lui en donner. Elle a obtenu, à la veille de la cérémonie, par le chantage, un mariage religieux plus difficile à annuler. Il a été célébré en catimini.

Pour l'assemblée, la seule légitimité de Napoléon tient à ses victoires et à la préservation des conquêtes de la Révolution. Tel est le sens du serment prêté par Napoléon à l'issue du sacre, le pape s'étant retiré : *« Je jure de maintenir l'intégrité du territoire de la République ; (...) de respecter et faire respecter l'égalité des droits, la liberté politique et civile, l'irrévocabilité des ventes des biens nationaux ; de ne lever aucun impôt, de n'établir aucune taxe qu'en vertu de la loi. »*

Reste l'art : un magnifique *Livre du sacre* dû à Isabey, Percier et Fontaine, la musique de Lesueur pour l'ouverture, de Paisiello pour le *Te Deum* et de Roze pour le *Vivat*, autant d'œuvres inspirées par la cérémonie.

Quant au tableau que David eut tant de mal à peindre et qui attire aujourd'hui encore un public nombreux au Louvre, il représente... le couronnement de Joséphine par Napoléon ! Une cérémonie inutile ? ***JT***

POMPE ET SOLENNITÉ
Page de droite : détail du *Sacre de Napoléon*, par Jacques-Louis David, 1806-1807 (Paris, musée du Louvre). Contre tout usage, Napoléon voulut se couronner lui-même et couronner l'impératrice Joséphine, le rôle du pape étant limité à une bénédiction. Ci-contre : Isabey présentant à Napoléon et Joséphine le déroulé de la cérémonie du couronnement à l'aide de figurines, illustration de Job tirée de *Bonaparte* de G. Montorgueil et Job (Boivin et Cie éditeurs, 1910).

2 décembre 1805

LE SOLEIL D'AUSTERLITZ

Tombant dans le piège tendu par Napoléon, les armées du tsar de Russie et de l'empereur d'Autriche sont taillées en pièces.

« *Quand le soleil, complètement dégagé, eut inondé la campagne de son aveuglante clarté, Napoléon, comme s'il n'avait attendu que ce moment, déganta une de ses belles mains blanches, fit de son gant un geste aux maréchaux et donna l'ordre d'engager la bataille.* »

C'est ainsi que débute dans *Guerre et paix* de Tolstoï la bataille d'Austerlitz, la plus célèbre des victoires de Napoléon. La guerre a repris sur le continent le 10 septembre 1805. Sous le commandement de Mack, les Autrichiens ont envahi la Bavière. Napoléon est alors au camp de Boulogne, rassemblant une armée destinée à envahir l'Angleterre. Il répartit aussitôt ses troupes en sept corps d'armée sous Bernadotte, Marmont, Davout, Soult, Lannes, Ney et Augereau. Berthier est le chef d'état-major et Murat commande la cavalerie. Masséna a pour mission de contenir en Italie l'archiduc Charles et son armée. Parmi les généraux que l'on retrouve dans les corps d'armée : Oudinot et Suchet, pas encore maréchaux, Friant, Morand, Gudin, Lasalle, Vandamme… Jamais la France n'a eu une armée aussi jeune, aussi entraînée, aussi homogène. C'est elle qu'il lance contre les Autrichiens.

Napoléon dispose de trois atouts : sa vitesse, la reconnaissance du terrain et l'effet de surprise.

Avant d'avoir pu réagir, le général autrichien Mack se trouve enfermé dans Ulm et contraint de capituler le 20 octobre 1805.

De là, Napoléon marche sur Vienne dont il s'empare le 14 novembre. Alliés des Autrichiens, les Russes ont tardé à arriver en Allemagne. Les deux souverains font enfin leur jonction. Russes et Autrichiens, en vue d'un affrontement avec Napoléon, s'installent sur le plateau de Pratzen, près du village d'Austerlitz, d'où ils dominent les forces de Napoléon. Si, déjà en état d'infériorité numérique, celles-ci faisaient la folie d'attaquer les alliés, elles essuieraient de lourdes pertes.

Napoléon doit donc obliger ses adversaires à descendre du plateau de Pratzen.

Le 1er décembre, il feint de vouloir battre en retraite. Il dégarnit par la même occasion son aile droite que commande Davout.

Déception des alliés qui, forts de leur position dominante, se préparaient à un combat victorieux. Pour couper sa retraite, ne conviendrait-il pas d'exploiter la faute de Napoléon, qui a affaibli son aile droite, en descendant du plateau, en enfonçant cette aile affaiblie et en lui coupant ainsi la route de la retraite vers Vienne ?

Dans la nuit du 1er au 2 décembre, le tsar Alexandre et l'empereur François tombent dans le piège tendu par Napoléon. Ils donnent l'ordre d'aller attaquer Davout.

Au matin du 2 décembre, lorsque le soleil se lève, Napoléon découvre l'erreur de l'ennemi qui est en mouvement et non plus en position défensive, prêtant le flanc à un assaut. Aussitôt, Soult, Lannes et Murat se lancent à l'attaque, surprenant l'ennemi qui les croyait en retraite. Ils le taillent en pièces.

De son côté, Davout, prévenu et renforcé, résiste à l'assaut austro-russe.

Russes et Autrichiens perdent dans la journée 15 000 hommes et laissent 20 000 prisonniers et 185 canons. Les pertes françaises sont faibles : 1 537 tués.

Les conséquences de la victoire d'Austerlitz sont immenses : par la paix de Presbourg, Vienne cède à la France Venise, qui va former avec Milan le royaume d'Italie dont Napoléon reste le souverain. L'Allemagne est regroupée en une confédération du Rhin, sous la protection de la France. Les Bourbons de Naples sont destitués au profit de Joseph, le frère aîné de Napoléon. Louis, l'autre frère, devient roi de Hollande. La carte de l'Europe est ainsi bouleversée.

La proclamation de Napoléon qui suit Austerlitz est l'une des plus belles de l'Empereur : « *Il vous suffira de dire :* "J'étais à la bataille d'Austerlitz" *pour que l'on réponde :* "Voilà un brave !" » ***JT***

EN EXEMPLE

Ci-contre : l'Empereur à Ulm, au milieu de la mitraille, illustration de Job tirée de *Napoléon* de G. Montorgueil et Job (Boivin et Cie éditeurs, 1921). *« Murat et Berthier, qui ont presque osé saisir la bride de son cheval, le supplient de s'éloigner (…).* "Ma place est partout, *répond-il.* Laissez-moi tranquille, Murat, allez faire votre devoir." »
Page de droite : détail de la *Bataille d'Austerlitz*, par François Gérard, 1810 (Versailles, musée du Château).
Le général Rapp apporte à Napoléon les drapeaux et les canons pris à l'ennemi.

25 juin 1807

L'APOGÉE DE TILSIT

Sur un radeau au milieu du Niémen, Napoléon et Alexandre Ier se rencontrent pour la première fois en vue de signer un accord de paix.

A Austerlitz, les Autrichiens avaient été balayés ; à Iéna, les Prussiens ont été anéantis ; à Friedland, enfin, les Russes sont battus. Napoléon n'a plus d'adversaires sur le continent. La paix s'impose. Elle sera signée à Tilsit entre la France et la Russie, principal adversaire de l'Empereur. L'Autrichien et le Prussien seront les témoins muets de cette nouvelle entente.

C'est sur un radeau improvisé au milieu du Niémen que se fait la rencontre, le 25 juin 1807, entre les deux souverains. Ils ne s'étaient jamais vus et se donnent une franche accolade. Le tsar est sincère, impressionné par les victoires de Napoléon, et celui-ci est séduit par la prestance du Russe, *« un fort beau, bon et jeune empereur »*, écrit-il à Joséphine.

Semble alors s'esquisser un partage du monde : au tsar, l'empire d'Orient ; à Napoléon, l'empire d'Occident.

Le traité final est signé le 7 juillet.

Les sujets d'affrontement ont été écartés. Napoléon propose sa médiation dans le conflit russo-turc, laissant de côté ses propres visées sur Constantinople. Sur la Pologne, sujet sensible pour le tsar, pas question de ressusciter l'ancien royaume. Est seulement créé un duché de Varsovie avec les territoires attribués à la Prusse lors des anciens partages, sous l'autorité du roi de Saxe.

Alexandre reconnaît Louis Bonaparte comme roi de Hollande et Joseph comme roi de Naples. Il accepte la création, au détriment de la Prusse, d'un royaume de Westphalie attribué au plus jeune frère de Napoléon, Jérôme.

Le tsar fera pression sur Copenhague et Stockholm pour qu'ils ferment leurs ports aux navires anglais.

Si l'on considère qu'à l'exception de Rome et de la Sicile, l'Italie est désormais entièrement sous domination française et que l'Espagne est en principe l'alliée de la France, c'est, au soir de Tilsit, l'ensemble du continent européen qui est sous influence française.

Reste l'Angleterre.

Faute de pouvoir débarquer sur les côtes anglaises, après la destruction de la flotte française à Trafalgar, en 1805, Napoléon a porté la lutte contre la « perfide Albion » sur le plan économique. Le 21 novembre 1806, après avoir vaincu la Prusse, il a décidé par le décret de Berlin : *« Article 1er : les îles Britanniques sont déclarées en état de blocus. Article 2 : tout commerce et toute correspondance avec les îles Britanniques sont interdits. »*

Pourquoi fermer l'Europe au commerce anglais ? Pour ruiner Londres. La fortune de l'Angleterre vient de la redistribution sur le continent européen de ses produits manufacturés à des prix compétitifs grâce à la révolution industrielle fondée sur la machine à vapeur qui lui donne une énorme avance sur l'Europe.

De plus, elle assure l'approvisionnement du continent en produits exotiques : sucre, café, coton, en provenance de son empire colonial.

Fermer l'Europe au commerce britannique, c'est donc précipiter l'Angleterre dans une banqueroute et une crise sociale née de la fermeture de ses manufactures et de la paralysie de son activité portuaire, qui devraient l'obliger à demander la paix.

« Je veux conquérir la mer par la puissance de la terre », déclare Napoléon. Après Tilsit, il veut croire qu'il en a les moyens. Il est maître du continent (où se dessinent pourtant des failles, le Portugal et les Etats pontificaux, mais faciles à faire plier). Face à une Europe pour la première fois unie économiquement par le Blocus continental, l'Angleterre ne peut que céder.

Napoléon est désormais au sommet de sa puissance. ***JT***

PARADE Ci-dessus : l'entrée triomphale de Napoléon à Berlin, capitale du royaume de Prusse, le 27 octobre 1806, illustration de Job tirée de *Napoléon* de G. Montorgueil et Job (Boivin et Cie éditeurs, 1921). L'Empereur *« apparaissait, suivi de ses maréchaux (...) ; quatre-vingts grenadiers de la garde, portant chacun un drapeau pris sur l'ennemi, ouvraient la marche »*. Page de droite : détail d'*Alexandre Ier présente à Napoléon les Kalmoucks, les Cosaques et les Baskirs de l'armée russe, 9 juillet 1807*, par Pierre Nolasque Bergeret, 1810 (Versailles, musée du Château).

2 mai 1808

DANS LE GUÊPIER ESPAGNOL

Alors que Napoléon pense pouvoir installer facilement son frère Joseph sur le trône espagnol, il déclenche la plus funeste des guérillas.

C'est la logique même du Blocus continental qui va conduire Napoléon à la faute. Elle le convainc en effet d'intervenir en Espagne en substituant, sans consultation nationale, son frère aîné Joseph à l'incapable roi Charles IV de Bourbon.

A l'origine de cette intervention, le refus du Portugal d'interrompre ses échanges avec la Grande-Bretagne. Lisbonne exporte vers Londres son vin de Porto et son blé et redistribue dans l'Europe du Sud produits manufacturés et denrées coloniales en provenance de l'Angleterre.

Napoléon lance un ultimatum au gouvernement portugais le 30 septembre 1807 et essuie un refus. Une armée sous le commandement de Junot traverse en vingt-cinq jours l'Espagne depuis Bayonne et envahit le Portugal tandis que la famille royale s'enfuit au Brésil.

Napoléon se tourne alors vers Madrid. L'allié espagnol est peu sûr. Comment se comporterait-il en cas d'action militaire de l'Angleterre au Portugal ? La Cour est un nœud d'intrigues. Le fils de Charles IV, Ferdinand, s'oppose au favori de son père, le Premier ministre Godoy, qui est aussi l'amant de la reine. Sollicité comme arbitre, Napoléon convoque toute la famille à Bayonne. Là, il contraint Charles IV et son fils à abdiquer le 6 mai 1808 et leur substitue son frère Joseph, celui-ci laissant le trône de Naples à Murat, son beau-frère. La facilité avec laquelle il a chassé de Naples les Bourbons des Deux-Siciles a fait croire à Napoléon qu'il lui appartenait désormais de disposer des trônes européens à sa guise. Victime de l'image de l'Espagne en perdition qu'ont colportée les voyageurs étrangers, il s'imagine en outre en régénérateur d'une péninsule oubliée des Lumières, et à laquelle il se propose d'apporter le Code civil. Il sait par les rapports de ses diplomates que s'opposent en Espagne une bourgeoisie industrieuse et libérale et une paysannerie arriérée, soumise à une aristocratie restée traditionaliste. Il croit que ces divisions privent le régime d'assises solides. Il a oublié que le patriotisme peut être pour les peuples un puissant facteur de mobilisation. Il va l'être, contre lui.

Dès le 2 mai, Madrid s'était soulevée : c'est le fameux *Dos de mayo* immortalisé par Goya, suivi de la répression du 3 mai.

Seule la bourgeoisie acquise aux Lumières, les *afrancesados,* accueille favorablement le changement de dynastie. La noblesse et le clergé soulèvent le monde paysan contre les Français.

Napoléon doit faire donner l'armée pour permettre à Joseph d'entrer dans Madrid le 20 juillet. Mais, coup de théâtre, le général Dupont, qui livre bataille contre les partisans à Bailén, est vaincu le 22 juillet, et doit capituler. A peine entré, le roi Joseph doit évacuer en catastrophe sa capitale.

La défaite de Bailén connaît en Europe un immense retentissement. Elle oblige Napoléon à intervenir dans la péninsule Ibérique alors que les Autrichiens préparent leur revanche sur Austerlitz. L'Empereur compte sur son allié russe pour tenir en respect l'Autriche, mais prévenu par Talleyrand du caractère inextinguible de ses ambitions, Alexandre se dérobe lors de l'entrevue d'Erfurt, en octobre. Franchissant difficilement le défilé de Somosierra, Napoléon prend néanmoins Madrid le 4 décembre et se lance sur les traces des Anglais venus au secours de l'insurrection. La poursuite est cependant interrompue par la nouvelle d'un rapprochement entre Talleyrand et Fouché. Inquiets sur l'avenir, ces deux-là complotent. Ils pensent à Murat en cas de mort ou d'échec de l'Empereur. Il faut revenir en France, pour y faire cesser les intrigues.

Or, à peine de retour, Napoléon doit faire face à l'Autriche, qui entre en guerre. Après avoir essuyé sa première grande défaite à Essling, il vainc son armée à Wagram le 6 juillet 1809. Le traité de Schönbrunn met fin à la cinquième coalition. L'Autriche rejoint le Blocus continental, cède le Tyrol, la Galicie occidentale, Trieste et la Dalmatie. L'empereur François Ier passe au rang des alliés de Napoléon en lui donnant à marier sa fille Marie-Louise (la cérémonie sera célébrée en avril 1810, après répudiation de Joséphine).

Il faudrait que Napoléon repasse dès lors en Espagne pour achever le travail. Or il renonce. Lassitude ? Manque de temps ? Crainte face à une guerre qu'il ne comprend pas ? Car c'est une guerre populaire, fondée sur la guérilla, annonçant celles du XXe siècle, au Vietnam, en Algérie ou en Afghanistan, qui vient de naître là-bas.

Il est difficile de l'emporter dans ce type de conflit quand l'adversaire est ravitaillé en armes et en soldats de l'extérieur. Ici, c'est l'Angleterre qui joue le rôle que tiendra la Chine au Vietnam. La guerre d'Espagne, qui n'en finit pas et où s'usent les maréchaux de Napoléon, ne rapporte aucun butin et coûte en hommes, qui feront défaut par la suite.

A Sainte-Hélène, Napoléon reconnaîtra : *« Cette malheureuse guerre m'a perdu. (...) Elle a compliqué mes embarras, divisé mes forces, ouvert une aile aux soldats anglais, détruit ma moralité en Europe. »*

L'insurrection espagnole provoque en outre, par mimétisme, un réveil des nationalités sur le continent, qui va, sous peu, condamner le Grand Empire à l'effondrement. ***JT***

RÉSISTANCE Détail d'*El tres de mayo de 1808*, par Francisco de Goya, 1814 (Madrid, Museo Nacional del Prado). Les soldats français exécutent une quarantaine de patriotes madrilènes qui s'étaient soulevés la veille contre les troupes françaises faisant de plus en plus figure d'armée d'occupation.

19 octobre 1812
L'ARMÉE DES OMBRES

Après avoir poursuivi l'armée russe jusqu'à Moscou et être entré dans l'ancienne capitale, Napoléon donne le signal de la retraite.

Lorsqu'il franchit le Niémen, le 24 juin 1812, Napoléon ne songe nullement à se rendre maître de Moscou.

A la tête d'une armée d'au moins 500 000 hommes, il pense écraser rapidement un ennemi très inférieur en nombre. Dans sa proclamation du 22 juin, il affirme : *« Soldats ! La seconde guerre de Pologne est commencée. »* Il ne parle pas de guerre en Russie, preuve qu'il n'a pas à l'origine l'intention de pénétrer profondément dans le territoire russe. Il n'ignore pas le précédent désastreux de Charles XII de Suède.

La stratégie napoléonienne est simple : une campagne éclair que conclurait, comme à Austerlitz, à Iéna, à Wagram, une victoire décisive qui oblige l'adversaire à demander la paix.

Dans l'armée réunie par Napoléon, tous les pays de l'Europe sont présents, y compris l'Autriche des Habsbourg. En face, le tsar ne peut opposer que 200 000 hommes répartis en trois armées.

D'emblée, Napoléon marche sur Vilna où se trouve le quartier général d'Alexandre. Le tsar a voulu lui-même la rupture avec la France. Le Blocus continental frappe de plein fouet les exportations de blé, de chanvre et de bois, vitales pour la Russie. Alexandre soupçonne en outre Napoléon de songer à ressusciter à sa porte le royaume de Pologne. C'est un *casus belli*. Il a cru que l'alliance avec la France lui permettrait de dépecer l'Empire ottoman à son profit. Il sait désormais que l'Empereur est insatiable. Maître de Rome, ne songe-t-il pas à s'emparer de Constantinople ?

Mais à la grande surprise de Napoléon, les Russes ne livrent pas combat en Pologne. Ils abandonnent au contraire Vilna en flammes. Napoléon fonce sur Vitebsk, mais Barclay de Tolly recule une nouvelle fois jusqu'à Smolensk. Peur de l'affrontement, ou tactique de la terre brûlée ? Déjà, les rangs français fondent : la maladie, la chaleur, les désertions. Ce ne sont plus les soldats motivés d'Austerlitz, mais des étrangers peu soucieux de combattre pour une cause qui n'est pas la leur.

Le 18 août, les troupes de Napoléon entrent dans Smolensk, vide d'habitants et de subsistances. L'Empereur rattrape l'arrière-garde russe à Valoutina, mais Junot la laisse s'enfuir. Napoléon aurait dû rester à Smolensk pour refaire ses forces mais, dans sa hâte d'engager le combat décisif, il continue la poursuite au lieu d'aller frapper le coup mortel à Saint-Pétersbourg. Les Russes continuent à reculer vers Moscou, Napoléon se retrouve, sans l'avoir voulu, aux portes de l'ancienne capitale. Koutouzov, qui a pris le commandement de l'armée russe, ne peut abandonner « la ville sainte » à l'ennemi. C'est enfin l'affrontement, le 7 septembre, qui se termine par la victoire de Borodino (aux dires des Russes, qui mettent en avant la lourdeur des pertes françaises) ou celle de la Moskova (selon les Français), qui ouvre à Napoléon les portes de Moscou. La ville sera bientôt en flammes, incendiée sur l'ordre de son propre gouverneur, le comte Rostopchine : il ne sera pas dit que la Russie ait rien laissé d'elle-même en otage.

Le tsar devrait négocier. Mais le peuple russe entre en scène. Il veut chasser l'étranger de son sol. Sous la pression populaire, Alexandre Ier refuse la paix.

L'Empereur pourrait marcher sur Saint-Pétersbourg, malgré une armée affaiblie, mais son état-major n'a plus envie de combattre. Longtemps hésitant, Napoléon se décide à se replier sur Smolensk. Trop tard : la première neige tombe sur Moscou le 13 octobre.

Le 19, Napoléon abandonne le Kremlin et commet une deuxième erreur : il prend le chemin de l'aller. Les approvisionnements vont vite manquer, tout ayant été pillé lors de l'offensive. De plus, cosaques et paysans ne cessent de harceler les traînards et c'est maintenant à Koutouzov de poursuivre Napoléon. Il pense encercler le reste de l'armée française sur les rives de la Bérézina (victoire française au contraire de ce que l'expression consacrée suggère), mais grâce au courage des pontonniers d'Eblé, la plus grande partie des fuyards réussit à franchir le fleuve.

Alerté par la rumeur du coup d'Etat manqué du général Malet à Paris, Napoléon quitte l'armée, le 5 décembre, à Smorgoni. Il regagne à la hâte la France en traîneau, accompagné de Caulaincourt, tandis que sous le commandement de Murat puis du prince Eugène, sa Grande Armée, peu à peu, se dissout dans les steppes neigeuses. 500 000 hommes avaient franchi le Niémen en juin ; ils sont 25 000 à le repasser le 16 décembre. La comparaison des chiffres permet de mesurer l'ampleur du désastre. ***JT***

DÉROUTE Ci-contre : les Français au Kremlin observant Moscou en flammes, incendiée sur l'ordre de son propre gouverneur, illustration de Job tirée de *Napoléon* de G. Montorgueil et Job (Boivin et Cie éditeurs, 1921). Page de droite : *Le Maréchal Ney soutenant l'arrière-garde durant la retraite de Russie*, par Adolphe Yvon, 1856 (Manchester Art Gallery).

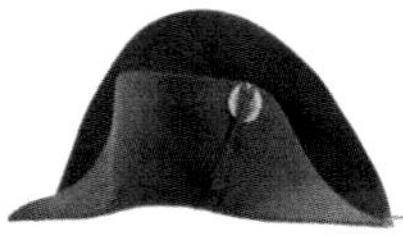

12 avril 1814

La nuit de Fontainebleau

Alors qu'il a signé la veille son abdication sans conditions, Napoléon tente de s'empoisonner.

Le désastre de Russie a été, selon le mot prêté à Talleyrand, *« le commencement de la fin »*. La Prusse s'est retournée contre le grand empire dès février 1813. L'Autriche a suivi en août. Du 16 au 19 octobre, 160 000 Français, mobilisés à la hâte après la destruction de la Grande Armée en Russie, ont affronté à Leipzig 320 000 coalisés, autrichiens, russes et prussiens. La défaite a scellé la perte de l'Allemagne. La Hollande a suivi. En Italie, Murat n'a cru pouvoir sauver son trône de Naples qu'en se retournant contre son beau-frère. Wellington a attaqué l'Espagne depuis le Portugal. Il a battu le roi Joseph à Vitoria. Eugène de Beauharnais a perdu le royaume d'Italie. Le pape a pu regagner Rome. L'étau, partout, se resserre.

Au début de 1814, la France elle-même est envahie par les armées de l'Autrichien Schwarzenberg et du Prussien Blücher, fortes de 250 000 hommes. Face à elles, en état d'infériorité numérique, Napoléon livre l'une de ses plus belles campagnes : Champaubert, Montmirail, Château-Thierry, Vauchamps. Mais il ne peut empêcher la marche des alliés vers Paris. Il tente alors ce que Clausewitz appelle *« un coup d'audace »*. Plutôt que de se replier sur la capitale pour la défendre, il se porte sur les arrières des coalisés, à Saint-Dizier, de manière à couper leurs lignes d'approvisionnement et de communication. Il espère ainsi obliger l'ennemi à se retourner contre lui et à se détourner de Paris. C'est la manœuvre de Dumouriez en septembre 1792 qui avait abouti à la victoire de Valmy sur les Prussiens.

Mais les alliés finissent par se décider à marcher tout de même sur Paris. Napoléon comprend trop tard que sa manœuvre a été éventée par l'adversaire. Il ne peut empêcher Paris de tomber le 30 mars et arrive trop tard. Il a perdu sa capitale et comprend qu'il a aussi perdu son trône. Il se replie sur Fontainebleau avec 60 000 hommes et s'installe, dans le château, au rez-de-chaussée, dans les Petits Appartements.

Le 1er avril, il se rend à Essonnes pour visiter les positions tenues par Marmont au sud de Paris. Il est parfaitement serein. Le lendemain, un long entretien avec Caulaincourt, son ministre des Relations extérieures qui revient de Paris, lui révèle cependant qu'il s'est heurté à l'intransigeance des vainqueurs. Ils n'acceptent avec lui aucune négociation.

C'est le 3 qu'il apprend qu'à l'instigation de Talleyrand, le Sénat a voté, la veille, sa déchéance. Il passe une revue de la Vieille et de la Jeune Garde. Les soldats crient : *« A Paris ! »*, mais Napoléon n'y croit plus.

Le 4, il se décide à rédiger un acte d'abdication en faveur de son fils. Ney, Caulaincourt et Macdonald sont chargés de le porter aux alliés.

Dans la nuit, il apprend cependant la défection de Marmont. Il est désormais à la merci d'un coup de main des coalisés. Cette défection change le point de vue du tsar qui exige désormais l'abdication sans conditions de l'Empereur.

Sous la pression de ses maréchaux, qui refusent de s'engager à ses côtés dans une aventure qui leur paraît sans issue (*« un Brumaire à l'envers »*, dira-t-on, non sans excès), il signe un deuxième acte d'abdication où il renonce pour lui et ses héritiers aux trônes de France et d'Italie. *« Vous voulez du repos ? Eh bien, ayez-en donc ! »* lance-t-il à son entourage.

Les 7 et 8 avril, il passe ses journées dans le désœuvrement. Il écrit beaucoup à Marie-Louise. Celle-ci tente en vain de le rejoindre.

Le 11 avril, il signe enfin le traité qui lui assure la souveraineté sur l'île d'Elbe en échange de sa renonciation définitive à la France.

C'est dans la nuit du 12 au 13 avril, qu'à nouveau déprimé, il aurait tenté de mettre fin à ses jours.

Selon le récit de Caulaincourt dans ses Mémoires, l'Empereur l'aurait appelé vers 3 heures du matin et lui aurait confié qu'il venait de s'empoisonner. De violents vomissements le saisissaient. Il prévoyait, expliqua-t-il, une séparation définitive, décidée par les alliés, entre lui, l'impératrice et son fils. De plus, on lui réserverait toutes sortes d'humiliations. Ne valait-il pas mieux en finir ?

« Dans peu, ajouta-t-il, *je n'existerai plus. »*

Accourus, Yvan, le chirurgien, et le valet de chambre Constant prirent la situation en main. Peu à peu Napoléon s'apaisa et s'assoupit.

Certains auteurs ont mis en doute cette tentative. Ils parlent plutôt du stress qui aurait agi sur l'ulcère gastrique dont souffrait l'Empereur.

On reste en tout cas ignorant de la nature du poison utilisé, probablement l'opium qu'il portait sur lui depuis la Russie et qui devait lui servir au cas où il tomberait aux mains des cosaques.

Le 4 mai 1814, après une traversée de la Provence aux allures de chemin de Croix, au cours de laquelle il croira à plusieurs reprises être lynché par la foule, il débarquera à Portoferraio, capitale de l'île d'Elbe.

La vie, après tout, ne vaut-elle pas la peine d'être vécue jusqu'au bout ? ***JT***

ACCABLEMENT ***Napoléon Ier à Fontainebleau, le 31 mars 1814,*** **par Paul Delaroche, 1840 (Paris, musée de l'Armée). L'Empereur, qui a perdu sa capitale la veille, s'est replié à Fontainebleau. Défait, il est figuré ici, seul, dans son Petit Appartement, confronté à lui-même. Il sait que la chute est imminente.**

18 juin 1815

WATERLOO, MORNE PLAINE

Face aux Prussiens de Blücher et aux Anglais de Wellington, le plan de l'Empereur échoue. La défaite scelle la fin de l'épopée napoléonienne.

La défaite de Waterloo n'était pas une fatalité. A peine arrivé à Paris le 20 mars 1815 – il lui avait fallu vingt jours du golfe Juan aux Tuileries –, Napoléon savait que l'Europe allait se coaliser à nouveau contre lui. L'acte additionnel aux Constitutions de l'Empire qu'il soumet aussitôt à un référendum n'est qu'un moyen de se concilier les libéraux. Mais il faut se préparer à une nouvelle guerre.

Face au péril extérieur, que faire ? Clausewitz considère, dans sa *Campagne de 1815 en France*, que Napoléon aurait dû choisir la défensive. L'invasion du sol national aurait soudé les Français contre l'étranger et accru les chances de succès de l'Empereur.

Napoléon choisit au contraire l'offensive : attaquer l'ennemi avant qu'il ait pu concentrer ses forces et remporter un succès immédiat de manière à décourager les alliés. C'est la réédition de sa formule favorite.

Deux armées, l'une anglaise, sous Wellington, l'autre prussienne, commandée par Blücher, sont en Belgique, formant l'avant-garde des coalisés. Se jeter entre elles et les battre successivement : tel est le plan de Napoléon. Ses victoires obligeront les Anglais à rembarquer et les Prussiens à battre en retraite.

Avec 125 000 hommes dont la Garde, Napoléon franchit la Sambre à Charleroi, le 15 juin 1815. Il compte encore et toujours sur l'effet de surprise. A droite, il oppose Grouchy aux Prussiens ; à gauche, Ney aux Anglais. Lui se tient au centre.

A Ligny, les Prussiens sont battus le 16 juin, mais ils parviennent à se retirer en bon ordre. Pendant que Grouchy se lance à leur poursuite, Napoléon et Ney se portent au-devant des Anglais qui, délogés des Quatre-Bras, se sont établis au sud du village de Waterloo, sur le plateau de la Belle-Alliance.

Napoléon ignore que Wellington est un adepte du système défensif. Au Portugal, Masséna s'est brisé sur les lignes de Torres Vedras. Sur le plateau de la Belle-Alliance, l'Anglais a disposé ses 67 000 hommes en carrés et a fortifié le château d'Hougoumont à droite, la ferme de la Haie-Sainte au centre, et celle de la Papelotte à gauche. En face, Napoléon a l'avantage numérique, mais l'espace est trop réduit pour des manœuvres d'enveloppement et la pluie a rendu le sol si boueux qu'au matin du 18, toute attaque immédiate est vouée à l'échec.

L'Empereur décide d'enfoncer la ligne défensive de Wellington par la ferme de la Papelotte, mais sous le feu précis et efficace des Anglais, Drouet d'Erlon échoue. Napoléon choisit de percer alors au centre, à la Haie-Sainte. Les charges des cavaliers de Ney ne peuvent que tourner autour des carrés anglais.

C'est alors que les Prussiens de Blücher, qui ont échappé à Grouchy, surgissent sur la droite de Napoléon. Dans un ultime effort, il tente d'enfoncer les Anglais en faisant donner la Garde. En vain.

Au même moment, surgit un second corps prussien, celui de Ziethen, là où Napoléon espérait Grouchy. De leur côté, les Anglais passent à l'offensive. C'est la déroute. Seule la Garde résiste jusqu'à la tombée de la nuit.

Le plan de Napoléon était parfaitement agencé et reprenait la manœuvre de la première campagne d'Italie contre les Autrichiens et les Sardes.

Mais il eût fallu anéantir les Prussiens à Ligny. A Waterloo, il n'aurait dû avoir à combattre que les Anglais.

Et face aux Anglais, il commet l'erreur d'une attaque frontale alors que le terrain et la puissance de feu assuraient l'avantage à Wellington.

Une victoire à Waterloo aurait libéré la Belgique et incité le tsar, facilement découragé, et les Autrichiens à négocier.

Au reste, au lendemain de la défaite tout n'était-il pas encore perdu. Napoléon voulait le croire, comme en témoigne une lettre qu'il adresse à son frère Joseph. D'autant que l'armée de Grouchy est intacte et qu'elle s'est repliée en bon ordre. Mais à Paris, Fouché pousse désormais ses feux. Il estime que l'aventure personnelle de l'Empereur est sans issue. Aussi incite-t-il la Chambre, à majorité libérale, à le démettre comme l'avait fait l'année précédente le Sénat, à l'instigation de Talleyrand.

Informé depuis l'Elysée, où il a trouvé refuge, et où il est encore acclamé par la foule, Napoléon renonce à tenter l'épreuve de force. Il n'entend pas se maintenir au prix d'un bain de sang dans la capitale. Il n'ignore pas en outre l'hostilité que sa personne suscite auprès d'alliés convaincus par l'aventure des Cent-Jours qu'il n'y aura pas de paix en Europe tant qu'il n'aura pas été mis hors d'état de leur nuire. Il préfère abdiquer en faveur de son fils pour sauver, au moins, sa dynastie.

Las, la manœuvre échoue : l'Aiglon est retenu par les Autrichiens, et ceux-ci refusent, comme en 1814, la perspective d'une régence de Marie-Louise. La voie est dès lors ouverte au retour de Louis XVIII. Le roi Très Chrétien (assez voltairien en réalité, pour son compte) avait été restauré en 1814 par un évêque apostat, Talleyrand. Il le sera en 1815 par Fouché, un conventionnel régicide. ***JT***

ASSAUT Détail de *L'Attaque de Plancenoit*, par Adolf Northern, 1863 (Hamburg, Kunsthalle). Le 18 juin 1815, le village de Plancenoit a été le théâtre de combats acharnés entre le 4e corps prussien de Bülow et le 6e corps commandé par le comte de Lobau. Combattant à un contre trois, les Français luttèrent pied à pied quatre heures durant avant de devoir évacuer le village.

5 mai 1821

L'ULTIME RECOURS

A Sainte-Hélène, îlot volcanique perdu dans l'Atlantique Sud, Napoléon sculpte sa légende pour ses contemporains, et pour l'éternité.

Joué par Fouché qui lui a fait croire, après son abdication, qu'il pourrait trouver refuge aux Etats-Unis (il aurait d'ores et déjà obtenu des Anglais, à l'en croire, des sauf-conduits), Napoléon découvre en arrivant à Rochefort, le 3 juillet 1815, qu'il est tombé dans un piège.

Après plusieurs hésitations, il décide de demander asile à l'Angleterre et embarque sur le *Bellerophon*, déclarant au capitaine Maitland : *« Je me place sous la protection de votre prince et de vos lois. »* Mais le gouvernement anglais refuse de l'accueillir sur son sol. Napoléon a été mis hors la loi par le congrès de Vienne. Londres décide de le déporter à Sainte-Hélène, une île isolée dans l'Atlantique, accessible seulement par le port de Jamestown.

Transféré sur le *Northumberland* le 7 août, il est accompagné du général Bertrand, grand maréchal du palais, et de son épouse, du général de Montholon, aide de camp, lui aussi accompagné de son épouse, du général Gourgaud, officier d'ordonnance, et du comte de Las Cases et de son fils, ainsi que de plusieurs domestiques dont le valet de chambre Marchand et le mamelouk Ali.

Lorsqu'il débarque à Sainte-Hélène, le 16 octobre, il comprend vite que toute évasion sera impossible. Il choisit une autre stratégie : montrer au monde les conditions indignes dans lesquelles il est détenu.

D'emblée il dénonce donc une surveillance tatillonne et humiliante. La résidence de Longwood est médiocre et insalubre.

Napoléon va trouver en Hudson Lowe un allié involontaire. Le nouveau gouverneur arrive dans l'île le 14 avril 1816. C'est un homme vaniteux, mesquin et rigide, qui traîne derrière lui le souvenir de l'évacuation peu glorieuse de Capri devant les Français, en 1808, ce que Napoléon ne manque pas de lui rappeler à l'occasion. La première rencontre a lieu le 17 avril. Napoléon juge très vite l'homme : il sera facile à manipuler. Les rapports se tendent rapidement sans que Napoléon cherche à amadouer le gouverneur. Celui-ci multiplie les brimades et Napoléon peut alors s'exclamer que le martyre le *« dépouille de [sa] peau de tyran »*.

Le cadre et les rôles distribués, il reste à prendre l'Europe à témoin. Pour cela, Napoléon dispose de son entourage et notamment de Las Cases. L'Empereur déchu sait que celui-ci prend des notes pour un futur livre. Gourgaud et Bertrand l'imitent. Napoléon dicte ses Mémoires et multiplie les confidences. La splendeur de l'épopée napoléonienne revit dès lors à travers ses paroles scrupuleusement consignées par ses fidèles.

Les mêmes relèvent également les brimades que subit l'Empereur auquel on refuse titre et honneurs.

Il reste à Napoléon à se poser en martyr de la Sainte-Alliance formée par ses vainqueurs et en champion des idées libérales et nationales que les souverains de l'Europe tentent en vain d'écraser.

« Rien ne saurait désormais détruire ou effacer les grands principes de notre Révolution, proclame Napoléon, *(…) et cette ère mémorable se rattachera, quoi qu'on ait voulu dire, à ma personne ; parce qu'après tout, j'ai fait briller le flambeau, consacré les principes, et qu'aujourd'hui la persécution achève de m'en rendre le messie. »*

La publication en 1823 par Las Cases du *Mémorial de Sainte-Hélène* fait sensation. Napoléon était mort le 5 mai 1821 dans l'indifférence. Le *Mémorial* révèle l'image de Prométhée enchaîné sur son rocher, rappelle la gloire passée en parfait contraste avec la médiocrité prêtée aux Bourbons. Il fait de Napoléon l'héritier glorieux de la Révolution. Les romantiques, de Dumas à Hugo, s'enflamment, les libéraux s'insurgent, les demi-solde s'enthousiasment. La légende est née. Elle va traverser les siècles.

C'est, pour Napoléon, la dernière victoire. ***JT***

PROMÉTHÉE ENCHAÎNÉ

Ci-contre : Napoléon à Sainte-Hélène, *« condamné à vivre sous l'œil des garnisaires rouges, ses pas comptés, en butte à des vexations sans nombre »*, illustration de Job tirée de *Napoléon* de G. Montorgueil et Job (Boivin et Cie éditeurs, 1921). Page de droite : détail de *Sainte-Hélène*, par Pierre Eugène Aubert, vers 1840 (Rueil-Malmaison, Musée national des châteaux de Malmaison et de Bois-Préau).

L'Aigle

Ci-contre : *Napoléon Ier en 1806*, par Eugène Guillaume, vers 1860 (Rueil-Malmaison, Musée national des châteaux de Malmaison et de Bois-Préau).

NAPOLÉON

Le favori du destin

Soldat de la Révolution, « sauveur » de la République, puis empereur aux mille trônes, Napoléon fut, selon les mots de sa belle-fille, Hortense de Beauharnais, *« une comète »* dont ses fidèles n'étaient *« que la queue »* : *« Il faut le suivre sans savoir où il nous porte. Est-ce pour notre bonheur ? Est-ce pour notre malheur ? »*

« Mon ambition était grande, je l'avoue ; mais elle reposait sur l'opinion des masses. J'ai toujours pensé que la souveraineté réside dans le peuple ; l'empire tel que je l'avais organisé n'était qu'une république. Appelé au trône par la voix du peuple, ma maxime a toujours été : **Carrière ouverte aux talents, *sans distinction de naissance ; et c'est pour ce système d'égalité que l'oligarchie européenne me déteste. »***

Napoléon cité par Charles-Tristan de Montholon.

Premières gloires
La Bataille de Rivoli, 14 janvier 1797, par Henri Félix Emmanuel Philippoteaux, 1844 (Versailles, musée du Château).
Après la victoire remportée au pont d'Arcole le 17 novembre 1796, ce nouveau succès face aux troupes autrichiennes fait entrer le jeune général Bonaparte – il a tout juste vingt-sept ans – dans la légende.

Naissance d'un mythe

PAR JEAN TULARD, DE L'INSTITUT

Bonaparte a pu s'imposer comme le général qui mettait fin à la Révolution parce qu'il a su, mieux que ses concurrents, faire de ses aventures une légende nationale.

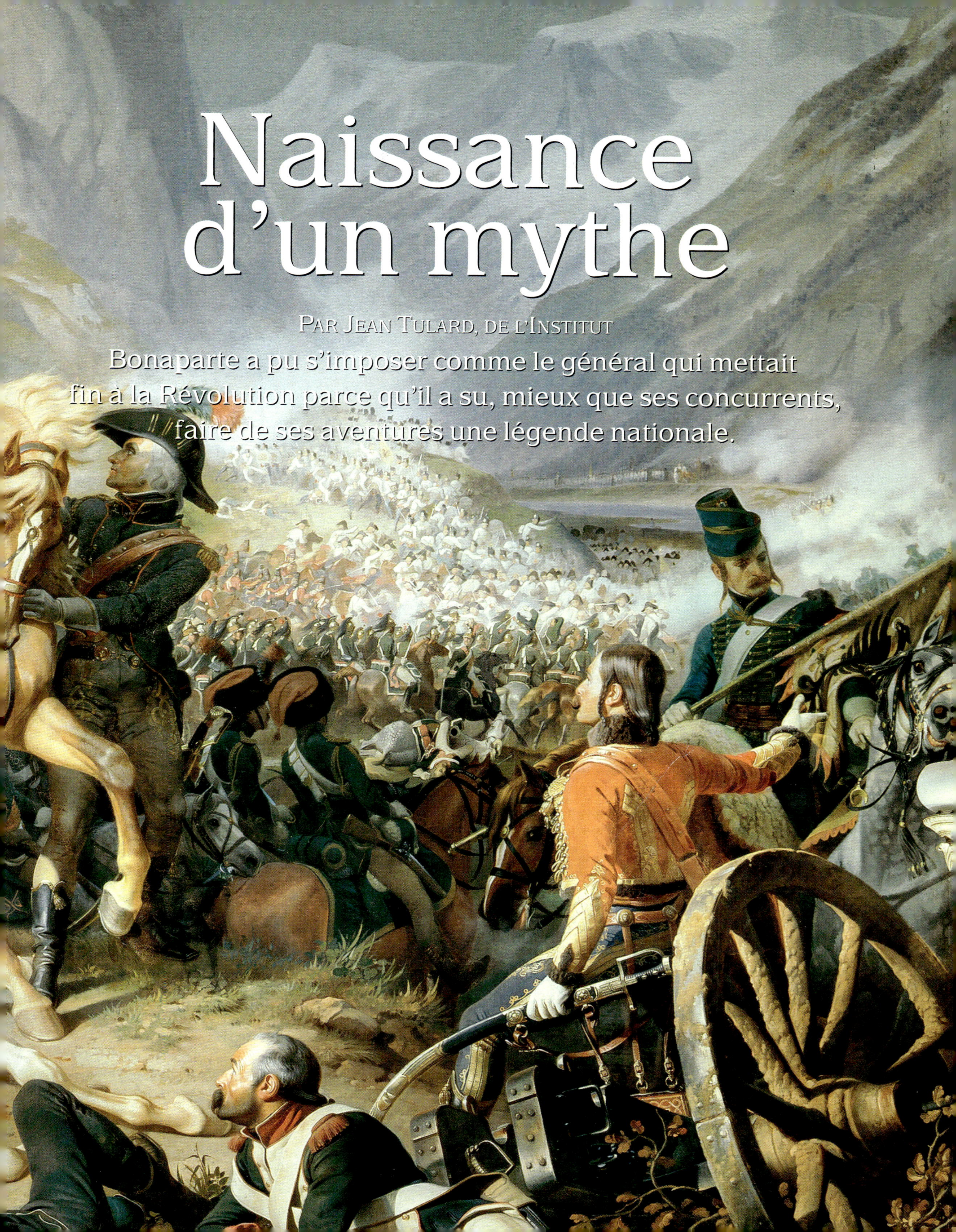

“Après Lodi, je me regardai comme un homme

ASCENSION

En haut : *Siège de Toulon, attaque du fort Faron, 17 décembre 1793*, d'après François Grenier de Saint-Martin (Boulogne-Billancourt, Bibliothèque Paul-Marmottan). Arrivé capitaine au siège de Toulon, Bonaparte, ici chargeant lui-même un canon, y gagnera ses galons de général de brigade. Ci-dessus : *Bonaparte au pont de Lodi, 10 mai 1796*, par Louis François Lejeune, vers 1804 (Versailles, musée du Château).

C'est à Lodi que naît Bonaparte. C est en Italie que se forge un mythe. La notoriété que Bonaparte avait acquise au siège de Toulon s'était limitée à l'état-major de l'armée républicaine et aux représentants en mission. Certes, à Paris, à la nouvelle de la prise de Toulon dont le jeune officier avait été le principal artisan, l'entourage de Robespierre avait songé à confier à Bonaparte le commandement de la garde nationale (la journée du 9 Thermidor eût pris alors un autre cours), mais aucune décision ne suivit. Et comment le principal souci de Bonaparte, devenu suspect de robespierrisme après la chute de l'Incorruptible, n'aurait-il pas été de faire oublier son succès toulonnais ?

Lors du 13 Vendémiaire, qui voit l'écrasement de l'insurrection royaliste contre la Convention, c'est Barras qui s'attribue la victoire. Bonaparte, malgré la canonnade décisive de Saint-Roch, reste dans l'ombre. C'est l'armée et non plus les sans-culottes du faubourg Saint-Antoine qui a mené le bal, et l'événement est de taille, mais son importance n'est pas immédiatement comprise.

Le 26 octobre 1795, Bonaparte est nommé commandant en chef de l'armée de l'Intérieur. Il parcourt à cheval les rues de Paris avec son état-major, mais sans rencontrer une quelconque popularité. Les esprits sont ailleurs ; le pain se vend sept sous la livre ; en 1789, il n'avait pas dépassé quatre sous. Le chômage ne cesse d'augmenter. Au demeurant, un rapport de police du 22 décembre signale que « *Buonaparte ne jouit pas de la confiance publique... Les honnêtes gens le trouvent jacobin à l'excès et la droite le surnomme le général Vendémiaire* ». Pourtant il n'hésite pas à fermer, le 28 février 1796, le club du Panthéon, antre jacobin par excellence, ce qui lui vaut l'ire des exclusifs. Bref, il demeure inclassable.

Le 2 mars, est signée sa nomination comme général en chef de l'armée d'Italie. Un moyen pour le tout neuf Directoire de s'en débarrasser. Il se marie avec Joséphine le 9 et quitte Paris le 11. A cette date, l'opinion regarde vers Hoche, Jourdan ou Bernadotte. Bonaparte n'est chargé que d'une manœuvre de diversion. Les débuts de la campagne d'Italie sont foudroyants tandis que Jourdan et Moreau sont battus en Allemagne. Dès la victoire de Lodi, en mai 1796, tous les regards se portent vers Bonaparte. La campagne qu'il mène cesse de paraître secondaire ; c'est en Italie que sont portés les coups décisifs contre les Autrichiens. « *Après Lodi*, dira Bonaparte, *je me regardai non plus comme un simple général mais comme un homme appelé à influer sur le sort d'un peuple. Il me vint l'idée que je pourrais bien devenir un acteur décisif de notre scène politique. Alors naquit la première étincelle de la haute ambition.* »

A Paris, le Directoire s'inquiète de la tournure prise par les événements et redoute les initiatives d'un général dont on découvre qu'il sort de l'ordinaire. Alors qu'il s'apprête à entrer en vainqueur à Milan, Bonaparte, de son côté, entend s'affranchir de la tutelle des hommes politiques de Paris.

L'épreuve de force se produit le 13 mai. Ce jour-là, Bonaparte reçoit une lettre du Directoire modifiant ses instructions. L'armée de Bonaparte est partagée car la manœuvre de diversion contre les Autrichiens est désormais inutile. Bonaparte doit maintenant marcher sur Rome (c'est La Révellière-Lépeaux, fondateur d'une nouvelle religion et ennemi juré du pape, qui a soufflé l'idée) et renverser Pie VI, avec une partie de l'armée d'Italie ; l'autre moitié ira grossir l'armée des Alpes de Kellermann qui a mission de tenir en respect les Autrichiens, mais sans les attaquer. Ce plan est absurde et obligerait Bonaparte à une opération peu glorieuse et nullement exempte de dangers. Le général refuse. Or le Directoire s'incline. C'est un tournant dans l'histoire de la Révolution. Jusqu'alors, les généraux désobéissants ou récalcitrants avaient le choix entre la désertion (La Fayette, Dumouriez) ou la guillotine (Houchard, Custine), au mieux la prison (Hoche). Désormais, un général, Bonaparte en tout cas, peut discuter les ordres reçus et en substituer d'autres.

Mais à condition de vaincre. Et c'est en cela que les victoires suivantes de Bonaparte prennent un autre relief. Castiglione ou Rivoli confirment sa stratégie.

Il ne suffit pas de vaincre. Il faut aussi convaincre de l'importance des victoires remportées et

appelé à influer sur le sort d'un peuple."

Bonaparte

s'assurer ainsi l'appui d'une opinion publique qui pèse de plus en plus sur le cours des événements. C'est là que Bonaparte va faire preuve d'originalité par rapport aux autres généraux. Il explique et exalte ses victoires. On avait certes célébré Valmy et Jemmapes, mais la trahison de Dumouriez en avait terni l'éclat. Malgré le prestige qui les entourait, ni Hoche, ni Marceau (dont la mort fut néanmoins magnifiée), ni Pichegru (qui avait pourtant capturé la flotte hollandaise, prise dans les glaces, avec ses cavaliers) n'étaient entrés, de leur vivant, dans la légende. Sans parler de Moreau ou de Jourdan. A tous il avait manqué ce sens de la propagande que révèle Bonaparte en Italie.

Comment faire parler de soi ? Par la presse, dont Bonaparte comprend vite le pouvoir. Il est le premier général à avoir ses journaux. Le 20 juillet 1797, Bonaparte fonde *Le Courrier de l'armée d'Italie* Le rédacteur en est Marc-Antoine Jullien, qui fut du bureau de police de Saint-Just, et qui a montré ses talents de journaliste dans *L'Orateur plébéien*. Parution : tous les deux jours. Le 3 août 1797, paraît une autre feuille, *La France vue de l'armée d'Italie*. Ce journal doit être publié tous les cinq jours sous la responsabilité de Regnaud de Saint-Jean d'Angély, qui avait collaboré auparavant au *Journal de Paris* et à *L'Ami des patriotes*. Ces deux feuilles avaient été précédées, en février 1797, par le *Journal de Bonaparte et des hommes vertueux* (le titre est significatif) qui porte en épigraphe : « *Annibal dormit à Capoue : / Bonaparte ne dort pas dans Mantoue.* »

L'HAGIOGRAPHIE EST EN MARCHE

Bonaparte utilise aussi le communiqué relatant une bataille et qui est envoyé au Directoire puis aux journaux parisiens : la diffusion est importante. Il n'ignore pas l'impact sur l'opinion qu'a l'envoi de drapeaux pris à l'ennemi ou encore d'œuvres d'art prélevées à titre de butin. Tout Paris en parle et loue le général Bonaparte. Est encouragée l'imagerie populaire, instrument efficace de propagande. On reconnaît vite sur les gravures évoquant Lodi, Arcole ou Rivoli, ce général maigre, cheveux au vent, brandissant un drapeau ou faisant cabrer son cheval, dont on retient facilement le drôle de prénom.

A Paris, enfin, un clan Bonaparte, avec ses frères Joseph et Lucien élus députés, et Joséphine dont le salon est très fréquenté, assure les relais.

Le rôle de cette propagande est d'exalter un homme : Bonaparte. Que lit-on dans *Le Courrier de l'armée d'Italie* du 11 août 1797 ? Un sombre tableau de la France : « *Nous n'avons plus de finances, plus de fêtes républicaines, plus de magistrats du peuple, mais des messes, des cérémonies religieuses, des prêtres ; plus de caractère national et d'esprit public, mais un luxe éhonté contrastant avec la plus affreuse misère, et des fêtes au milieu desquelles les satrapes de l'Asie auraient rougi. Toutes les idées de morale et de liberté semblent évanouies. Législateurs, magistrats, fonctionnaires, tout est gangrené.* » Par contraste, *Le Courrier de l'armée d'Italie* peint un Bonaparte honnête et désintéressé : « *Bonaparte aime trop sa patrie et s'estime trop lui-même pour ne pas préférer une chaumière et des lauriers en France au sort le plus brillant qui pourrait lui être offert par les peuples et les rois.* » C'est sur son génie militaire qu'est mis l'accent : Bonaparte « *sait qu'il est des hommes dont le pouvoir n'a d'autres bornes que leur volonté, quand la réunion des plus sublimes vertus seconde un vaste génie. (...) Il vole comme l'éclair, et frappe comme la foudre. (...) Il est partout, il voit tout.* »

L'armée lui est profondément attachée. Rendant compte d'une revue du 14 juillet, *Le Courrier* raconte : « *Pendant que l'armée défile, un caporal (...) s'approche du général en chef et lui dit :* "Général, tu as sauvé la France. Tes enfants glorieux d'appartenir à cette invincible armée te feront un rempart de leurs corps. Sauve la République. Que 100 000 soldats qui composent cette armée se serrent pour défendre la liberté." »

Le peuple l'aime à son tour, nous apprend une brochure intitulée *Bonaparte dévoilé aux yeux de la France et de l'Europe entière*, car il sait que Bonaparte, « *doué d'une âme ardente et vive, n'a d'autre ambition que celle de la gloire. (...) Il*

TRIOMPHE

Ci-dessus : *Entrée triomphale des monuments des sciences et arts en France ; fête à ce sujet les 9 et 10 thermidor an VI (27 et 28 juillet 1798).* Alors que Bonaparte vient de faire son entrée au Caire, on le célèbre à Paris dans une procession y apportant tous les trésors saisis au Vatican. Ci-dessous : *Le Général Bonaparte*, par Jacques-Louis David, vers 1797-1798 (Paris, Louvre).

"Bonaparte, doué d'une âme ardente, n'a d'autre ambition que celle de la gloire."

méprise l'or et les honneurs. (…) il parle extrêmement peu » et reste toujours « *modeste* ».

Cette action a été vite couronnée de succès. A Paris, le nom de Bonaparte est sur toutes les lèvres. Les colporteurs diffusent son image de général victorieux dans les plus petits villages. Qu'en attend Bonaparte ? Depuis longtemps on sait que la Révolution sera terminée par un général. La Fayette et Dumouriez ont cru qu'ils joueraient ce rôle. Mais ils sont venus trop tôt. L'heure n'a-t-elle pas sonné ?

LA POUSSÉE DES RÉACTIONNAIRES

Trop de signes montrent que Bonaparte pense à une carrière politique. Un coup d'Etat ? Une élection ? Des contacts auraient été pris. Mais un nouveau péril menace le Directoire. Brisée par Bonaparte le 13 Vendémiaire, la cause royaliste n'a pas été pour autant anéantie. Lors des élections aux deux Conseils en avril 1797 on a enregistré une forte poussée des « réactionnaires ». L'un d'eux est porté à la présidence des Anciens et c'est le général Pichegru qui préside désormais les Cinq-Cents. Il passe pour avoir été acheté par le prince de Condé. Au Directoire, Barthélemy, royaliste notoire mais modéré, est désigné en remplacement de Letourneur. Tout semble se mettre en place pour une restauration monarchique. Pichegru ne va-t-il pas tenter un coup de force ? Ne sera-t-il pas ce général qui doit terminer la Révolution ? Bonaparte n'hésite pas. De Milan, il appuie le Directoire. A l'occasion du défilé de ses troupes, le 14 juillet 1797, il lance une proclamation sans ambiguïté : « *Soldats, je sais que vous êtes profondément affectés des malheurs qui menacent la patrie. Mais la patrie ne peut courir de dangers réels. Les mêmes hommes qui l'ont fait triompher de l'Europe coalisée sont là. Des montagnes nous séparent de la France ; vous les franchiriez avec la rapidité de l'aigle, s'il le fallait, pour maintenir la Constitution, défendre la liberté, protéger le gouvernement et les républicains. (…) Les royalistes, dès l'instant qu'ils se montreront, auront vécu. Soyez sans inquiétude, et jurons par les mânes des héros qui sont morts à côté de nous pour la liberté, jurons sur nos drapeaux, guerre implacable aux ennemis de la République et de la Constitution.* » Sans perdre de temps Bonaparte envoie le général Augereau à Paris en août. Le Directoire le nomme commandant de la 17e division militaire. Des soldats de l'armée d'Italie partent en permission pour Paris. La chance sert Bonaparte. A Trieste, est arrêté le comte d'Antraigues, un agent royaliste. Dans ses papiers, figure un compte rendu des tractations entre Pichegru et Condé. C'est accablant pour le président du Conseil des Cinq-Cents. Bonaparte envoie aussitôt ces documents compromettants au Directoire. Le prétexte est trouvé pour hâter l'épreuve de force.

A l'aube du 4 septembre 1797 (18 fructidor), les barrières sont fermées, les abords des Tuileries investis par Augereau et dans tout Paris sont placardées les preuves de la trahison de Pichegru. Celui-ci est arrêté et déporté. Le rival de Bonaparte est éliminé. Après avoir signé le traité de Campoformio, Bonaparte revient à Paris le 5 décembre 1797, auréolé d'une gloire nouvelle : le général invincible s'est révélé un habile diplomate. Toutes les vertus semblent l'habiter. L'annonce de la paix a suscité une vague d'enthousiasme et partout revient le nom de Bonaparte. Le continent est enfin calme et le prestige de Bonaparte au plus haut.

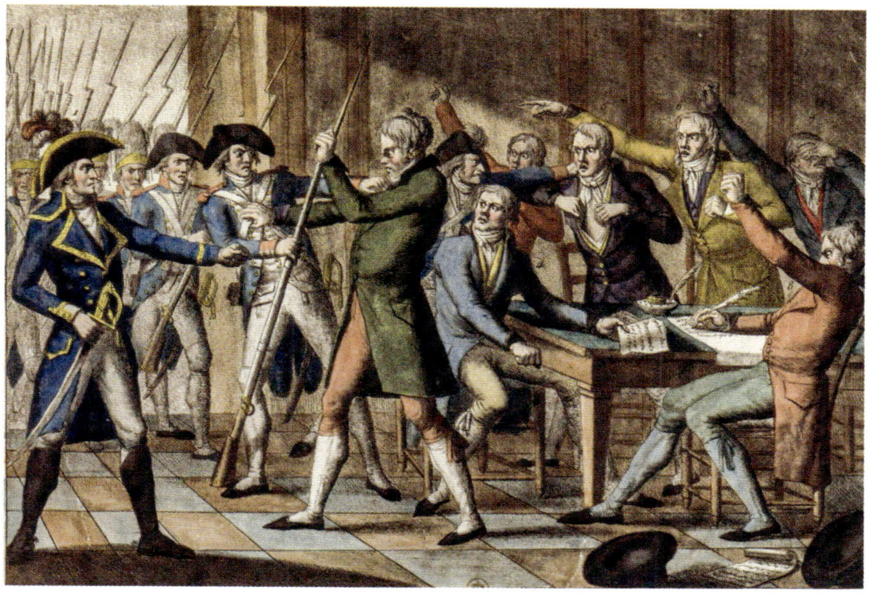

MENEUR

Page de gauche : *Bonaparte au pont d'Arcole*, par Antoine-Jean Gros, 1796 (Versailles, musée du Château, dépôt du Louvre). Icône de la légende napoléonienne, ce tableau est à la fois le premier portrait officiel de Napoléon Bonaparte et une évocation idéalisée du jeune général victorieux. Ci-dessus : *Journée du 18 fructidor, l'an V de la République française. « Non… ! Nous ne sortirons pas d'ici ! »* Organisé par le Directoire avec le soutien de Bonaparte, ce coup d'Etat contre les royalistes, majoritaires dans les deux Assemblées législatives, entraîne l'arrestation et la déportation du général Pichegru, convaincu de trahison.

TÊTE-À-TÊTE

En haut : *Bonaparte devant le Sphinx*, par Jean-Léon Gérôme, 1867-1868 (San Simeon, Hearst Castle). Ci-dessus : *Napoléon Bonaparte, membre de l'Institut, sous la coupole*, par Edouard Detaille, vers 1890 (Paris, palais de l'Institut). *« Le suffrage des hommes distingués qui composent l'Institut m'honore. Je sens bien qu'avant d'être leur égal je serai longtemps leur écolier »*, remercia-t-il après son élection à l'Académie des sciences en 1797.

Il voit Talleyrand, qui se veut son mentor, le 6 décembre. Le ministre des Relations extérieures lui montre un avenir bouché. Le coup d'Etat du 18 Fructidor a redonné de l'homogénéité et de l'autorité au Directoire. Celui-ci est moins faible qu'au moment où Bonaparte partait pour l'Italie. On se montre sourcilleux sur la légalité : or Bonaparte n'a pas l'âge requis pour entrer au Directoire. De plus, les directeurs se montrent ingrats, le péril royaliste écarté, et ne lui proposent que le commandement de l'armée destinée à débarquer en Angleterre, dernier adversaire de la République, opération périlleuse où Hoche a déjà échoué.

Certes, Bonaparte est élu à l'Institut, au milieu des plus grands savants, ce qui accroît encore son prestige. Mais la gloire est éphémère. S'il ne retient pas l'attention du public par de nouvelles actions d'éclat, il risque d'être vite oublié par une opinion versatile. La situation n'est pas mûre pour renverser le Directoire. Il faut attendre, prendre ses distances, tout en continuant à faire parler de soi. C'est alors que Talleyrand sort de ses cartons le projet de Magallon, consul de France en Egypte : pour remplacer les Antilles, établir une nouvelle colonie en Egypte. Vieille idée de Choiseul. La résistance des mamelouks, en pleine crise, devrait être faible et la conquête achevée en neuf mois, assure Magallon. Deux alibis : l'expédition sera scientifique. C'est ici que le titre de membre de l'Institut devient utile : les « idéologues », tout-puissants sur l'opinion, donnent aussitôt leur accord. Par ailleurs, cette conquête peut s'inscrire dans la lutte contre l'Angleterre : s'emparer de l'Egypte, c'est lui couper la route terrestre de l'Inde, source principale de la richesse britannique. Le Directoire, soucieux de se débarrasser d'un général encombrant dont il devine les intentions du coup d'Etat, donne son accord.

Le 19 mai 1798, l'expédition quitte Toulon. Un nouveau champ d'action s'ouvre à Bonaparte. L'image du vainqueur d'Arcole va y gagner de nouvelles couleurs : les pyramides, le Nil, Nazareth... Même si les renseignements ne parviennent que difficilement en raison de l'éloignement et du contrôle de la Méditerranée par la flotte anglaise, l'opinion rêve à nouveau sur le destin de Bonaparte tandis que le Directoire s'abîme dans des coups d'Etat qui le discréditent. Le calcul était juste. De retour en France, Bonaparte sera, le 19 Brumaire, le général qui mettra fin à la Révolution. « Bonaparte » cèdera bientôt la place à « Napoléon ». La légende, née au soir de Lodi, n'en finira plus de croître et d'embellir.

*Membre de l'Académie des sciences morales, professeur émérite à l'université Paris-Sorbonne, titulaire de 1971 à 2003 de la chaire d'histoire de la Révolution et de l'Empire, Jean Tulard s'est imposé en une cinquantaine de livres (***Napoléon ou le mythe du sauveur, Dictionnaire Napoléon,*** Fayard) comme le grand maître des études napoléoniennes. Il est président du conseil scientifique du* **Figaro Histoire.** *Il vient de publier* **Marengo** *(Buchet-Chastel) et* **L'Europe au temps de Napoléon** *(Cerf).*

Les couleurs de l'Orient
***Le Général Bonaparte et son état-major en Egypte*, par Jean-Léon Gérôme, 1867 (collection particulière). Avec la campagne d'Egypte, entamée en mai 1798, Bonaparte fait de nouveau rêver l'opinion publique sur son destin.**

CODE
NAPOLEON

LE REMPART DE LA RÉVOLUTION

PAR JEAN TULARD, DE L'INSTITUT

Incarnation des grands principes révolutionnaires jusqu'en 1808, Napoléon perdra son trône pour avoir oublié son serment du sacre.

LE PACTE

Ci-dessus : *Le Serment* in *Le Sacre de S. M. l'Empereur Napoléon dans l'église métropolitaine de Paris, le 11 frimaire an XIII, dimanche 2 décembre 1804* (Saint-Denis, Ateliers d'art des musées nationaux, moulage et chalcographie). Prêté devant les présidents des Assemblées, ce serment est un pacte passé par Napoléon avec les notables issus de la Révolution, qui en fait un rempart pour les conquêtes révolutionnaires. Page de gauche : *Napoléon Ier en souverain législateur*, par Anne-Louis Girodet de Roussy-Trioson, vers 1812 (Montargis, musée Girodet). Aux classiques *regalia* (sceptre dans la main gauche, main de justice et globe sur la table) s'ajoute le Code civil, attribut du prince législateur, qui fut promulgué le 21 mars 1804.

Du sacre de Napoléon, le 2 décembre 1804, on ne retient que le voyage du pape à Paris, une cérémonie pompeuse et froide à Notre-Dame, et le tableau de David, plus célèbre qu'exact. Le temps fort du sacre est passé sous silence. La messe finie et le pape s'étant transporté à la sacristie du Trésor pour y déposer les ornements pontificaux, l'Empereur, assis, la couronne sur la tête et la main levée sur l'Evangile, prononce, si l'on en croit le procès-verbal du grand maître des cérémonies, Ségur, le serment suivant : « *Je jure de maintenir l'intégrité du territoire de la République ; de respecter et de faire respecter les lois du Concordat et la liberté des cultes ; de respecter et faire respecter l'égalité des droits, la liberté politique et civile, l'irrévocabilité des ventes des biens nationaux ; de ne lever aucun impôt, de n'établir aucune taxe qu'en vertu de la loi ; de maintenir l'institution de la Légion d'honneur ; de gouverner dans la seule vue de l'intérêt, du bonheur et de la gloire du peuple français.* »

Alors, seulement, en présence des présidents du Sénat, du Corps législatif et du Tribunat, ainsi que du doyen des présidents de section du Conseil d'Etat, le héraut d'armes dit d'une voix forte et élevée : « *Le très glorieux et très auguste empereur Napoléon, empereur des Français, est couronné et intronisé. Vive l'Empereur !* » On le voit : la messe n'était qu'un hors-d'œuvre. Le pape n'était là que pour permettre à Napoléon de narguer les Bourbons et les souverains de l'Europe. Ce qui comptait vraiment, c'était le serment prêté devant les présidents des Assemblées. Un pacte passé par Napoléon avec les notables issus de la Révolution, qui en faisait un rempart pour les conquêtes révolutionnaires. Deux d'entre elles seront essentielles.

Dans la nuit du 4 août 1789, la Constituante avait fait table rase de ce que l'on appellerait désormais l'Ancien Régime : plus de privilèges, plus de corporations et surtout plus de droits féodaux. Déclarés d'abord rachetables pour certains d'entre eux, ces droits (le cens, le champart, la corvée...), qui pesaient plus ou moins lourdement sur le paysan, disparaissent définitivement sous la Terreur. Du coup, voilà les campagnes, sauf à l'Ouest, attachées à la Révolution. Il sera désormais facile, face aux tentatives de restauration monarchique, de jouer sur la peur d'un rétablissement de droits particulièrement haïs. Napoléon est garant, par son serment, de la destruction de la féodalité. Il est aussi garant de l'« *irrévocabilité des ventes des biens nationaux* ». Pour résoudre le déficit financier, la Constituante avait en effet confisqué les biens du clergé, le 2 novembre 1789, et les avait vendus. Une nouvelle catégorie de propriétaires apparaît : l'acquéreur de biens nationaux. Pensons au père Grandet : « *Dès que la République française mit en vente, dans l'arrondissement de Saumur, les biens du clergé, le tonnelier (...) venait d'épouser la fille d'un riche marchand de planches. Grandet alla, muni de sa fortune liquide et de la dot, (...) au district, où (...) il eut pour un morceau de pain, légalement, sinon légitimement, les plus beaux vignobles de l'arrondissement, une vieille abbaye et quelques métairies. (...) il fournit aux armées républicaines un ou deux milliers de pièces de vin blanc, et se fit payer en superbes prairies dépendant d'une communauté de femmes (...).*

Sous le Consulat, le bonhomme Grandet devint maire, administra sagement, vendangea mieux encore ; sous l'Empire, il fut monsieur Grandet. »

Les Grandet sont nombreux en 1804, enrichis par l'acquisition de biens nationaux, les fournitures aux armées et la spéculation sur l'assignat, le papier-monnaie de la Révolution. Ils n'aspirent désormais qu'à l'ordre et à la stabilité. Le notable a supplanté le noble, le paysan est libéré des contraintes féodales. Seul l'ouvrier est le dindon de la farce. Il a été, comme sans-culotte, le fer de lance des journées révolutionnaires et n'y a gagné que l'interdiction de faire grève. Mais la reprise de l'activité économique et plus encore la garantie d'un pain abondant à bon marché l'attacheront à Napoléon.

Les anciens régicides qui avaient soutenu Bonaparte lors du coup d'Etat de Brumaire ont pu craindre, un temps très court, avoir conduit au pouvoir un nouveau Monk, ce général qui avait rétabli Charles II sur le trône d'Angleterre. Mais Bonaparte, qui avait déjà fait tirer sur les royalistes le 13 Vendémiaire, « se fait de la Convention » en faisant exécuter en 1804 un Bourbon, le duc d'Enghien, devenant lui aussi une sorte de régicide. Difficile, ensuite, de restaurer Louis XVIII. Ainsi l'Empire est-il la Révolution consolidée, et Napoléon, le rempart des conquêtes de 1789.

L'INQUIÉTUDE DES RÉGICIDES

A quel moment se situe le divorce entre Napoléon et les notables ? Vers la fin de 1808. L'Empereur étant à Madrid, le 20 décembre s'opère un spectaculaire rapprochement entre Talleyrand et Fouché, raconté par Pasquier dans ses *Mémoires*. Jusque-là, les deux hommes, qui avaient été néanmoins complices en Brumaire, se haïssaient ouvertement. « *Je me souviens encore,* écrit Pasquier, *de l'effet que produisit, à une brillante soirée chez M. de Talleyrand, l'apparition de M. Fouché, le jour où il entra dans ce salon pour la première fois.* » Et Pasquier d'expliquer : « *Tous deux, apparemment, s'étaient mis à envisager les choses sous le même aspect et s'étaient dit, perdant toute confiance en la fortune de Napoléon, que, s'il venait à manquer, ils étaient seuls en position de disposer de l'Empire, et devaient par conséquent en régler la succession suivant leur plus grand avantage.* » Et celui de tous les profiteurs de la Révolution.

Les campagnes d'Austerlitz et d'Iéna avaient prolongé les guerres de la Révolution ; celle d'Espagne avait été engagée par Napoléon dans une autre logique : substituer les Bonaparte aux Bourbons sur le trône d'Espagne. L'Empereur pouvait aussi invoquer les nécessités du Blocus continental, mais cette guerre était sa guerre, pas celle de la Révolution. Et, à trop prendre de risques sur les champs de bataille, Napoléon ne s'exposait-il pas à tout compromettre ?

Le mariage de l'Empereur avec Marie-Louise accrut encore les inquiétudes des régicides : la nouvelle impératrice était la petite-nièce de Marie-Antoinette. Le retour, dans les antichambres comme dans les préfectures, des membres de l'ancienne aristocratie ne préfigurait-il pas un rétablissement des droits féodaux et, peut-être, une remise en cause des ventes de biens des émigrés ? Une sourde inquiétude couvait dans des campagnes, de surcroît éprouvées par une conscription de plus en plus lourde.

La tentative de coup d'Etat du général Malet, en 1812, mit en lumière la vulnérabilité d'un régime qui n'avait d'autre légitimité que ses victoires. Or nous entrons, en 1812, comme l'avaient pressenti dès 1808 Fouché et Talleyrand, dans l'ère des défaites. En 1814, Napoléon aurait pu jouer sur le registre de « *la patrie en danger* ». Il se comporte en monarque et perd son trône.

L'intelligence de Louis XVIII fut de comprendre qu'il fallait renoncer aux principes de la déclaration de Vérone, lancée en 1795 à la mort de son neveu, l'enfant du Temple, qui le faisait roi. Elle promettait le retour pur et simple à l'Ancien Régime et des châtiments pour les régicides. De là, parmi d'autres causes, l'échec du débarquement de Quiberon, de l'insurrection de Vendémiaire ou des complots contre Bonaparte. En revanche, le préambule de la Charte de 1814 annoncerait que jamais « *aucun souvenir amer* » ne troublerait le repos des Français. L'article 9 prévoyait que « *toutes les propriétés sont inviolables, sans aucune exception de celles qu'on appelle* nationales, *la loi ne mettant aucune différence entre elles* ». Napoléon n'était donc plus nécessaire.

LES BOTTES DE 1793

Les inquiétudes suscitées par le comportement des émigrés de retour en France et les positions imprudentes du clergé offrirent pourtant à Napoléon, lorsqu'il revint de l'île d'Elbe, l'occasion de se proclamer le défenseur des conquêtes de la Révolution. Sur la route qui le conduit à Paris, il est porté par un courant populaire de paysans et d'ouvriers. On chante le refrain du paysan Grégoire, qui résume bien ce que l'on attend de Napoléon en 1815 : « *Si Napoléon sur le trône / Ne fût remonté promptement, / Bientôt notre grosse baronne / T'eût traité fort insolemment. /* "Coquin, *t'aurait dit cette dame, /* Rends-moi ce champ, rends-moi ce pré ! / Au nom du roi je les réclame / Pour mon fils, baron émigré." / *Bientôt on aurait vu renaître / Des seigneurs les droits féodaux ; / On nous aurait pendus peut-être / Pour des pigeons ou des lapereaux.* »

Mais si, le 8 mars, Napoléon annonce son intention d'empêcher le retour de « *la glèbe, du servage et du régime féodal* », arrivé à Paris, il affirme : « *Je ne veux pas être le roi d'une jacquerie.* » Il entend rassurer les souverains européens quand il faudrait les terroriser. Coupé de sa base populaire, il offre aux notables une constitution libérale, alors que la menace d'une nouvelle guerre les détourne du régime. Une nouvelle fois, l'Empereur perd son trône pour avoir oublié le pacte du 2 décembre 1804.

C'est à Sainte-Hélène qu'il mesure son erreur : il a voulu jouer au monarque quand il fallait enfiler les bottes de 1793. Alors, il déclare dans le *Mémorial* : « *rien ne saurait désormais détruire ou effacer les grands principes de notre révolution ; ces grandes et belles vérités doivent demeurer à jamais, tant nous les avons entrelacées de lustre, de monuments, de prodiges ; (...) voilà le trépied d'où jaillira la lumière du monde ! Elles le régiront ; elles seront la foi, la religion, la morale de tous les peuples, et cette ère mémorable se rattachera, quoi qu'on ait voulu dire, à ma personne ; parce qu'après tout, j'ai fait briller le flambeau, consacré les principes, et qu'aujourd'hui la persécution achève de m'en rendre le messie* ».

Il est trop tard pour Napoléon lui-même. Sa clairvoyance ne peut plus travailler – mais il l'ignore – que pour son neveu, Louis-Napoléon, que le suffrage universel portera à la présidence de la République en 1848.

La Révolution consolidée
Page de gauche, en haut : *Le Déménagement du clergé. J'ai perdu mes bénéfices, rien n'égale ma douleur*, vers 1789 (Paris, musée Carnavalet). Par décret du 2 novembre 1789, les biens du clergé avaient été spoliés. Dessous : *Le Retour de l'Empereur*, par François Joseph Heim (Bayonne, musée Bonnat-Helleu). L'Empereur est porté en triomphe vers l'escalier des Tuileries à son retour de l'île d'Elbe, le 20 mars 1815. Ci-dessous : *L'Exécution du duc d'Enghien dans les fossés de Vincennes*, par Jean-Paul Laurens, 1872 (Alençon, musée des Beaux-Arts et de la Dentelle).

PAIX RELIGIEUSE
***Signature du Concordat entre la France et le Saint-Siège, le 15 juillet 1801*, par François Gérard (Versailles, musée du Château). De gauche à droite : Joseph Bonaparte, le Premier consul Napoléon Bonaparte, Portalis, le cardinal Consalvi, secrétaire d'Etat du Saint-Siège, l'abbé Bernier et le conseiller d'Etat Emmanuel Cretet.**

La loi et l'ordre

PAR THIERRY LENTZ

En s'appuyant sur une génération d'hommes hors du commun et avec pour principal outil la règle de droit, Bonaparte procéda en quelques années à une rénovation complète de l'Etat et de la société, menant à bien la mission pacificatrice et réformatrice qu'il s'était fixée.

“Arrêter le roman de la Révolution

NUMÉRO DEUX
En haut : détail de l'*Installation du Conseil d'Etat au palais du Petit-Luxembourg, le 25 décembre 1799*, par Louis Charles Auguste Couder, 1856 (Versailles, musée du Château). Les trois consuls Cambacérès, Bonaparte et Lebrun (de gauche à droite) reçoivent le serment des présidents de section. Ci-dessus : *Cambacérès, second consul de la République française*, estampe (Paris, BnF).

Saisissant le gouvernail d'une France en quasi-guerre civile et menacée sur ses frontières par une coalition d'une dizaine de puissances européennes, Bonaparte aurait pu surseoir aux réformes promises lors de la « révolution de Brumaire », au moins jusqu'à la paix intérieure et extérieure. Il rejeta cette facilité pour mener de front les combats nécessaires (avec notamment sa seconde campagne d'Italie, achevée à Marengo, le 14 juin 1800) et la rénovation de fond en comble de l'Etat et de la société. Il ne tarda pas en effet à jeter *« sur le sol de la France quelques masses de granit »*, ces grandes institutions qui devaient étayer l'ensemble. Il prouva en peu de temps que la France n'était pas irréformable, à condition qu'elle comprenne où on voulait la mener et de l'y conduire d'une main ferme. Il estimait que *« la nation française est la plus facile à gouverner, quand on ne la prend pas à rebours »*, et, partageant avec l'immense majorité un profond désir de paix et de remise en ordre, il lui proposa d'arrêter *« le roman de la Révolution »* et de commencer à en *« écrire l'histoire »*.

UN CONSUL DE TRENTE ANS

Dès les premières semaines du Consulat, le pays et ses élites se rendirent compte qu'ils s'étaient donnés à un homme d'Etat exceptionnel dont les qualités éclatèrent dans l'art de gouverner et ne cessèrent de s'affermir. Bonaparte sut y ajouter celle de savoir s'entourer et, pendant les premières années au moins, d'écouter les avis de collaborateurs choisis pour leurs compétences, leurs capacités de travail et leur habileté. Il appela à ses côtés une génération hors du commun, réunie par son attachement aux acquis des premières années de la Révolution, avec notamment son « numéro deux », Cambacérès, pour l'analyse juridique et les stratégies politiques, Lebrun, Gaudin et Barbé-Marbois pour les finances publiques, Fouché pour la police, Portalis et l'aréopage des conseillers d'Etat pour les grands textes, Régnier et une vingtaine de hauts magistrats pour la justice et, bien sûr, Talleyrand, pas seulement écouté en politique étrangère. Il y ajouta une sorte de garde rapprochée, un peu militaire (Berthier, Duroc, Murat, Savary), un peu civile (Rœderer, Regnaud de Saint-Jean d'Angély, Defermon) et un peu familiale (Joseph et Lucien Bonaparte, les Beauharnais et les Clary).

Bonaparte fut le moteur principal de cette équipe et de ces réseaux. Il dirigea effectivement le gouvernement et les administrations, leur donna les moyens et souvent la force d'agir, trancha lorsqu'il en était besoin et assuma la responsabilité des choix. Il fut en ce sens ce que l'historien Jacques Jourquin a appelé *« le premier chef d'Etat manager »* de notre histoire. A cette époque, il savait encore écouter, acceptait de débattre, pouvait même changer d'avis et admettre ses erreurs. Mais une fois sa résolution prise, rien ne pouvait le dévier de sa route et chacun était requis, à sa place et selon sa fonction, de mettre toutes ses forces au service du projet devenu commun.

Rarement dans notre histoire, le pouvoir exécutif ne s'était autant incarné, alors même que la machinerie institutionnelle ne donnait pas encore tous les pouvoirs à Bonaparte. Bourreau de travail et homme d'autorité (jusqu'à quelques coups de sang et – déjà – de légendaires colères), il parvint à communiquer aux autres sa vitalité : *« Il arriva sous son gouvernement une chose assez extraordinaire entre les hommes qui travaillaient avec lui,* écrivit le conseiller d'Etat Pierre-Louis Rœderer, qui en avait vu d'autres dans sa longue carrière *: la médiocrité se sentit du talent ; le talent se crut tombé dans la médiocrité ; tant il éclairait l'une, tant il étonnait l'autre. »* Ce chef de l'Etat d'à peine trente ans frappait en effet tous ceux qui l'approchaient par sa soif d'agir et de décider, par son implication jusqu'aux moindres détails et, le plus souvent, par la justesse, presque la sagesse, de sa vision.

Dès le premier jour, il fut gouvernant du matin au soir, et même souvent après le coucher du soleil, sans paraître en souffrir. Comme il maîtrisait son sommeil en fonction de ses besoins et du temps disponible, il se rattrapait dans ce qu'il considérait comme les à-côtés nécessaires de sa fonction : on le surprenait parfois à s'assoupir dans des réunions trop longues ou aux spectacles auxquels il se montrait plusieurs fois par semaine. Une fois rentré chez lui, il ne

et commencer à en écrire l'histoire."

goûtait que fort peu aux bonheurs du foyer et travaillait encore. Parfois en maugréant, les conseillers d'Etat et les ministres, déjà sollicités lors de leurs longues journées, devaient renoncer à une partie de leur nuit parce qu'appelés dans son cabinet, où des hommes porte-plume usaient leurs yeux à lumière des bougies.

On avait vu, par le passé, d'autres chefs d'Etat se contenter de quelques lectures et de brefs conseils avant de se disperser. Les rois travaillaient le matin puis allaient à la chasse. Les révolutionnaires se partageaient entre leur table de travail et les multiples tribunes d'où ils s'exprimaient. Les directeurs s'égaraient souvent dans les salons des dames en vue. Pas lui. Rien ne l'agaçait plus que les séances où l'on tournait autour d'un dossier, où l'on discourait à perte de vue et de temps. Les assemblées bavardes l'exaspéraient, de même que les éloges assommants. Il fallut attendre les fastes de la cour impériale pour le voir plus souvent courir (sans passion) le cerf ou perdre du temps aux cercles des palais. L'historien Jean Lucas-Dubreton a écrit qu'avec Bonaparte, on entra résolument dans *« l'ère du sérieux »*.

LA RÉCONCILIATION NATIONALE

L'objectif des brumairiens était de canaliser la Révolution sans la renier. Leur modèle était celui de 1789, en préservant ce qui y faisait consensus et en rejetant ce qui pouvait apparaître comme « idéologique ». Pour cela, ils devaient convaincre les victimes et forcer les fauteurs des déchirements intérieurs à accepter des compromis... qui ne pouvaient être qu'à l'avantage du projet gouvernemental. Pour le mener, Bonaparte se proclama *« national »*, ce qui, dans son esprit, voulait dire hors et au-dessus des factions. Tout devait s'articuler autour de ses choix et de ses arbitrages. Il faut croire qu'ils synthétisaient les idées de la majorité de l'équipe qu'il avait formée puisqu'elle le suivit presque sans barguigner et que les opposants de l'intérieur finirent par se retirer d'eux-mêmes, sans qu'il soit besoin de les chasser.

Vers sa droite, Bonaparte repoussa les avances du comte de Lille, futur Louis XVIII, en lui écrivant que s'il voulait rentrer en France, il lui faudrait se soumettre ou *« marcher sur cent mille cadavres »*. Mais il tendit dans le même temps la main aux émigrés, tolérant d'abord les retours individuels avant de décréter l'amnistie générale (26 avril 1802) en échange d'un serment de fidélité et de l'abandon des revendications sur leurs propriétés vendues comme biens nationaux. L'agitation résiduelle dans l'Ouest fut quant à elle durement combattue. On parvint à la paix des braves après la paix d'Amiens (mars 1802), faute de subsides anglais et de chefs royalistes capables de remobiliser des rebelles épuisés, tandis que le gouvernement lançait une campagne de grands travaux destinés à reconstruire les régions dévastées par dix années de guerre civile. Vers sa gauche, il profita d'un attentat manqué (24 décembre 1800) pour décapiter le parti jacobin en faisant arrêter et envoyer aux colonies quelques dizaines de meneurs... avant de punir les vrais coupables royalistes, sans rapporter les précédentes mesures. Les autres rentrèrent chez eux et on n'en entendit quasiment plus parler pendant quinze ans. Au sein du pouvoir, il marginalisa ceux qu'on appelait les « idéologues », à ses yeux partisans du *« roman révolutionnaire »* et des solutions impraticables dans le contexte du temps. Même le grand complice de Brumaire, le fumeux Emmanuel Sieyès, dut prendre place sur un strapontin.

La réconciliation la plus spectaculaire fut obtenue en matière religieuse. Véritable plaie béante ouverte par la Révolution, la discorde avait profondément divisé la population, composée à 90 % de catholiques avant 1789. Lasse des politiques de déchristianisation menées depuis la Constitution civile du clergé (1790), désorientée par les religions révolutionnaires (de l'Etre suprême de Robespierre à la théophilanthropie du Directoire), la majorité aspirait à retrouver le calme, et, pourquoi pas, autour de ses

LES ARTS ET LA LETTRE
Ci-dessus : *Napoléon visitant l'escalier du Louvre sous la conduite des architectes Percier et Fontaine*, par Auguste Couder, vers 1833 (Paris, musée du Louvre). Ci-dessous : *Napoléon Ier législateur*, par Eugène Guillaume, vers 1860 (Paris, Fondation Napoléon).

© RMN-GRAND PALAIS (CHÂTEAU DE VERSAILLES)/FRANCK RAUX.

RÉPUBLIQUE SŒUR

Ci-dessus : détail de *La Consulta de la République cisalpine réunie en comices à Lyon décerne la présidence au Premier consul Bonaparte, le 26 janvier 1802*, par Nicolas André Monsiau, 1808 (Versailles, musée du Château). Les députés italiens de cette « république sœur » créée par Bonaparte en juin 1797 élisent, sur la proposition de Talleyrand (figuré ici assis devant Bonaparte), le général français président. Celui-ci change le nom de République cisalpine en République italienne.

prêtres catholiques et de ses lieux de culte. Bonaparte avait annoncé la couleur dès août 1800, devant le Conseil d'Etat : *« Ma politique est de gouverner les hommes comme le grand nombre veut l'être. C'est là, je crois, la manière de reconnaître la souveraineté du peuple. C'est en me faisant catholique que j'ai fini la guerre de la Vendée, en me faisant musulman que je me suis établi en Egypte, en me faisant ultramontain que j'ai gagné les esprits en Italie. Si je gouvernais un peuple de juifs, je rétablirais le temple de Salomon. »* De même que le pardon aux émigrés ne leur avait en rien rendu leurs privilèges, le Concordat signé avec le Saint-Siège, le 15 juillet 1801, ne restaura pas telle quelle l'ancienne religion d'Etat. Si la liberté des cultes était proclamée, si les deux parties s'entendaient sur l'organisation ecclésiastique, si le catholicisme était reconnu comme *« religion de la majorité des Français »* et bénéficierait comme telle de généreux financements publics, les principes du gallicanisme étaient sauvegardés. Le gouvernement gardait la haute main sur les nominations, de l'évêque au simple desservant, et sur l'action politique de l'Eglise.

L'ÉTAT AU CENTRE, L'ORDRE DANS LA SOCIÉTÉ

Toute l'action pacificatrice et réformatrice fut menée par un Etat redevenu fort. En un semestre, de janvier à juin 1800, des dizaines de lois et de décrets le remirent en ordre et lui redonnèrent la force qui lui avait souvent manqué pendant la Révolution : organisation administrative hiérarchisée (du ministre aux commis de bureau), découpage territorial uniforme (départements, arrondissements, communes) et collectivités sous tutelle (avec les préfets, sous-préfets et maires nommés), réforme judiciaire (magistrats professionnels, nouvelles procédures, en attendant les grands codes), création d'institutions économiques et financières (Banque de France, franc germinal, réforme fiscale), culturelles (Louvre, Institut) et éducatives (réforme générale de 1802 avec la création des

"Gouverner les hommes comme le grand nombre veut l'être."

lycées), refonte d'un système policier relevant exclusivement de l'Etat, mise en place des premières institutions de la société des notables (listes de notabilités, Légion d'honneur, aménagement du suffrage universel) et création de nouveaux corps intermédiaires (chambres de commerce et d'agriculture, professions judiciaires rénovées). Ce schéma s'animait autour des principes d'autorité et de hiérarchie, de rigueur et d'efficacité. Sieyès disait que *« le pouvoir vient d'en haut »*, ce à quoi Napoléon ajoutait que le gouvernement devait être *« au centre des sociétés, comme le soleil »*. Ces maximes trouvèrent leur application concrète dans une stricte centralisation, dont on oublie parfois en ces temps de décentralisation brouillonne qu'un des apports les plus bénéfiques fut d'achever l'unité et l'indivisibilité de la nation.

Le resserrement du pouvoir autour de l'exécutif n'était pas une fin en soi, mais, selon Bonaparte, le meilleur moyen de mener à bien les réformes en rétablissant et en confortant l'*« ordre public »*. Lorsqu'on l'évoque, on l'assimile souvent à l'action – bien réelle, mais ici n'est pas la question – de la police, des tribunaux et autres manifestations de l'autorité. Elle n'était pourtant que la conséquence d'une politique plus générale qui n'était pas le contraire du désordre, mais un véritable projet social, au sens le plus noble. Car avant d'en assurer la défense, Napoléon et l'équipe qui l'entourait définirent ce qu'il fallait entendre par « ordre public », autour de la restauration d'un Etat fort et efficace, tendant à la neutralité par rapport aux différentes factions, et d'une nouvelle définition de l'organisation politique et sociale. Pour y parvenir, leur outil principal fut la règle de droit. Dans ce domaine, le régime napoléonien est à créditer d'une œuvre colossale, cohérente et pérenne : l'unification du droit français, avec, dès le Consulat, le Code civil (1804), mais aussi le lancement des travaux sur les Codes de procédure civile (achevé en 1806), de commerce (1807), d'instruction criminelle ou de procédure pénale (1808) et pénal (1810). Ce grand œuvre avait besoin d'autorité, de temps et des hommes capables de le concevoir puis de le mettre en œuvre. Ces conditions furent remplies sous le Consulat puis sous l'Empire. Et dans cette vaste démarche, le rôle de Napoléon fut essentiel. Il bénéficia certes des travaux antérieurs, remontant à l'Ancien Régime, et de la collaboration d'immenses juristes, mais il paya aussi de sa personne lors des nombreuses séances du Conseil d'Etat auxquelles il assista. S'il ne tint pas la plume, s'il ne rédigea presque rien lui-même, il fut celui qui rendit possible cette codification sans précédent. Et d'abord, en créant le code des codes, celui du droit civil.

Le Code du siècle

Napoléon réussit là où tous les gouvernements royaux et révolutionnaires avaient échoué avant lui : l'adoption d'un Code des lois civiles bien rédigé, facile à interpréter, assurant le triomphe du droit écrit unique sur les coutumes et les législations locales. Le décret du 19 brumaire an VIII créant le Consulat avait fixé au nouveau pouvoir la tâche prioritaire de le préparer. Napoléon se saisit de cette matière à sa façon, c'est-à-dire sans hésiter et en bousculant les lenteurs. Dès le 12 août 1800, il nomma une commission de quatre membres (Tronchet, Portalis, Bigot de Préameneu et Maleville) chargée de préparer un avant-projet, sous la surveillance de Cambacérès. Dès l'hiver suivant, un premier texte fut adressé pour avis au Tribunal de

Remise en ordre **Ci-contre : *Un préfet en costume rouge*, par Alexis Chataignier, XIXe siècle (Paris, musée Carnavalet). Le corps préfectoral fut créé le 17 février 1800 afin de professionnaliser l'administration. En haut : étoile de chevalier de la Légion d'honneur 1er type (Paris, musée de l'Armée). L'institution est née le 19 mai 1802.**

“Le Code civil consacrait la culture du contrat.”

L’ESPRIT DES LOIS

Ci-dessus : *L’Empire français en 115 départements*, carte géographique de Hérisson pour l’*Atlas portatif*, vers 1809. En haut : *Discussion du Code civil au Conseil d’Etat (1800-1804)*, sous la présidence du Premier consul, Bonaparte, avec à sa gauche Cambacérès, gravure du XIXe siècle. Page de droite : détail de *Napoléon Ier en souverain législateur*, par Anne-Louis Girodet, vers 1812 (Montargis, musée Girodet). Promulgué le 21 mars 1804, le Code civil des Français fut rebaptisé Code Napoléon en 1807.

cassation et aux tribunaux d’appel. Le Conseil d’Etat fut ensuite saisi, pour cent sept séances de travail dont cinquante-cinq en présence du Premier consul. Trente-six lois en sortirent, qui furent votées par les chambres législatives – non sans ronchonnements et discussions – entre mars 1803 et mars 1804, puis réunies en un ouvrage unique appelé « Code civil des Français », promulgué le 21 mars 1804. Il sera rebaptisé « Code Napoléon » en 1807. Napoléon en fut toujours très fier et qualifiera un jour l’ouvrage de « Code du siècle ».

Il allait en effet marquer – et marque encore – de son empreinte la société française. Toute l’œuvre sociale du régime napoléonien y est inscrite. Il redéfinissait ce que Portalis appela dans son admirable discours de présentation la *« sociabilité »* et l’*« intérêt qu’ont entre eux des hommes qui appartiennent à la même cité »*. En conséquence, il plaçait l’individu au centre de la société tout en rationalisant les rapports entre concitoyens. La liberté et l’autonomie de la volonté étaient de principe, sauf à respecter les prescriptions légales. Avec cette *« culture du contrat »*, formel ou non, l’Etat acceptait de se dépouiller d’une part de son autorité tout en restant un partenaire ou un arbitre des rapports sociaux. Le Code plaçait au-dessus de tout l’égalité civile et gravait dans le marbre l’abolition des privilèges, c’est-à-dire ce pour quoi on avait fait la Révolution. Cela ne signifie pas qu’il était égalitaire. Il n’ambitionnait pas en effet de rectifier les inégalités créées par la marche de la société ou les différences découlant de la nature, ce en quoi il prolongeait l’esprit de la Déclaration des droits de l’homme et du citoyen. Pour le reste, dans ses grandes lignes, le Code proclamait la non-confessionnalité de l’Etat, premier pas vers la laïcité, et la centralité d’une cellule familiale placée sous l’autorité du *« bon père de famille »*. Il consacrait enfin le droit absolu de propriété, à condition de ne pas en faire *« un usage prohibé par les lois et les règlements »*, et l’inaliénabilité du domaine public et des biens de la nation.

Ces principes constituaient la clé de voûte du système juridique et de vie en commun, si bien que les autres codes et même la marche des administrations devaient s’y conformer. Par exemple, du droit civil des contrats devait découler celui des autres formes d’accords, en matière commerciale, de travail et autres. En un mot, tout était dans le Code et y resta longtemps. Pendant soixante ans, on n’y toucha guère, avant que le Second Empire n’entame de nécessaires modernisations (dont la loi de 1864 abolissant le délit de coalition). La IIIe République et, paradoxalement, le régime de Vichy poursuivirent un peu plus que ce toilettage, avec notamment des dispositions nouvelles concernant la capacité juridique des femmes mariées (lois de 1938 et 1942), tandis que la Cour de cassation interprétait de plus en plus largement les dispositions d’origine. Depuis 1945, les changements ont été encore plus profonds et ont touché presque tous les domaines, notamment le droit de la famille (égalité hommes-femmes, divorce, mariage, filiation) et celui des contrats, transformé par une réforme des années 2010. Quoi qu’il en soit, une petite moitié des articles actuels date encore de 1804, preuve qu’au fond, l’Empereur n’avait pas tort lorsqu’il déclarait à Las Cases que « son » Code resterait une des vraies gloires de son règne et ferait plus *« que la masse de toutes les lois qui [l’avaient] précédé »*.

Au moment où Napoléon accéda à la dignité impériale, deux mois après la promulgation du Code, la plupart des réformes qui firent la gloire de son règne étaient adoptées. Il disposa ensuite de dix années pour les stabiliser et les perfectionner, par quelques lois et institutions de plus. Avec un tel bilan, ses premières années de pouvoir méritent sans aucun doute d’être qualifiées de « Grand » Consulat. Elles ont fondé la France contemporaine.

Directeur de la Fondation Napoléon, éditeur de la monumentale* Correspondance générale de Napoléon Bonaparte, *Thierry Lentz est l’auteur d’une quarantaine d’ouvrages sur le Consulat et l’Empire, dont* Le Grand Consulat, *et la* Nouvelle histoire du Premier Empire *en quatre volumes (Fayard). Il est membre du conseil scientifique du* Figaro Histoire. *Il vient de publier un* Dictionnaire historique *de Napoléon (Perrin).

CODE
NAPOLEON
M DCCCIV

BRAS DESSUS, BRAS DESSOUS

PAR EMMANUEL DE WARESQUIEL

Sulfureux, secrets, détestés, mais indispensables à Bonaparte, Talleyrand et Fouché ont plus en commun qu'il n'y paraît.

LE DIABLE BOITEUX ET LA FOUINE

Page de gauche : *Charles Maurice de Talleyrand-Périgord, prince de Bénévent*, par François Gérard, 1808 (New York, The Metropolitan Museum of Art). Outre son insigne de la Légion d'honneur (il fut élevé à la dignité de grand-croix par Napoléon, en février 1805), Talleyrand arbore aussi la Toison d'or qu'il reçut au congrès de Vienne, en 1815, et qu'il demanda à Gérard de rajouter sur sa toile. Ci-dessous : *Joseph Fouché, duc d'Otrante en 1809, en grand habit de ministre de la Police générale sous le Premier Empire*, par Dubufe d'après René Théodore Berthon, XIXe siècle (Versailles, musée du Château).

Il est rare que l'histoire s'encombre aux mêmes époques et aux mêmes moments de deux génies singuliers, qui plus est dans l'ombre portée d'un troisième homme tout aussi extraordinaire que les deux précédents : Fouché, Talleyrand et Napoléon.

A première vue, Talleyrand et Fouché n'ont en commun que leur appartenance à une même génération – l'un est né en 1754, l'autre en 1759, sous le règne de Louis XV – et leurs carrières exceptionnelles. Ils ont l'un et l'autre servi presque tous les régimes, du règne de Louis XVI à celui de Louis-Philippe pour le premier, de la Révolution à Louis XVIII pour le second, chacun dans leurs spécialités, l'un aux affaires étrangères, l'autre à la police. Ils ont eu chacun leur heure de gloire, Talleyrand à la tête du gouvernement provisoire de la France en avril 1814, Fouché, un an plus tard, en juin 1815, comme président d'une commission provisoire de gouvernement qui remplissait à peu près les mêmes fonctions, mais dans des circonstances bien différentes. Ils ont tous les deux gouverné la France par la double chute d'un seul et même homme qu'ils ont pourtant longuement servi : Napoléon. Si le premier a survécu à tout, quasiment jusqu'à sa mort en 1838, le second est tombé plus vite, en 1816, et s'est éteint en exil, à Trieste, en 1820, décrié de tous.

Balzac dit quelque part que si Talleyrand a inventé la diplomatie, Fouché a créé le gouvernement. L'un et l'autre ont en tout cas mis en pratique, au tournant de la Révolution, le premier des paradoxes de l'homme politique moderne. Plus celui-ci est confronté à l'opinion, plus il est amené à inventer les stratégies de l'opacité et du secret. Tous les deux ont été impénétrables, même s'il existe des nuances de ton dans leur façon de l'être, l'un par ses silences, l'autre par ses facéties et sa faconde de bateleur de tréteaux. Tous les deux ont eu la force de leurs infirmités physiques : les poumons et la mauvaise toux de Fouché, qui finiront par l'emporter ; le pied bot, la canne et les boiteries de Talleyrand. Et le visage « *sans grimace ni sourire* » du diable boiteux vaut bien la face de fouine de Fouché dont Julien Gracq disait en s'amusant qu'il avait tellement la tête de l'emploi que celle-ci avait fini par en devenir emblématique. Par les seules disgrâces de leur physique et avant même que leur réputation ne les précède, ils ont été pour leurs contemporains des êtres de doutes et d'inquiétudes.

Ce qui les rapproche est plus fort que ce qui les sépare, jusque dans les nuances de leur intimité : les Lumières, le latin, les autels et l'encens de leur jeunesse, lorsque l'un embrasse une carrière ecclésiastique et que l'autre prend l'habit de l'Oratoire ; un caractère aussi, les humiliations, le sang-froid, la ténacité et la revanche de leurs débuts. Ce qui domine chez eux, c'est le prêtre. Ils ont tous les deux la réputation d'avoir un secret, le génie de la prévoyance, le goût de la manœuvre et des réseaux. Tous les deux ont voulu être des énigmes et se sont réinventés dans le labyrinthe de leurs mensonges. L'un a fini par faire croire qu'il n'avait jamais voulu être prêtre, ni évêque, l'autre qu'il n'avait exercé la terreur que malgré lui. On respire encore la fumée des papiers compromettants

qu'ils ont brûlés, mais quand l'un se contente de faire disparaître quelques dossiers, l'autre opère systématiquement, avec l'acharnement qui le caractérise. Talleyrand n'use du secret que lorsque les circonstances l'exigent ; Fouché, en grand artiste, en grand professionnel de la police, en a fait sa raison d'être. On trouve encore des centaines de lettres de Talleyrand, même des plus intimes, alors que Fouché n'a rien laissé, ou presque.

Tous les deux ont également en commun d'avoir été emportés par leur légende au point de s'y être cachés. L'image scintillante du mal les a longtemps poursuivis. Celle de Talleyrand est plus légère, plus spirituelle ; celle de Fouché, plus sombre, plus entachée de mort. On se souvient du sort amusé que réserve Flaubert au premier dans son *Dictionnaire des idées reçues* : « *Talleyrand (Le prince de) : s'indigner contre.* » Fouché, lui, est resté dans les mémoires ce « *monstre dégouttant de sang, de fiel et de fange* » dont on parlait déjà au sortir de la Révolution. Si on leur a donné la trahison en partage, l'un s'est contenté, si j'ose dire, d'abandonner tour à tour l'autel, le trône et la république, tandis que l'autre, pour avoir profané des tombes et mitraillé ses semblables sous la Terreur, est accusé d'avoir renié l'humanité tout entière. Tous les deux sont des « coquins », mais si le premier n'est qu'une girouette, l'autre est un salaud. C'est que Talleyrand traverse la Révolution en bas de soie et perruque poudrée. Il l'a comprise, mais il n'en a pas été éclaboussé, alors que Fouché y a pataugé. Sans doute, y a-t-il plus de noirceur dans le crime que dans le vice.

Leur goût de l'argent, aussi, les rapproche. Les « douceurs diplomatiques » de Talleyrand sont restées célèbres. Quant à Fouché, on peut s'en tenir à ce que disait l'un de ses voisins, sous le Consulat : « *Lorsque nous apprenions par les journaux quelque conspiration, quelque complot découvert, nous disions :* "Ah ! Fouché va acheter une ferme." » L'un et l'autre ont fait fortune mais, là encore, chacun à sa façon. Talleyrand, plusieurs fois, après s'être ruiné à plusieurs reprises, en grand seigneur de cour, en homme qui n'aimait pas l'argent pour lui-même mais pour le dépenser ; Fouché en bourgeois impécunieux, économe et besogneux, en profiteur d'occasions et en acheteur de châteaux.

Le prince et le pauvre

Ce qui les sépare, c'est bien le lieu et la qualité de leurs origines. On connaît le mot célèbre de Barras : « *Talleyrand est le Fouché de la noblesse ; Fouché est le Talleyrand de la canaille.* » Et Mathieu Molé dans ses *Mémoires* : « *Si Talleyrand est le plus révolutionnaire des hommes comme il faut, Fouché est le plus comme il faut des révolutionnaires.* » Fouché est le fils d'un petit capitaine de navire nantais, son grand-père était analphabète, quand Talleyrand a pour mère l'une des dames pour accompagner la reine Marie-Antoinette et pour père un menin du Dauphin. Avant la Révolution, les Fouché n'auraient même pas rêvé aller à Versailles quand les Talleyrand y vivaient depuis plus d'un siècle. D'un côté, la petite bourgeoisie de province, âpre au gain et soucieuse d'arriver ; de l'autre, « l'aristocratie des vanités ». C'est un gouffre ! Aussi, l'un est-il constitué par la Révolution, sinon par la Terreur qui a été pour lui l'occasion inespérée de se faire jour et l'autre par l'Ancien Régime, auquel il appartient par toutes les fibres de son esprit, de son orgueil, et jusque dans son style.

Il n'y a pas eu de « *douceur de vivre* » pour Fouché, avant la Révolution, seulement de l'ambition. En dépit des honneurs et du pouvoir, Fouché, tout duc d'Otrante qu'il ait été par la grâce de Napoléon, porte sa bourgeoisie en bandoulière. Ses

habitudes, sa gaieté même manquent de délicatesse. Talleyrand, lui, est rattrapé par sa naissance, par le scintillement de son esprit, par son goût, par le tact et par le raffinement de sa société. Il a par excellence le sentiment des convenances. Il aime la compagnie des femmes – *« il avait toujours ses poches pleines de femmes »*, disait de lui Napoléon – quand Fouché aime « sa » femme. Le premier n'est jamais seul, jusqu'au rite de sa toilette du matin qu'il exécute en public. Il y a tant de solitude chez l'autre.

Leur rapport au pouvoir non plus n'est pas le même. Talleyrand a conduit, restauré, parfois sauvé le gouvernement ; Fouché en a été le bâtisseur, l'architecte et le géomètre.

Ce qui les sépare, ce sont bien les principes, leur indifférence à certains d'entre eux : l'égalité à laquelle Talleyrand n'a jamais été sensible et tout autant la liberté dont Fouché s'est souvent moqué. Quand l'un fait en sorte que la machine de l'Etat verse le plus doucement possible, l'autre n'hésite pas à renverser la table.

TACTICIENS Longtemps, Talleyrand *(en bas, détail du* Sacre de Napoléon, *par Jacques-Louis David, 1806-1807, Paris, musée du Louvre)* et Fouché *(page de gauche, anonyme français, XIXe siècle, Versailles, musée du Château)* se sont livrés une guerre ouverte, avant de se rapprocher lorsque se posa la question de la succession de l'Empereur. Ci-dessus : *L'Entrevue d'Erfurt*, par Nicolas Gosse, 1838 (Versailles, musée du Château). Voulu par Napoléon, ce congrès se tint du 27 septembre au 14 octobre 1808 afin de renforcer l'alliance franco-russe conclue à Tilsit l'année précédente. Napoléon Ier, accompagné du tsar Alexandre Ier (à droite, de profil), reçoit ici le baron Vincent, diplomate autrichien, sous le regard de Talleyrand (au centre, derrière la table).

L'ART DU RETOURNEMENT

Et cependant, tous les deux sont des hommes de pouvoir, des guetteurs, des êtres à sang froid, les paupières lourdes, les traits immobiles. Ce qui les distingue vraiment, ce n'est pas tant leur conception du gouvernement, plus républicaine chez Fouché, plus constitutionnelle et tempérée chez Talleyrand, c'est bien le choc de leurs ambitions. Qu'on ne nous fasse surtout pas croire que leur rivalité roule seulement sur des principes et des opinions. Il faut entrer dans le détail de leurs carrières respectives pour comprendre cela : la guerre des nerfs, les soupçons, la haine et les peaux de bananes, mais aussi, parfois, des rapprochements tactiques aussi inattendus que froidement calculés.

On ne sait pas quand les deux hommes se sont rencontrés pour la première fois, sans doute dans les premiers mois de 1798, chez Barras, alors que Talleyrand, qui avait prudemment quitté la France en septembre 1792, en plein massacre des prisons, venait de rentrer des Etats-Unis. C'est Barras, l'indéboulonnable président du Directoire de la République, qui fait de l'ex-évêque d'Autun tout juste radié de la liste des émigrés, un ministre des Relations extérieures, et de l'ancien régicide, conventionnel terroriste et mitrailleur de Lyon, son ambassadeur à Milan auprès de la République cisalpine puis son ministre de la Police.

Au moins les deux hommes se sont-ils accordés sur une chose. A peine en place, l'un comme l'autre abandonnent leur mentor sans l'ombre d'un scrupule pour suivre Bonaparte et contribuer à la réussite de son coup d'Etat de Brumaire (novembre 1799), chacun à sa manière, inimitable. Ces deux-là savent très bien tirer les marrons du feu sans pour autant s'y brûler les doigts. Des *« hommes pâles »*, comme dit encore Balzac. Les voilà tous les deux ministres du Consulat, l'un aux Relations extérieures, l'autre à la Police. S'ils ont été en quelque sorte les deux bras du fauteuil consulaire, l'un avec l'instinct et le sens du gouvernement, l'autre par sa connaissance profonde des cours et par son génie des traités, ils ont voulu, l'un comme l'autre, se mêler de tout.

C'est là que la guerre commence. Pendant des années, Bonaparte, qui les juge également indispensables, avec pourtant plus d'estime et de fascination pour

CHÂTELAINS

Grâce aux « douceurs diplomatiques » qu'il reçut, Talleyrand put acquérir en 1803 le domaine de Valençay, dans l'Indre, et en embellir le château *(en haut)*. Tandis qu'en bourgeois besogneux, Fouché investit dans les terres, et acheta le château de Ferrières *(ci-dessus, par François-Edme Ricois, XIXe siècle, Paris, musée d'Art et d'Histoire du judaïsme)*.

l'ex-aristocrate, plus de mépris pour l'ancien terroriste, se garde bien de les rapprocher et ne cesse d'attiser leur rivalité pour mieux régner. « *Fouché de Nantes,* note le ministre de Prusse à Paris en mai 1800, *cherche toutes les occasions de décrier le ministre des Relations extérieures et de lui nuire.* » Et de demander un jour en plein salon à son directeur de la police politique Desmarets s'il reste de la place à la tour du Temple « *pour y loger ce coquin de Talleyrand* ».

Le coquin n'est pas en reste. A quelqu'un qui lui fait remarquer le mépris du premier policier de France pour ses semblables, il répond froidement : « *Sans doute s'est-il beaucoup étudié !* » Ses mots sur Fouché couraient déjà les rues sous le Consulat. « *Un ministre de la Police est un homme qui se mêle d'abord de ce qui le regarde, et ensuite de ce qui ne le regarde pas.* »

Les deux hommes vont s'affronter sur tout : leurs réseaux d'influence et d'espions, leur place auprès de Bonaparte, la presse, les rumeurs et les réputations. Qu'on ne s'y trompe pas, ce n'est pas une guerre pour rire. A l'époque de l'attentat de la rue Saint-Nicaise en décembre 1800, que l'on croyait d'origine jacobine et qui faillit coûter la vie au Premier consul, Talleyrand ne demande pas seulement la démission de son rival, il veut sa tête.

Il faut attendre l'Empire et l'impasse désespérante des guerres extérieures pour que les deux hommes commencent à se rapprocher. Tous les deux sont partisans d'un retour à la paix, et puis Napoléon n'a pas d'enfant. Un héritier, pensent-ils, conduirait plus facilement le maître à la pacification générale.

La scène se déroule dans les derniers jours de décembre 1808, chez Talleyrand, à l'hôtel de Monaco (aujourd'hui hôtel Matignon), alors que l'Empereur est en Espagne. Elle est connue. A la surprise générale, les deux compères s'y promènent benoîtement, bras dessus, bras dessous, en pleine réception officielle, comme s'ils étaient les meilleurs amis du monde. « *Je me souviens encore de l'effet que produisit (...) l'apparition de M. Fouché, le jour où il entra dans ce salon pour la première fois,* rapporte un témoin. *Personne ne voulait en croire ses yeux.* » En réalité, Talleyrand et Fouché s'étaient déjà vus secrètement à plusieurs reprises. Comme en juin 1800 à la veille de la bataille de Marengo, ils se posent plus que jamais la question de la succession de Napoléon en cas d'« accident » et jettent les yeux sur son beau-frère, Murat, qui règne à Naples. L'homme serait à leurs yeux un pantin utile à mettre à la tête d'un Conseil de régence dans lequel ils régneraient tout à leur aise. Des lettres ont circulé entre Paris et Naples. Napoléon, mis au courant, rentre dare-dare. Talleyrand est le premier à subir la colère impériale le 28 janvier 1809, à l'occasion d'un conseil aux Tuileries.

Tout le monde connaît le mot resté célèbre, que l'Empereur n'a pourtant pas prononcé ce jour-là : « *Vous êtes de la merde dans un bas de soie.* » Talleyrand, qui n'était déjà plus ministre, en sera quitte pour perdre sa charge de grand chambellan.

Un an et demi plus tard, en juin 1810, c'est le tour de Fouché, destitué de son ministère. Décidément, la police de l'Empire était par trop devenue, aux yeux du maître, la police de M. Fouché. Et puis que faire d'un homme qui se mêle de tout, de guerre et de paix, de divorce et de mariage, mène des négociations secrètes avec le gouvernement anglais et lève hardiment les gardes nationales de l'Empire sans lui en demander la permission. « *Ainsi vous faites la guerre et la paix sans ma participation (...). Je ne puis avoir confiance dans un ministre qui un jour fouille dans mon lit et l'autre dans mon portefeuille.* »

AU SERVICE DU ROI

La vengeance est un plat qui se mange froid. Talleyrand l'obtient en avril 1814. C'est lui qui convoque illégalement le Sénat, en pleine déroute militaire, alors que les armées coalisées ont franchi les frontières du pays, pousse à la déchéance de Napoléon et convainc Alexandre Ier de Russie de rappeler les Bourbons sur le trône de France. Fouché cette fois n'était pas à Paris mais en Italie, et pourtant, un an plus tard, en juin 1815, il prend une revanche éclatante. Son chant du cygne. Au lendemain de la défaite de Waterloo, c'est lui qui force Napoléon, revenu entre-temps de son « *carré de choux* » de l'île d'Elbe, à abdiquer, et impose ses conditions au roi Louis XVIII. Ce dernier ne rentrera pas sans qu'il soit ministre et n'obtienne des « garanties ».

Tout le monde connaît la scène finale de Saint-Denis, aux portes de la capitale, le 7 juillet 1815, quand Fouché, présenté au roi par Talleyrand, vient prêter allégeance au frère de celui qu'il avait fait guillotiner un quart de siècle plus tôt, un certain 21 janvier 1793. Le gros Louis XVIII, le « *roi philosophe* » comme dit Mme de Staël, certainement le plus intelligent de la famille, avait pourtant prévenu : « *Ménagez-moi, prince, et pensez que c'est mon pucelage.* » Par miracle, Chateaubriand immortalise la scène dans un clair-obscur d'apocalypse digne des meilleures pages de ses *Mémoires d'outre-tombe*. « *Le soir, vers les neuf heures, j'allai faire ma cour (...) : introduit dans une des chambres qui précédaient celle du roi, je ne trouvai personne ; je m'assis dans un coin et j'attendis. Tout à coup une porte s'ouvre : entre silencieusement le vice appuyé sur le bras du crime, M. de Talleyrand marchant soutenu par M. Fouché ; la vision infernale passe lentement devant moi, pénètre dans le cabinet du roi et disparaît. Fouché venait jurer foi et hommage à son seigneur ; le féal régicide, à genoux, mit les mains qui firent tomber la tête de Louis XVI entre les mains du frère du roi martyr ; l'évêque apostat fut caution du serment.* »

LE VENT PEUT BIEN TOURNER...
Ci-contre : caricature de Talleyrand, *L'Homme aux 6 têtes, dédié à MMrs les Chevaliers de la Girouette*, avril 1815 (Paris, musée Carnavalet). Le diable boiteux servit tous les régimes, de Louis XVI à Louis-Philippe.

Le ministère du « vice » et du « crime » n'allait pourtant durer que deux mois. En septembre, les deux hommes sont « remerciés », l'un après l'autre. Fouché part en exil, tandis que Talleyrand, disgracié, attend son heure qui viendra une dernière fois à l'occasion de la révolution de Juillet et de l'avènement de Louis-Philippe d'Orléans. La Belgique lui devra son existence et sa neutralité, et l'Angleterre une « alliance cordiale » qui, en dépit de toutes les vicissitudes entre les deux pays, résistera aux deux grands conflits du XXe siècle.

L'un aurait pu dire : un pays n'est grand que lorsqu'il est capable de ne pas humilier son adversaire alors même qu'il négocie avec lui en position de force ; l'autre : un pays est fort quand il sait tenir compte de l'opinion et du temps dans l'organisation de ses pouvoirs. Le premier était un perfectionniste, le second un adepte de la « table rase ». Sans doute l'un et l'autre ont-ils été « *devin, complexe, successif* », comme le dit la nièce et maîtresse de Talleyrand, Dorothée de Dino, à propos de ce dernier. Ils nous font pourtant comprendre mieux que beaucoup d'autres les époques qu'ils ont traversées. Indéfiniment recommencés, ils sont restés plus vivants dans leurs légendes que dans leurs vies. C'est là qu'est le secret de leur longévité.

Ingénieur de recherche à l'Ecole pratique des hautes études, Emmanuel de Waresquiel est le biographe de Talleyrand* (Le Prince immobile, *Fayard, et* Dernières nouvelles du diable, *CNRS), de Fouché* (Les Silences de la pieuvre, *Tallandier-Fayard, et* Dossiers secrets, *Tallandier) et du Duc de Richelieu (Perrin), l'historien inspiré des Cent-Jours* (La Tentation de l'impossible, *Fayard) et du procès de Marie-Antoinette* (Juger la reine, *Tallandier).

COURROUX IMPÉRIAL
Bataille d'Iéna, 14 octobre 1806*, par Horace Vernet, 1836 (Versailles, musée du Château). Napoléon passe en revue la Garde, accompagné de Murat et de Berthier. La scène reprend une anecdote rapportée par le *Bulletin de la Grande Armée*. Un jeune grenadier s'étant exclamé : *« En avant ! »* au passage de l'Empereur, celui-ci aurait lancé, furieux : *« Qu'il attende qu'il ait commandé dans trente batailles rangées, avant de prétendre me donner des avis. »

Les sentiers de la gloire

PAR JACQUES GARNIER

Esprit offensif et audacieux nourri aux meilleures sources de l'art militaire, Napoléon s'affirma comme un génie de la stratégie et de la tactique, un chef de guerre hors du commun.

“Je veux vous conduire dans les plus fertiles plaines du monde.” Bonaparte

En campagne

En haut : *Bonaparte et son état-major en Italie, 1796,* par Jean-Baptiste-Edouard Detaille, 1897 (Paris, musée de l'Armée). Ci-dessus : *Bataille du pont d'Arcole, 17 novembre 1796,* par Louis Albert Guislain Bacler d'Albe, 1804 (Versailles, musée du Château). Au fond, Arcole est en flammes tandis qu'au centre du tableau se déploie le pont de chevalets établi dans la nuit du 16 au 17 novembre qui permit aux troupes françaises de franchir l'Alpone.

Du siège de Toulon, pendant l'automne 1793, à la bataille de Waterloo, en juin 1815, Napoléon n'a été battu que dans deux batailles terrestres majeures : Leipzig et Waterloo. Ce bilan peut le faire considérer comme l'un des plus grands – voire le plus grand – des chefs militaires de tous les temps, au point que l'Anglais Wellington aurait dit : *« Sur le champ de bataille, son petit chapeau vaut 50 000 hommes ! »*

Ce sobre bicorne en feutre noir abritait un cerveau pour lequel *« l'art de la guerre est un art simple et tout d'exécution ; il n'y a rien de vague, tout y est bon sens, rien n'y est idéologie ».* En 1813, l'Empereur confiait au maréchal Gouvion Saint-Cyr que *« si un jour il en avait le temps, il ferait un livre dans lequel il en démontrerait les principes d'une manière si précise qu'ils seraient à la portée de tous les militaires, et qu'on pourrait apprendre la guerre comme on apprend une science quelconque ».* Il ne l'a pas fait. Après lui, l'Ecole supérieure de guerre française puis la section historique de l'armée – sous divers noms – ont tenté de percer le secret de ses succès pour conclure à un art… qui n'est pas si simple.

Napoléon s'est instruit aux meilleures sources : Alexandre le Grand, Hannibal, Jules César, Turenne, etc. et jusqu'à Frédéric II. De César, il a retenu l'art de maîtriser les situations militaires les plus diverses et le sens de la communication ; il a aussi compris que la fortune sur les champs de bataille peut conduire au pouvoir politique. De Turenne, il admire le génie inventif ; du roi de Prusse, les prises de risque. Le jeune Bonaparte a lu avec avidité la très abondante littérature guerrière parue au XVIIIe siècle, notamment les quatre volumes sur l'art militaire de l'*Encyclopédie* Panckoucke, l'*Essai sur l'usage de l'artillerie* de Du Puget et *De l'usage de l'artillerie nouvelle dans la guerre de campagne* du chevalier Du Teil.

Un capitaine de vingt-quatre ans

Fort de ses réflexions sur ses lectures, de son inventivité et de son esprit offensif, à vingt-quatre ans à peine, Bonaparte, qui n'est encore que capitaine commandant au 4e d'artillerie à Nice, renverse la situation à Toulon en conseillant de prendre la flotte anglaise à revers. C'est le début d'une prodigieuse carrière durant laquelle il s'affirme à la fois comme un génie de la grande tactique (ce que nous appelons la stratégie) et de la tactique, autrement dit de l'art d'élaborer un plan d'action militaire et de le mettre en œuvre par différents moyens.

Dès la première campagne d'Italie (1796-1797), on trouve chez lui, plus ou moins développées, les qualités complémentaires qui seront à l'origine des victoires qui s'enchaîneront dans les années suivantes : compréhension exceptionnelle du terrain appuyée sur une étude minutieuse des cartes géographiques, ce qui lui permet d'élaborer des plans précis ; aptitude à juger les hommes, leur *« tirant d'eau »*, selon les propres termes de Napoléon, c'est-à-dire leur valeur physique, intellectuelle et morale, ce qui le rend à même de les organiser et de les galvaniser ; confiance en son étoile qui le pousse dans une recherche constante de l'affrontement avec l'ennemi : *« défait un jour, je l'attaquerai le lendemain, puis le surlendemain, puis tous les jours ».* Il faut ajouter que, dès ce moment, le jeune général prouve qu'il est maître dans l'art d'ajuster sans arrêt et avec rapidité son action en fonction de l'évolution de la situation : surprendre l'ennemi pour le défaire. On est loin de *la guerre en dentelles* du XVIIIe siècle.

« Soldats, vous n'avez rien fait puisqu'il vous reste encore à faire. »

Persuadé qu'il tient là sa chance, Bonaparte réussit à convaincre le Directoire d'adopter une stratégie offensive en Italie. Son plan : lancer les forces françaises stationnées le long de la Riviera de Gênes contre les Sardes et les Autrichiens, se tailler ainsi un passage à travers le nord de la péninsule pour se joindre aux armées françaises du Rhin et marcher de conserve avec elles sur Vienne. Arrivé à Nice pour prendre son commandement, il harangue ses troupes le 27 mars 1796 : *« Soldats, vous êtes nus, mal nourris (…). Je veux vous conduire dans les plus fertiles plaines du monde. De riches provinces, de grandes villes seront en votre pouvoir ; vous y trouverez honneur, gloire et richesses. »* Un appel

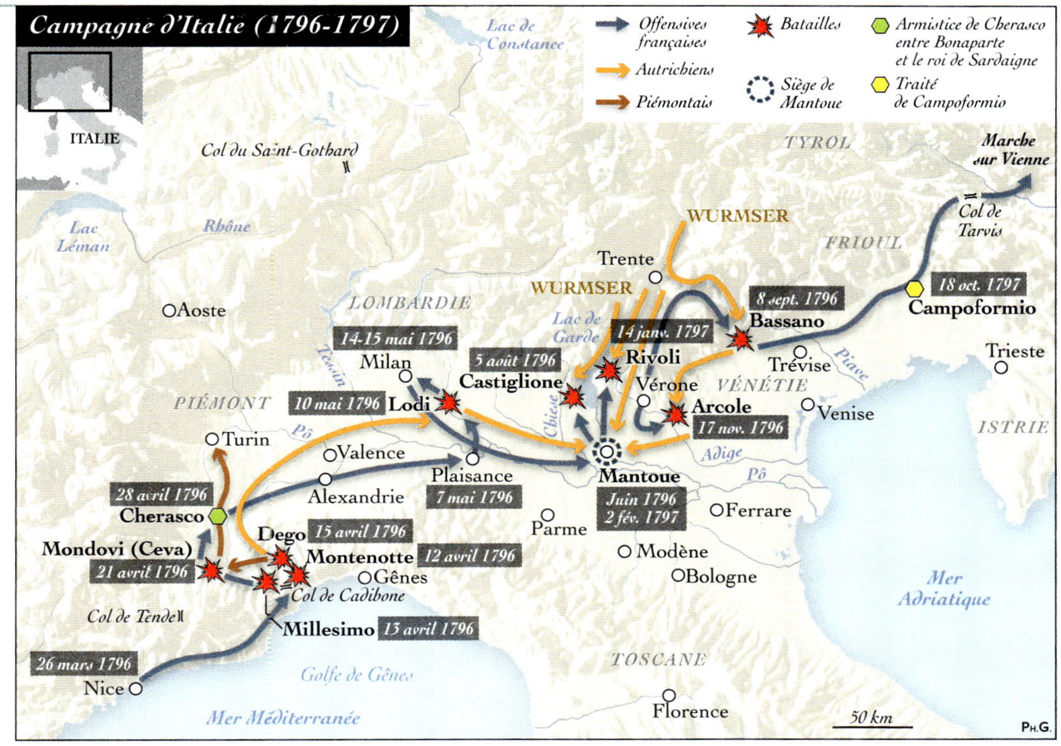

La méthode napoléonienne

Dans le Piémont, en une dizaine de jours, Bonaparte sépare les Autrichiens des Piémontais par les batailles de Montenotte (12 avril 1796) et de Mondovi (21 avril). Le 28 avril, le roi de Sardaigne signe l'armistice de Cherasco. L'armée autrichienne est au nord du Pô. Bonaparte la tourne, puis la bat au pont de Lodi le 10 mai et entre le 15 à Milan. L'armée d'Italie assiège les Autrichiens dans Mantoue, clé de la route des Alpes et de l'Autriche. Les armées de secours de l'ennemi sont contenues et, après les combats de Castiglione (5 août), de Bassano (8 septembre), d'Arcole (17 novembre) et de Rivoli (14 janvier 1797), Mantoue capitule enfin le 2 février 1797. Ces succès font contraste avec la difficile campagne d'Allemagne, où Jourdan et Moreau sont acculés à repasser le Rhin. En mars 1797, Bonaparte met en déroute l'armée de l'archiduc Charles. Sa campagne victorieuse en Italie se voit couronnée par la signature avec l'Autriche du traité de Campoformio, le 18 octobre 1797.

au pillage ? Ce serait méconnaître ce qu'était la guerre sous l'Ancien Régime ! Plus simplement un moyen de galvaniser ses hommes qu'il réitérera le 26 avril : « *Soldats, vous n'avez rien fait puisqu'il vous reste encore à faire. Ni Turin ni Milan ne sont à vous (...). Vous étiez dénués de tout au commencement de la campagne ; vous êtes aujourd'hui abondamment pourvus.* » Ajoutant : « *Amis, je vous la promets, cette conquête, mais il est une condition qu'il faut que vous juriez de remplir, c'est de respecter les peuples que vous délivrez, c'est de réprimer les pillages horribles auxquels se portent les scélérats suscités par nos ennemis. Sans cela, vous ne seriez pas les libérateurs des peuples, vous en seriez les fléaux : vous ne seriez pas l'honneur du peuple français, il vous désavouerait.* » Surtout, plus que des mots, le 21 mai 1796, Bonaparte prend une mesure qu'on peut qualifier de révolutionnaire : il décide de payer la moitié de la solde de ses soldats non plus en assignats, toujours davantage dévalorisés, mais en espèces sonnantes et trébuchantes. Le culte du Petit Caporal, répercuté à la veillée par les grognards après 1815, est en train de naître.

La conquête de la position centrale

Arrivé début avril sur le théâtre d'opérations, Bonaparte trouve l'ennemi en train d'opérer une marche sur Gênes. En quatre batailles – Montenotte, Millesimo, Dego et Ceva – il réussit à séparer les Autrichiens des Piémontais, conquérant ainsi la *position centrale.* Contrevenant aux ordres du Directoire, il décide de jeter toutes ses forces contre l'armée de Piémont-Sardaigne qui menace directement sa ligne de communication avec la France. Le 28 avril, l'armistice de Cherasco est signé. Il lui faut maintenant marcher sur Milan, capitale autrichienne en Italie. Avec un art déjà consommé de tromper l'ennemi – encore une des cordes à son arc – il franchit le Pô à Plaisance après avoir fait croire qu'il le ferait à Valence. Il n'hésite pas à engager près du quart de ses forces sur ce deuxième point de passage à la fois pour être crédible et pour... effectuer vraiment le passage si l'ennemi ne réagit pas assez vite. Garder toujours plusieurs fers au feu est bien dans sa manière ! Cette *manœuvre de déception* réussit d'autant mieux qu'on n'imaginait pas que le jeune général violerait la neutralité du duché de Parme où se trouvait la ville de Plaisance. Rapidité, effets de surprise, non-respect de la neutralité : les théoriciens du Blitzkrieg de 1940 n'ont pas inventé grand-chose.

La route de Lodi est ouverte. « *Ce n'est que le soir de Lodi que je me suis cru un homme supérieur* », dira Napoléon à Sainte-Hélène. De là, il occupe Milan le 15 mai puis entreprend le blocus de Mantoue, dernier bastion autrichien en Italie du Nord. Il établit son armée en *attente stratégique* entre la Chiese et l'Adige, positionnant les différents corps à distances raisonnables du corps principal : 3 000 hommes sous le commandement de Kilmaine. Cette manière d'opérer est caractéristique de la méthode napoléonienne : il juge son armée réunie dès lors que ses différents éléments pourront être facilement concentrés pour le début de l'affrontement. Quand, le

Le théâtre des décorations

Ci-dessus : *Grande parade au campement militaire de Boulogne, le 16 août 1804*, anonyme, début du XIXe siècle (Rome, Museo Napoleonico). Cette fastueuse cérémonie, qui rassembla 100 000 hommes dont 80 000 soldats, fut organisée dans le vallon de Terlincthun, dans le camp de Boulogne-sur-Mer qui avait été établi en 1803 face aux côtes anglaises en vue d'envahir l'éternelle ennemie. A cette occasion, Napoléon remit la croix de la Légion d'honneur à 2 000 soldats et 13 civils.

30 juillet, l'armée commandée par Wurmser débouche de part et d'autre du lac de Garde, Bonaparte réagit avec l'audace qu'on lui connaît désormais : « *L'ennemi, en descendant du Tyrol par Brescia et l'Adige, me mettait au milieu ; si l'armée républicaine était trop faible pour faire face aux deux divisions de l'ennemi, elle pouvait battre chacune d'elles séparément, et par ma position je me trouvais entre elles. Il m'était donc possible, en rétrogradant rapidement, d'envelopper la division ennemie descendue à Brescia, la prendre prisonnière ou la battre complètement, et de là revenir sur le Mincio, attaquer Wurmser et l'obliger à repasser dans le Tyrol. Mais, pour exécuter ce projet, il fallait dans vingt-quatre heures lever le siège de Mantoue (…) ; il fallait (…) repasser sur-le-champ le Mincio et ne pas donner le temps aux deux divisions ennemies de m'envelopper.* » Bonaparte sait qu'il ne doit pas courir deux lièvres à la fois, mais choisir un objectif et y consacrer toutes ses forces : un exercice dans lequel il excelle aussi. « *La fortune a souri à ce projet, et le combat de Desenzano, les deux combats de Salo, la bataille de Lonato, celle de Castiglione, en sont le résultat.* » La bataille de Castiglione, même si elle ne permet pas de détruire l'armée ennemie, est un exemple de la guerre napoléonienne avec ses éléments caractéristiques : concentration des forces en position centrale, manœuvres rapides des troupes, combinaison de l'ordre linéaire (lignes déployées) et de l'ordre profond (colonnes), supériorité numérique sur les points importants, attaque frontale et simultanément débordement par les ailes, intervention de l'artillerie au plus près de la ligne. Qui, après cela, pourra dire que Bonaparte n'est pas un tacticien ?

Face à un ennemi opiniâtre, il faudra encore Arcole et Rivoli. Entre-temps, Bonaparte a réussi à conquérir, selon l'expression du commandant Victor Dupuis, sa « *liberté d'action* » : agir sans rendre plus de comptes au Directoire. En mars 1797, il met en déroute l'armée de l'archiduc Charles, le propre frère du souverain autrichien, le meilleur chef d'armée du Saint Empire. Le 18 octobre 1797, le traité de Campoformio couronne le succès de la France mais aussi la défaite du pouvoir de Paris devant les initiatives militaires et diplomatiques d'un général maître dans l'art d'entraîner ses soldats.

Boulogne, usine à former la Grande Armée

Les années suivantes confirment Napoléon Bonaparte dans son personnage de grand maître de la guerre et voient des innovations majeures. Le camp de Boulogne, dont l'organisation a été décidée dès 1797 en vue d'un débarquement en Angleterre, devient une formidable usine à former l'armée française. Le général s'y rend régulièrement pendant le Consulat et s'y forge l'image d'un chef proche de ses hommes, les connaissant même nommément. Parmi d'autres, un soldat témoigne qu'« *il était sur pied dès six heures du matin et ne rentrait à sa baraque que vers cinq heures du soir pour se livrer à d'autres travaux. C'était pour lui un bonheur de rester au milieu de ses soldats : il les interrogeait, s'informait de leurs années de service, des batailles où ils s'étaient trouvés, et accueillait avec bonté les réclamations qu'ils lui adressaient* ». C'est aussi l'époque où Bonaparte conçoit le corps d'armée, qui sera définitivement constitué en août 1805. L'importance des effectifs désormais alignés dans les combats (73 000 hommes à Austerlitz ; 65 000 à Eylau et jusqu'à 195 000 à Leipzig) rend insuffisante l'organisation en divisions. Le corps d'armée apparaît comme un échelon intermédiaire entre celles-ci et le haut commandement. Il regroupe sous les ordres d'un même chef (le plus souvent un maréchal) des divisions composées des trois armes (infanterie, artillerie, cavalerie). La transmission des ordres s'en trouve facilitée. Plus important encore, le corps d'armée constitue une force de bataille directement

"Un général maître dans l'art d'entraîner ses soldats."

opérationnelle, capable de se déployer en une journée sur sa tête de colonne.

LA *MANIÈRE* NAPOLÉONIENNE

Cette nouvelle structure entre en action à l'été 1805 avec la campagne qui conduit à la victoire d'Austerlitz. L'Empereur y déploie de nouvelles qualités en la préparant minutieusement : par une intense activité diplomatique de désinformation et par l'envoi d'hommes de confiance en reconnaissance dans les futures zones de combat. Le déplacement de la Grande Armée (c'est la première fois que l'Empereur utilise le terme), du Rhin au Danube, est un modèle d'organisation. Après son entrée en territoire ennemi, le fin stratège rétrécit son front et articule ses colonnes pour que chacune d'elles couvre sa voisine et puisse venir à son secours en cas de besoin. Les communications sont organisées avec soin. Le plan initial, jugé trop optimiste, est revu. Cette fois, les circonstances ne se prêtent pas à la recherche de la position centrale. Napoléon, loin de foncer sur l'ennemi, imagine un vaste mouvement tournant pour conduire son armée sur les lignes de communication des Autrichiens et les battre avant qu'ils n'aient pu être rejoints par les Russes. Le 20 octobre, à Ulm, Mack est contraint à la reddition : 36 000 hommes, cinquante drapeaux et soixante canons tombent entre les mains des Français. L'objectif du maître de la guerre est dès lors de trouver et de battre l'armée du Russe Koutouzov avant qu'elle ait pu joindre ses renforts, et ce, alors même que sa propre armée est menacée sur ses ailes. La rencontre a lieu à Austerlitz. Les Russes, en position d'attaque, sont pris au piège par Napoléon qui déploie, ce 2 décembre 1805, une inventivité et une virtuosité qui laisseront admiratifs tous les spécialistes d'histoire militaire. Le général De Gaulle écrira : *« Saisir les circonstances, s'y adapter, les exploiter, telle fut la base des conceptions de Napoléon. »*

La *manière* – c'est le terme utilisé par Napoléon lui-même – napoléonienne n'est ni dans la

CHEF-D'ŒUVRE TACTIQUE

Ci-dessus : *Bataille d'Austerlitz, le 2 décembre 1805*, par Charles Meynier (Boissy-Saint-Léger, château de Grosbois). Face aux Autrichiens et aux Russes, le génie militaire de Napoléon a donné toute sa mesure à Austerlitz. En bas : la campagne d'Allemagne de 1805, menée contre les empires autrichien et russe. Après avoir traversé l'Europe depuis le camp de Boulogne-sur-Mer, la Grande Armée, divisée en sept corps d'armée, encercle l'armée autrichienne et contraint le général Mack à la reddition à Ulm, le 20 octobre. L'armée marche alors sur Vienne où Napoléon entre le 14 novembre. Les armées autrichienne et russe qui ont fini par faire leur jonction seront vaincues à Austerlitz, le 2 décembre.

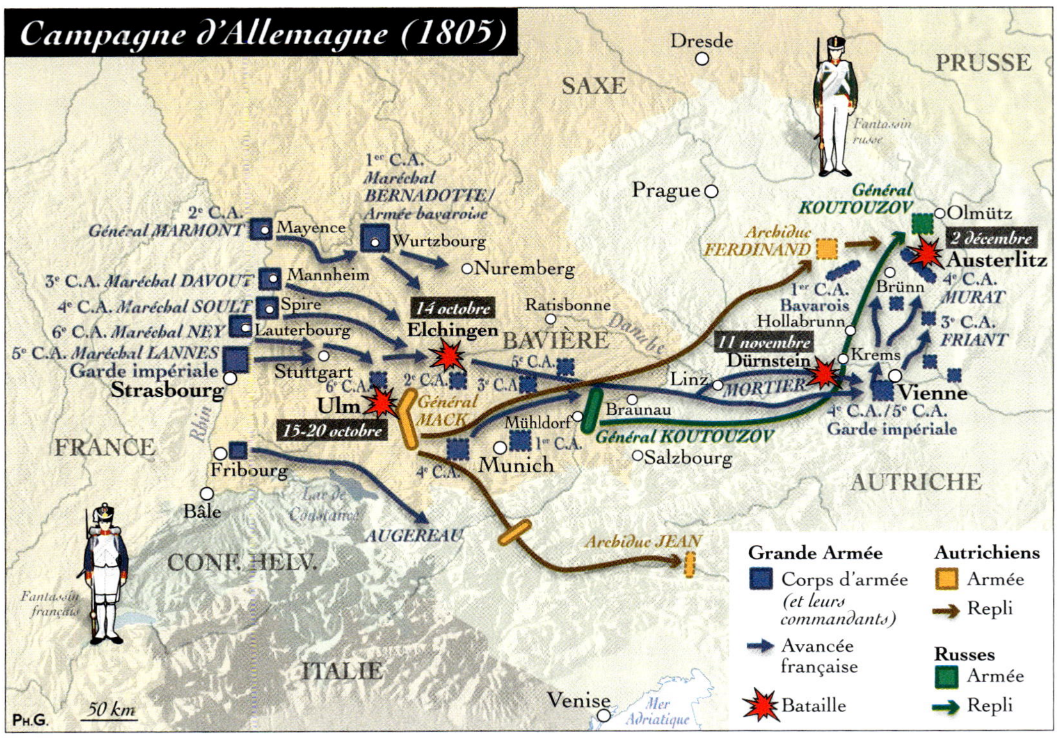

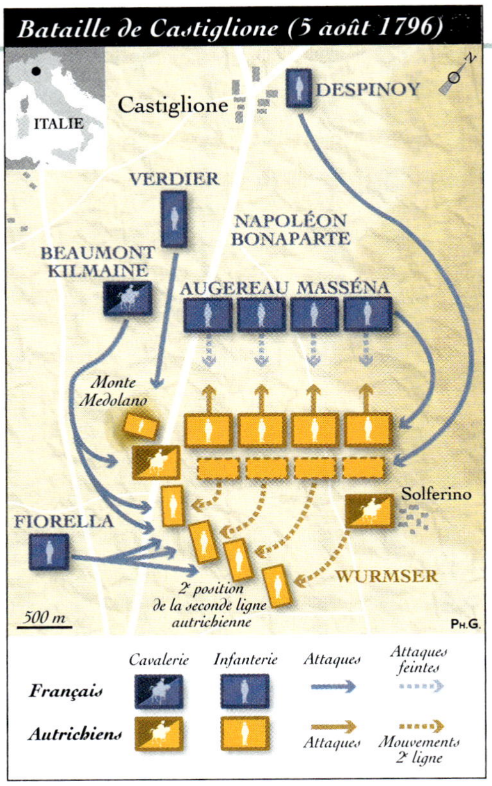

La bataille de Castiglione

La bataille de Castiglione est un exemple caractéristique de la *manière* napoléonienne. Au matin du 5 août 1796, les armées françaises – 30 000 hommes sous les commandements de Masséna, Augereau et Kilmaine – font face aux armées de Wurmser qui ne peut leur opposer, comme l'écrit Bonaparte dans son rapport au Directoire du 19 thermidor an IV (6 août 1796), que 25 000 hommes alignés entre les hauteurs de Solferino et le mont Medolano. Bonaparte a décidé de faire traîner le combat en longueur pour donner aux généraux Despinoy et Fiorella le temps d'arriver. A l'aube, Augereau et Masséna feignent d'attaquer Wurmser pour l'entraîner à étendre sa ligne vers le nord (attaques feintes). A l'approche de Fiorella – plus tôt que prévu –, Bonaparte fait canonner le mont Medolano et lance trois bataillons de grenadiers commandés par Verdier qui s'empare de cette position. Kilmaine envoie alors la moitié de sa cavalerie (commandée par Beaumont) pour opérer la jonction avec Fiorella. Wurmser, qui n'a pas de réserve, fait faire demi-tour à une partie de ses troupes (mouvements 2e ligne) pour s'opposer à Beaumont et à Fiorella. Dans le même temps, Despinoy arrive et entre en ligne à la gauche de Masséna. L'Autrichien est pris en tenaille et la partie centrale de son dispositif dramatiquement affaibli. Bonaparte lance alors sur lui toutes ses forces. Wurmser doit battre en retraite abandonnant plus de 1 000 prisonniers et une grande quantité de matériel. *JG*

prévision intégrale ni dans l'improvisation, fût-elle géniale. Elle se situe plutôt dans l'analyse scientifique de toutes les solutions possibles, les manœuvres pour pousser l'ennemi vers celles qui ont sa préférence en le trompant sur ses forces réelles et sur sa volonté de combattre, la préparation des solutions les plus probables et l'utilisation de la meilleure au moment voulu. On ajoutera qu'à partir de 1807, Napoléon innove en matière d'utilisation des armes : à Eylau (1807), la cavalerie de Murat prend la place et la fonction du corps d'infanterie d'Augereau égaré dans une tempête de neige. A Friedland (1807), l'artillerie de Sénarmont est détachée contre l'infanterie russe… A Borodino (1812), la grande redoute russe est prise par des cuirassiers.

La question des « ressources humaines »

Alors pourquoi et comment, à partir de 1809, la manière de Napoléon va-t-elle être mise en défaut ? Elle l'est d'abord en Espagne où l'Empereur reste à peine deux mois et demi : parti de Paris pour Madrid le 29 octobre 1808, il quitte Valladolid pour la France le 17 janvier 1809, en apprenant que l'Autriche prépare une agression et que Fouché et Talleyrand complotent. Dans la péninsule, l'armée française est confrontée à une nouvelle forme de combat – la guérilla – contre laquelle les manœuvres habituelles sont inopérantes. En outre, l'obligation d'y mobiliser durablement des effectifs nombreux mais moins dévoués, moins formés et médiocrement encadrés, et les dissensions entre maréchaux affaiblissent l'appareil militaire.

La question de ce qu'on appellerait aujourd'hui les « ressources humaines » devient centrale quand la France s'engage dans la guerre contre la Russie en 1812. Les problèmes logistiques que pose le déplacement de près de 600 000 hommes se révélèrent quasi insolubles. L'intendance ne suit pas. Napoléon, de plus en plus affaibli, cherche en vain « sa bataille » à laquelle les Russes se dérobent jusqu'à lui abandonner Moscou le 14 septembre. Dès lors, les jeux sont faits, la guerre est perdue : la masse de manœuvre principale de Napoléon n'est plus que de 100 000 hommes, quatre fois moins que lors du passage du Niémen le 24 juin. Le reste est déjà mort, blessé, perdu, a déserté ou s'est dispersé dans les innombrables garnisons qu'il a laissées le long de la route. L'offensive de Koutouzov le 18 octobre contraint ce qu'il reste de la Grande Armée à une retraite qui prend des allures de déroute. Le 5 décembre, averti de la conspiration Malet, l'Empereur rentre à Paris, laissant la direction des opérations à Murat qui l'abandonne bientôt au prince Eugène. Dès lors, il n'est plus qu'un chef de guerre à distance, multipliant les instructions à son beau-fils. On y retrouve tous les ingrédients de la pensée politico-stratégique du maître. Mais il faut en moyenne six jours pour qu'elles arrivent à leur destinataire, trop tard pour être encore valides. Et puis Eugène n'est pas Napoléon, les alliés d'hier se rallient un à un au tsar, ils ont appris la

LA CHARGE **Page de gauche : Murat à la tête de la cavalerie à la bataille d'Eylau, le 8 février 1807, illustration de Giuseppe Rava. Cette charge de quelque 12 000 cavaliers sauva l'Empereur sans toutefois décider de la victoire. Dans *Le Colonel Chabert*, Balzac rapporte ainsi cet engagement inouï : *« Nous fendîmes en deux les trois lignes russes, qui, s'étant aussitôt refermées, nous obligèrent à les retraverser en sens contraire. »* Ci-contre : détail de la *Campagne de France, 1814*, par Ernest Meissonier, 1864 (Paris, musée d'Orsay).**

manière du Français et sont donc plus difficiles à surprendre. Le 15 avril 1813, l'Empereur repart au front. Sa résistance jusqu'à l'échec final montre qu'il est encore capable d'organiser et d'inventer de nouvelles manœuvres. Mais que faire quand on doit lutter à un contre cinq, sans cavalerie ou presque, contre une Europe rendue plus forte par la montée des sentiments nationalistes ? S'ajoutent des problèmes de santé, qui se confirmeront à Waterloo. La dernière campagne (14-18 juin 1815), imposée par les souverains européens, montre un homme qui ne maîtrise pas la situation, multipliant les erreurs tactiques. Cette fois, l'offensive en position centrale échoue : Wellington et Blücher, instruits par le passé, ont décidé de ne pas se séparer. Trahisons – celle certaine de Bourmont, celle imaginée de Grouchy –, défaillances dans la transmission des ordres, mésententes entre les chefs de corps, mais aussi pugnacité de l'adversaire, décidé à en finir avec « Bonaparte », achèvent de ruiner son plan et ses rêves. La légende va pourtant s'en emparer pour en faire la défaite « glorieuse ».

Le bilan de ces quatre jours serait de 23 700 morts et 65 400 blessés, dont 11 500 morts et 33 900 blessés français : presque le quart des effectifs engagés. Le coût des guerres napoléoniennes n'a pas cessé de soulever les passions. Il est difficile à évaluer car à l'époque le terme de « pertes » amalgame morts, blessés, prisonniers, disparus et déserteurs. Les estimations les plus sérieuses évaluent les soldats français tombés au combat pendant la période du Consulat et de l'Empire à 700 000, autant, mais pas davantage, que pendant la période révolutionnaire où la Terreur s'ajoutait aux guerres d'expansion.

Administrateur de l'Institut Napoléon, membre du comité scientifique du musée de l'Armée, Jacques Garnier est l'auteur d'une quinzaine d'ouvrages sur l'Empire, et notamment sur son histoire militaire : **L'Art militaire de Napoléon *(Perrin)*, Les Bulletins de la Grande Armée *(Soteca-Belin)*, Austerlitz *(Fayard)*, Friedland, Borodino *(Soteca)*, Les Secrets de Waterloo *(Vuibert)*.**

Figures d'empire

PAR CHARLES-ÉLOI VIAL

Parents et généraux, épouses ou administrateurs, ils ont participé à l'épopée napoléonienne sur les champs de bataille comme dans les salons feutrés de l'Empire.

LETIZIA

D'une vieille famille toscane établie en Corse, Letizia Ramolino (1749-1836) est mariée à l'âge de quatorze ans à Carlo Maria Buonaparte, qu'elle suit lors de la brève insurrection corse de Paoli contre l'annexion française en 1768-1769. Elle donne à ce moment naissance à Joseph, qui voit le jour à Corte, puis à Napoleone, de retour à Ajaccio. Son mari ayant tourné casaque en tentant de s'agréger à l'administration royale nouvellement mise en place, elle appartient à l'entourage du comte de Marbeuf, le gouverneur de la Corse, qui favorise les projets agricoles de son époux. Confrontée à des difficultés financières après son veuvage en 1785, elle voit bientôt Joseph et Napoléon tenter de faire carrière dans l'administration locale et la garde nationale. Elle fuit la Corse en 1793 avec tout le clan et s'installe à Marseille, d'où elle assiste à l'envol de son deuxième fils. Elle apprécie peu Joséphine, trop dépensière à son goût, s'installe à Paris mais se tient à l'écart de la Cour. Elle réclame pourtant le titre d'impératrice mère en 1804, faisant preuve d'un orgueil surprenant. Si elle ne se rend pas au sacre par hostilité à Joséphine, « Madame Mère » tient à son rang d'Altesse impériale. Son fils fait remeubler le Grand Trianon pour elle, mais elle le trouve trop humide et préfère son château de Pont-sur-Seine et l'hôtel de Brienne, à Paris. Après un bref passage à l'île d'Elbe, elle s'installe à Rome après 1815, envoie quelques serviteurs à Sainte-Hélène, mais se soucie peu de son fils : dévote, tombée sous l'influence d'une voyante, elle est persuadée, comme son demi-frère, le cardinal Fesch, que Napoléon a été emmené aux Etats-Unis par des anges. Jusqu'à sa mort, la « *Napoleonis mater* » demeure une figure incontournable pour les admirateurs du mythe. Austère, peu instruite, elle a été tour à tour décrite comme femme adultère avec Marbeuf, ou comme une marâtre avare et illettrée, mais elle a surtout été dépassée par la légende de son fils.

JOSEPH

Aîné de Napoléon mais éternel second rôle, Joseph Bonaparte (1768-1844) fut envoyé au collège d'Autun, destiné par ses parents à la carrière ecclésiastique. Sans vocation, il étudia le droit à Pise et fut jeune avocat à Ajaccio avant la Révolution, tentant, comme Napoléon, de se faire une place dans l'administration locale avant d'être chassé de Corse en 1793. Après son mariage avec Julie Clary en 1794, il profite de l'ascension fulgurante de son frère : député au Conseil des Cinq-Cents en 1797, ambassadeur à Parme puis à Rome, il négocie sous le Consulat le traité de Mortefontaine avec les Etats-Unis, la paix de Lunéville avec l'Autriche et celle d'Amiens avec l'Angleterre. Son frère finit par l'écarter, mécontent de le voir voler de ses propres ailes. Il fait de son château de Mortefontaine un lieu de raffinement, acquiert une réputation de bibliophile et de mécène. Son tempérament est bien différent de celui de son frère. On le dépeint comme un indolent, attaché aux plaisirs terrestres, même s'il n'est pas dénué de capacités. Fait prince et grand électeur de l'Empire, en 1804, il est brièvement régent en 1805, sans laisser de grand souvenir. Son frère l'envoie pourtant régner à Naples de 1806 à 1808, puis en Espagne. Son premier règne réformateur laisse davantage de bons souvenirs que le second, où il est confronté à une impitoyable guerre civile et fait figure de fantoche face aux maréchaux de son frère. Il se brouille presque avec Napoléon, à qui il réclame sans cesse de l'argent et des hommes. Son royaume s'écroule après la défaite de Vitoria le 21 juin 1813, où Wellington s'empare de sa collection de tableaux. L'Empereur, qui lui fait plus confiance qu'à ses ministres à la fidélité fléchissante, le nomme lieutenant général en 1814, mais ce piètre militaire échoue à défendre Paris. Richissime, il s'exile en Suisse après l'abdication, revient pendant les Cent-Jours puis fuit aux Etats-Unis d'où il ne rentre définitivement qu'en 1839, pour mourir à Florence quelques années plus tard.

Murat

Onzième et dernier enfant d'un aubergiste de Labastide-Fortunière, dans le Quercy (actuel département du Lot), le petit Joachim Murat (1767-1815) a fait son séminaire à Cahors puis à Toulouse. Bagarreur, fêtard, indiscipliné, il s'enrôle en 1787 dans la cavalerie dont il est vite renvoyé. On le retrouve jeune patriote à Paris en 1790, où il réintègre l'armée. Chef d'escadron, il est repéré par Bonaparte au moment de la répression de l'insurrection du 13 Vendémiaire et part à l'armée d'Italie où il fait montre de ses talents de cavalier et de meneur d'hommes. Il fait des prodiges en Egypte, où il devient général de division. Au 19 Brumaire, il fait évacuer la salle du Conseil des Cinq-Cents par des grenadiers, permettant la réussite du coup d'Etat. Napoléon le marie à sa sœur Caroline en janvier 1800. Cantonné à des postes secondaires, il devient gouverneur de Paris le 15 janvier 1804 puis maréchal le 19 mai suivant. Il commande la cavalerie à Austerlitz, Iéna puis Eylau, enfin soumet l'Espagne en 1808. Roi de Naples, il mate les partisans des Bourbons et les brigands avec des troupes françaises, tout en étant nargué par la Royal Navy qui croise autour de la Sicile. En butte aux reproches de son beau-frère, Murat peine à s'imposer. En Russie, reconnaissable à ses costumes excentriques, il commande l'armée après le départ de Napoléon mais rentre vite à Naples. Il fait une apparition en Allemagne à la fin de l'été 1813, assiste au désastre de Leipzig puis trahit l'Empereur. Il est pourtant vite déçu par le congrès de Vienne, qui prépare le retour des Bourbons à Naples. Rallié à Napoléon en 1815, il tente de soulever l'Italie mais est battu par l'Autriche à Tolentino. Dépressif, il erre en Provence et en Corse, puis décide de tenter un débarquement à Naples, entouré d'une poignée de partisans. A Pizzo, le 8 octobre, il est capturé, emprisonné, puis jugé et fusillé le 13, laissant pour la postérité l'image d'un brave, d'une tête brûlée, d'un cavalier de légende doublé d'un souverain inconstant.

BERTHIER

Fils d'un ingénieur géographe réputé, Louis-Alexandre Berthier (1753-1815) passe sa jeunesse à la cour de Versailles. Capitaine, il connaît son baptême du feu pendant la guerre d'indépendance américaine à partir de septembre 1780 à l'état-major de Rochambeau. On le retrouve lieutenant-colonel dans la garde nationale de Versailles en 1789, puis maréchal de camp à l'armée du Nord en 1792, mais il est mis à l'écart comme aristocrate après la prise des Tuileries, avant d'être réintégré comme général de division après la chute de Robespierre. Il saisit la chance que lui offre Bonaparte en le nommant chef d'état-major de l'armée d'Italie en 1796 et prend le commandement à sa suite fin 1797 : l'expérience ne lui convient guère. S'il lui est arrivé de s'aventurer sur les champs de bataille, il est surtout un homme de bureau et son caractère est celui d'un exécutant. De retour d'Egypte, et après le 18 Brumaire, il est ministre de la Guerre jusqu'en 1807. Il décroche le bâton de maréchal en 1804, puis la tenue verte de grand veneur de l'Empire, qui comble ce passionné de chasse. Homme clé du système napoléonien, il est prince souverain de Neuchâtel en 1806, vice-connétable en 1807 et prince de Wagram en 1809. Napoléon le marie à une princesse bavaroise, ce qui ne l'empêche pas de garder sa maîtresse, Giuseppa Visconti. En 1810, il part à Vienne demander Marie-Louise en mariage, et espère goûter ensuite un repos mérité. Il vieillit, souffre de la goutte et passe son temps à se ronger les ongles. Malgré des disputes de plus en plus fréquentes avec Napoléon, il le suit en Russie puis pendant la campagne de 1813, le supplie de signer la paix et finit par se joindre aux maréchaux qui poussent l'Empereur à l'abdication à Fontainebleau en 1814. Rallié à Louis XVIII, il le suit en 1815 puis se retire à Bamberg, en Bavière, où il est placé en résidence surveillée. Accablé par les reproches adressés à distance par l'Empereur qui met ses biens sous séquestre, il sombre dans la dépression. Le 1er juin 1815, on le retrouve, le crâne fracassé après une chute du troisième étage. Accident ou suicide, le mystère reste entier. La nouvelle navra Napoléon qui perdit un de ses meilleurs exécutants à quelques jours de Waterloo.

NEY

Fils d'un tonnelier de Sarrelouis, clerc de notaire, Michel Ney (1769-1815) s'engage dans les hussards en 1788. Ce grand roux charismatique, à la voix de stentor, passe à l'armée du Nord puis à l'armée de Sambre-et-Meuse à partir de 1794. Il gravit les échelons jusqu'à atteindre le grade de général de division en 1799 à l'armée du Rhin. Il n'est pas proche de Bonaparte, mais opère une pirouette en épousant Aglaé Auguié, amie d'enfance d'Hortense de Beauharnais, en 1802. Après une mission diplomatique en Suisse, il assume des commandements secondaires, à Compiègne puis à Montreuil, puis est fait maréchal en 1804. Il remporte le 14 octobre 1805 la bataille d'Elchingen, prend des risques à Iéna, s'illustre à Eylau et à Friedland. Envoyé en Espagne en 1808, il brille moins, ses disputes avec Soult et Masséna compromettent les opérations. Le « Brave des braves » n'a aucune vision stratégique, et s'il se révèle indispensable sur le terrain, il finit toujours par prendre de mauvaises décisions en situation de commandement : le stratège Jomini, qui fut longtemps à son état-major, l'a conseillé avant leur brouille. C'est au feu qu'il s'illustre le mieux, en Russie, à la bataille de Smolensk, à la Moskova puis à la Bérézina, tenant l'arrière-garde qui protège la retraite de l'armée en lambeaux. Fait prince de la Moskova, il prend part à la campagne de 1813, se montre hésitant à Bautzen en mai avant d'être battu à Dennewitz en septembre, ce qui compromet les plans de l'Aigle. Il se bat à Leipzig et pendant la campagne de France, mais fatigué de la guerre, il pousse l'Empereur à abdiquer en 1814. Considéré comme un parvenu par les Bourbons, il promet pourtant à Louis XVIII de ramener Napoléon « *dans une cage de fer* » en mars 1815, avant de se rallier à lui. Il outrepasse ses ordres en attaquant les Anglais aux Quatre-Bras le 16 juin, puis lance une charge de cavalerie catastrophique à Waterloo. Arrêté après le retour du roi, il est condamné puis fusillé le 7 décembre, véritable bouc émissaire des Cent-Jours.

Davout

Fils d'un officier de cavalerie, Louis-Nicolas Davout (1770-1823) adhère sans hésiter à la Révolution et se distingue à Jemappes et Neerwinden. En mars 1798, il fait la connaissance de Bonaparte, le suit en Egypte et ne rentre qu'en mai 1800, avant d'intégrer la haute société du Consulat. En novembre 1801, il épouse Aimée Leclerc, sœur du premier mari de Pauline, et est nommé dans la foulée commandant des grenadiers de la garde consulaire. Envoyé en 1803 au camp de Bruges, chargé de préparer l'invasion de l'Angleterre, il est le cadet des maréchaux en 1804. Colonel général de la Garde, il brille à Austerlitz en 1805 puis l'année suivante à Auerstaedt, victoire qui double celle d'Iéna, et enfin à Eckmühl et Wagram en 1809. Gouverneur général des villes hanséatiques, il fait appliquer le Blocus continental avec rigueur. A la tête du 1er corps de la Grande Armée en Russie, il est blessé à la Moskova. Pendant la retraite, il évacue Smolensk sans attendre Ney, ce qui lui vaut de lourds reproches de l'Empereur. En 1813, il tente de retarder la progression des alliés en Allemagne avant de reprendre Hambourg aux Russes, où il rétablit l'ordre avec brutalité. Assiégé dans la ville, il résiste jusqu'en mai 1814. Il est un brillant ministre de la Guerre pendant les Cent-Jours, avant de pousser l'Empereur à partir en exil après Waterloo, à l'issue d'une dernière rencontre glaciale. Il se résigne à accepter le retour des Bourbons, mais démissionne. Tenu en disgrâce dans son château de Savigny-sur-Orge, il passe ses dernières années dans l'inaction avant de mourir de tuberculose. Le « Maréchal de fer » garde la réputation d'un soldat intransigeant, aussi doué à la tête de ses troupes que dans un bureau. Son caractère cassant l'a brouillé avec Berthier, Ney et Murat, mais son « coup d'œil » en fait un des rares maréchaux à pouvoir opérer de manière indépendante sur un champ de bataille.

Soult

Issu d'une famille de notaires du Tarn, Nicolas Jean de Dieu Soult (1769-1851) s'enrôle comme soldat en 1785, puis devient brièvement boulanger. Réengagé comme sergent en 1791, nommé instructeur du 1er bataillon du Bas-Rhin, il est sous-lieutenant l'année suivante, chef de bataillon en février 1794 puis général de brigade. Général de division en 1799, il est emmené par Masséna, envoyé réorganiser l'armée d'Italie en 1800, puis prend part à l'expédition contre Naples en occupant Otrante. Remarqué par Bonaparte, il est affecté en 1802 à la garde consulaire, puis l'année suivante au camp de Saint-Omer ; il est maréchal en 1804 et prend la tête du 4e corps de la Grande Armée. Il mène l'attaque du plateau de Pratzen à Austerlitz, puis commande l'aile droite pendant la campagne de 1806-1807 contre les Russes et les Prussiens. En Espagne, il prend Burgos en 1808, affronte les Anglais à La Corogne et pousse jusqu'à Porto en mars 1809, avant d'évacuer le Portugal. Après la victoire de Talavera, il est fait major général des armées françaises en Espagne. Il prend Séville, occupe l'Andalousie en 1810 et l'Estrémadure l'année suivante, s'emparant de nombreux tableaux de maître. Forcé d'évacuer le sud de l'Espagne en 1812, brouillé avec Joseph, il s'illustre à Bautzen en mai 1813 sous les ordres de l'Empereur. Napoléon le renvoie ensuite regrouper les débris de l'armée d'Espagne et protéger la frontière qu'il défend pied à pied, même si, en 1814, il échoue à la bataille de Toulouse face à Wellington. Ministre de la Guerre de Louis XVIII, il n'hésite pas à revenir vers Napoléon en 1815 et fait office de major général à Waterloo. Exilé jusqu'en 1819, discret sous la Restauration, il devient ministre de la Guerre de Louis-Philippe, réorganisant l'armée et écrasant l'insurrection des canuts de 1831. Président du Conseil en 1840, il assiste au retour des cendres, mais laisse Guizot gouverner, sa santé déclinant. Il s'efface après 1847 et meurt le 26 novembre 1851, six jours avant le coup d'Etat de Louis-Napoléon Bonaparte.

MASSÉNA

Fils d'un marchand de vin, André Masséna (1758-1817) fut apprenti dans une savonnerie puis mousse. En 1775, il s'enrôle dans l'armée à Toulon. En 1784, il est adjudant, atteignant le plus haut grade possible pour un roturier. Après une brève carrière d'épicier, il reprend du service. Lieutenant-colonel en 1792, il participe au siège de Toulon où il croise Bonaparte. À l'armée d'Italie, il se distingue à Lodi, Castiglione, Arcole et enfin Rivoli en janvier 1797. « L'enfant chéri de la victoire » se révèle excellent manœuvrier, un exécutant apprécié par Bonaparte, mais peu apte à discipliner ses troupes. Les 25 et 26 septembre 1799, il bat les Russes et les Autrichiens à Zurich, son principal fait d'armes. Après le 18 Brumaire, il commet l'erreur de se laisser enfermer dans Gênes par le général autrichien Melas, contraignant Bonaparte à intervenir. Mis à l'écart après Marengo, et malgré son opposition initiale à l'Empire, il est nommé maréchal en 1804, cantonné à des opérations secondaires en Italie en 1805, avant de conquérir Naples pour Joseph l'année suivante. Il participe à la fin de la campagne de Pologne en 1807. Enrichi, comblé d'honneurs et de titres, il a le « privilège » d'être blessé à l'œil par l'Empereur au cours d'une partie de chasse. Pendant la campagne d'Autriche de 1809, il est critiqué pour son commandement chaotique à la bataille d'Ebersberg le 3 mai, mais s'illustre à Essling en chargeant à la tête de ses soldats, malgré sa santé déclinante. L'Empereur, qui le prend en grippe et le considère comme un homme fini, l'humilie en public et le punit en l'envoyant en Espagne. Il envahit le Portugal en septembre 1810 mais doit évacuer en mars 1811 face à Wellington. Fatigué, il est battu à Fuentes de Oñoro en mai 1811, puis rappelé en France. Disgracié, il est envoyé en 1813 à Toulon où Louis XVIII le maintient. Prudent pendant les Cent-Jours, il siège malgré tout à la Chambre des pairs. Mis à l'écart, malade de la tuberculose, il meurt le 4 avril 1817, rejoignant Ney au Père-Lachaise.

Joséphine

D'une famille française établie à la Martinique, Marie-Josèphe Rose Tascher de La Pagerie (1763-1814) avait épousé le vicomte Alexandre de Beauharnais, père de ses deux enfants, Eugène et Hortense, qui fut président de l'Assemblée constituante avant d'être guillotiné sous la Terreur. Sous le Directoire, « l'Incomparable » se crée un réseau d'amis et de relations d'affaires, ce qui en fit une femme en vue de la bonne société. Elle est présentée par Barras, dont elle aurait été la maîtresse, au général Bonaparte, de six ans son cadet, qui a le coup de foudre et l'épouse. Cette union avec un militaire en vue lui permet de rassurer ses créanciers. Quelques soupçons d'adultère, le peu d'empressement qu'elle met à le rejoindre en Italie, et l'hostilité du clan Bonaparte refroidissent bientôt la passion du couple, qui perdure pourtant. « Consulesse » puis impératrice, elle est couronnée par son mari le 2 décembre 1804. Napoléon lui est redevable d'avoir fait de la Cour un lieu d'élégance et de raffinement : l'architecte Percier, l'ébéniste Jacob, l'orfèvre Biennais, le tailleur Leroy ou le joaillier Nitot sont ses favoris. Sa stérilité fait pourtant d'elle une impératrice en sursis, même si elle tente d'assurer sa position en mariant Hortense à Louis Bonaparte, espérant adopter leur fils qui aurait pu devenir l'héritier du trône. Après la prononciation du divorce le 15 décembre 1809, Joséphine s'efface. Elle tient une petite cour à Malmaison et continue à faire énormément de dettes que Napoléon éponge. Protégée et admirée par le tsar Alexandre qui la soutient après le retour de Louis XVIII en 1814, elle prend froid dans les jardins de Malmaison et meurt d'une angine gangréneuse le 29 mai. La postérité a retenu son élégance, sa grâce et ses manières d'Ancien Régime, qui contribuèrent à adoucir le côté cassant de son mari. Son entregent, ses innombrables lettres de recommandation en faveur des émigrés et de certains anciens révolutionnaires, initiés comme elle à la franc-maçonnerie, montrent qu'elle fut pourtant loin d'être une simple reine de la mode.

MARIE-LOUISE

Née en 1791, fille de l'empereur François II de Habsbourg, élevée dans le cocon du château de Schönbrunn, l'archiduchesse Marie-Louise apprit très tôt à détester son futur mari, qui avait battu à trois reprises les armées de son père, en 1797, 1805 et 1809, la contraignant à chaque fois à prendre la fuite avec ses frères et sœurs. Informée fin 1809 du divorce de Napoléon, elle ne se fait guère d'illusions et comprend qu'elle doit être « sacrifiée » sur l'autel de la diplomatie afin de renforcer la position de l'Autriche face à l'Ogre français. A sa grande surprise, Napoléon n'est pourtant pas le monstre qu'on lui a décrit : sachant se faire apprécier, adoptant volontiers un côté bonhomme dans son intérieur, il fait un excellent époux, qu'elle ne quitte plus dès leur mariage le 1er avril 1810. La naissance du roi de Rome le 20 mars 1811 les rapproche. Laissée seule à Saint-Cloud pendant la campagne de Russie, elle a la surprise de se voir nommée régente en 1813, son mari en difficulté ne souhaitant pas laisser le trône vide pendant sa nouvelle guerre. Se formant aux affaires de l'Etat, elle apprend sans sourciller la déclaration de guerre de l'Autriche à la France. En 1814, elle est décidée à suivre Napoléon à l'île d'Elbe, mais ce dernier conseille à son épouse, désemparée, de se reposer un temps dans sa famille. Il ne la reverra jamais. Découvrant, grâce à des mauvaises langues, les infidélités de son mari et l'existence de sa maîtresse polonaise Marie Walewska, elle tombe amoureuse du fringant général Neipperg. Scandalisée par la tentative des Cent-Jours, elle se détourne définitivement de Napoléon et obtient, pour prix de son ralliement à la cause alliée, le duché de Parme. Elle y règne jusqu'en 1847, sous la coupe de l'Autriche, se remarie et a plusieurs enfants, tout en acquérant une réputation de « bonne duchesse ». A sa mort, elle est la doyenne des têtes couronnées de l'Europe, tout en ayant durant son existence entière été considérée comme une bête curieuse, éternelle veuve du « grand empereur ».

L'AIGLON

Napoléon François Joseph Charles Bonaparte, né le 20 mars 1811, comble les espoirs de son père. Le bébé reçoit à sa naissance le titre de roi de Rome, écho de la tradition du Saint Empire romain germanique où le futur empereur était « roi des Romains ». Elevé à Saint-Cloud et au château de Meudon par un aréopage de serviteurs dirigés par la gouvernante des enfants de France, la comtesse de Montesquiou, le petit garçon blond est choyé par son père qui joue volontiers avec lui et qui lui commande un mobilier de campagne miniature pour l'habituer à la vie des camps. En 1814, il suit sa mère en Autriche, où il devient un objet de curiosité pour les diplomates du congrès de Vienne. La séparation d'avec son père l'a sans doute plus marqué qu'on ne l'a dit : il est agité, se refuse à apprendre l'allemand et se rappelle, selon une légende, l'époque où il était roi. Après les Cent-Jours, sa mère décide de le laisser à Vienne et de le faire élever comme les archiducs, qui reçoivent une éducation stricte, séparés de leurs parents. Elle revient tous les deux ans à Vienne s'assurer de ses progrès. Son gouverneur, le comte de Dietrichstein, le considère comme un élève brillant mais capricieux. Marqué par le souvenir de son père, dont ses précepteurs lui parlent, il devient un adolescent turbulent, que l'on voit parfois, ivre, vomir à la fin des bals de la Cour. Un peu plus mûr, il opte dès 1828 pour une carrière militaire. Sa rencontre avec le maréchal Marmont à Vienne lui permet d'en apprendre davantage sur son père. Sourde aux appels des partisans de Napoléon II, qui se font connaître après la chute de Charles X, sa mère rêve à la même époque de lui trouver une couronne en Europe, songeant notamment au trône de Grèce. Le jeune homme est pourtant rongé par la tuberculose, mais ne peut partir se reposer en Italie où s'agitent des carbonari et partisans des Bonaparte. Veillé par sa mère, il meurt le 22 juillet 1832, son destin brisé soulevant les regrets de la génération romantique avant d'être immortalisé par Edmond Rostand.

Cambacérès

Brillant juriste d'une famille de robe montpelliéraine, Jean-Jacques Régis de Cambacérès (1753-1824) est élu en 1792 député à la Convention, amorçant une ascension sociale vertigineuse : après avoir voté, avec beaucoup de réticence, la mort de Louis XVI, il devient membre du Comité de salut public, puis président du Conseil des Cinq-Cents, ministre de la Justice du Directoire, avant d'être nommé Deuxième consul en décembre 1799. Eternel « numéro deux », il nomme certains de ses amis, frères maçons, vieux juristes ou ex-révolutionnaires au Conseil d'Etat qu'il préside, devenant un des pères du Code civil. Dévot, il soutient la signature du Concordat et fait nommer son frère archevêque de Rouen. Il propose au Sénat la nomination de Bonaparte comme consul à vie, puis défend l'option du retour à un système monarchique. Réputé pour sa table, son goût des mondanités, il est un pilier du « système ». Napoléon le nomme en 1804 archichancelier de l'Empire, ce qui comble sa soif d'honneurs. Il assure l'intérim pendant les nombreuses absences de Napoléon. Nommé duc de Parme en 1808, il commence par émettre quelques réserves face au désir de conquêtes de l'Empereur. Il s'oppose au divorce avec Joséphine, puis défend l'option d'un mariage avec une princesse russe. Après la tentative de coup d'Etat de l'ex-général Malet en octobre 1812, qu'il n'a pas su prévenir ni déjouer, il subit la colère du maître, qui nomme Marie-Louise régente en 1813, le faisant passer au second rang. En 1814, il reste fidèle jusqu'à l'abdication puis se rallie à Louis XVIII, qui le tient à l'écart. Les royalistes raillent son homosexualité – probable – par des caricatures humiliantes. Placé à la tête de la Chambre des pairs pendant les Cent-Jours, il est ensuite exilé par le roi comme régicide. Reclus à Bruxelles avec d'autres ex-conventionnels, il prépare sa postérité en rédigeant ses Mémoires, mais est finalement autorisé à rentrer à Paris, où il finit ses jours, confit en dévotion.

Duroc

Né à Pont-à-Mousson mais d'une famille originaire du Gévaudan, Géraud Christophe Michel Duroc (1772-1813) étudie à l'Ecole royale militaire de sa ville natale, mais son père, faute de moyens, ne peut l'envoyer à l'Ecole militaire de Paris. La Révolution lui permet d'intégrer en 1792 l'Ecole d'artillerie de Châlons où il côtoie Marmont et le futur général Foy. A Toulon, il croise Bonaparte et prend part à la campagne d'Italie où le jeune capitaine se distingue à Castiglione puis à Arcole, avant de s'embarquer pour l'Egypte. Il fait partie des rares élus qui accompagnent le général en chef à son retour en France. Il est envoyé annoncer l'avènement du Consulat en Prusse, se rend en mission auprès du tsar Alexandre en 1801 puis devient gouverneur du palais des Tuileries. Son idylle avec Hortense de Beauharnais ayant tourné court, il épouse la fille d'un banquier espagnol. Général, nommé grand maréchal du palais en 1804, il est le maître d'œuvre de la Cour, se mêle d'ameublement, d'étiquette, de décoration, gère les cuisines, régente les frotteurs et commande les escortes de la Garde. Présent aux guerres comme aux cérémonies, il se bat à Austerlitz puis à Essling, mais ses fonctions curiales l'obligent à mettre entre parenthèses sa carrière militaire. Témoin privilégié de l'épopée, principal confident de Napoléon dont il recueille les ordres à toute heure, il est fait duc de Frioul en 1808. En 1813, il réorganise brillamment la Garde. Le 22 mai, lendemain de la victoire de Bautzen, il est pourtant frappé par un boulet et meurt après une longue agonie. Durant leur dernière entrevue, Napoléon fond en larmes. Mais Duroc veille toujours sur l'Empereur : il est enterré près de lui aux Invalides.

CAULAINCOURT

D'une vieille famille de noblesse picarde, Armand Augustin Louis de Caulaincourt (1773-1827) entre dans l'armée à l'âge de quatorze ans. Bien que ci-devant noble, il gravit les échelons et devient en 1795 aide de camp du général Aubert du Bayet, rapidement nommé ministre de la Guerre, qu'il suit en ambassade à Constantinople. Il se distingue ensuite à Hohenlinden en 1800 puis effectue une mission auprès du nouveau tsar Alexandre. Leur amitié date de cette époque, de même que son goût pour la diplomatie. Nommé aide de camp de Bonaparte en 1802 puis général de brigade l'année suivante, il participe début 1804 à l'arrestation du duc d'Enghien, réfugié dans le grand-duché de Bade. Il est ensuite nommé grand écuyer, en charge de l'organisation des déplacements de l'Empereur, avant d'être envoyé en Russie comme ambassadeur entre 1807 et 1811, espérant obtenir en contrepartie l'autorisation d'épouser son grand amour, Adrienne de Canisy, une femme déjà mariée (elle ne devait divorcer qu'en juillet 1813). A Saint-Pétersbourg, le désormais duc de Vicence, figure mondaine en vue, fait tout pour maintenir l'alliance qui s'effrite. Rappelé à Paris avant la campagne de Russie, ce fidèle suit l'Empereur, tout en plaidant à la moindre occasion pour la paix. A la fin de la retraite, il a l'honneur de rentrer à Paris dans le traîneau puis la berline de Napoléon, écoutant ses confidences et ses projets utopiques pour l'Europe. Sa réputation de pacifiste fait de lui le principal négociateur de l'année 1813. Au congrès de Prague, il tente d'obtenir la signature d'un traité de paix, puis est nommé ministre des Relations extérieures le 20 novembre. Après l'échec du congrès de la dernière chance à Châtillon en février-mars 1814, il rejoint l'Empereur à Fontainebleau où il négocie son abdication avec les alliés, obtenant l'île d'Elbe. Il est à nouveau ministre, à contrecœur, pendant les Cent-Jours. Il se fait ensuite oublier et écrit ses *Mémoires,* dont le manuscrit ne sera publié qu'en 1933, jetant une lumière crue sur le déclin de l'Empire et l'entêtement du grand conquérant.

Archiviste paléographe, conservateur des bibliothèques à la BnF et docteur en histoire, Charles-Eloi Vial est l'auteur d'ouvrages importants sur l'histoire de la Révolution et de l'Empire, notamment* La Famille royale au Temple *(Perrin),* Napoléon, la certitude et l'ambition *(Perrin), et* Napoléon à Sainte-Hélène, l'encre de l'exil *(Perrin/BnF). Il a obtenu le grand prix du livre d'histoire du* Figaro Histoire *et de la chaîne Histoire pour* 15 août 1811, l'apogée de l'Empire ? *(Perrin). Il vient de publier une* Histoire des Cent-Jours *(Perrin).

SOUS L'EMPIRE DU CODE
Napoléon remettant le Code civil à la déesse Rome, esquisse réalisée par Luigi Agricola en 1811 pour le décor du salon des Ministres du palais du Quirinal à Rome. Le Code civil de 1804 s'exporta à travers l'Europe au rythme des conquêtes napoléoniennes. Il fut ainsi naturellement appliqué dans les Etats pontificaux à partir de leur annexion à l'Empire, le 17 mai 1809. Rome est ici représentée à l'antique en divinité guerrière, casquée et armée d'une lance, tandis que la figure masculine nue aux pieds de Napoléon est une allégorie du Tibre.

Le grand échiquier

PAR PATRICE GUENIFFEY

Par la guerre et le jeu des alliances, Napoléon n'a poursuivi qu'un seul but : assurer la prépondérance française sur le continent. Et en réveillant le sentiment national de ses ennemis, il a dessiné les contours du visage de l'Europe des nations.

"L'Angleterre restait bien sûr

À L'ANTIQUE

Ci-dessus : *Napoléon*, par Lorenzo Bartolini d'après Antoine Denis Chaudet, vers 1805-1806 (Versailles, musée du Château). Sous les lauriers, apparaît la couronne de fer des rois lombards, celle-là même que l'Empereur ceignit lors de son couronnement comme roi d'Italie, à Milan, le 26 mai 1805. Ci-dessous : *Joseph Bonaparte, roi de Naples puis d'Espagne*, d'après François Delaistre, vers 1808 (Versailles, musée du Château).

Un grand historien italien, Guglielmo Ferrero, accusait Napoléon d'avoir fait voler en éclats l'équilibre des puissances instauré par les traités de Westphalie au milieu du XVIIe siècle. Il aurait, par ses guerres de conquête, renversé les principes qui gouvernaient les relations entre Etats, ruiné la bonne foi des traités et, ainsi, inauguré une histoire qui devait conduire, un siècle plus tard, à l'autodestruction de l'Europe. Sans doute Napoléon n'était pas le seul coupable. N'est-ce pas comme général de la France révolutionnaire qu'il avait rayé de la carte la république de Venise en 1797 ? Ce crime, capital aux yeux de Ferrero, était autant celui de la Révolution que le sien. N'aurait-il donc été que le continuateur de la Révolution, renversant partout l'ordre établi, tantôt au nom de l'idéologie révolutionnaire, tantôt au nom des intérêts de la Grande Nation ?

Impossible de nier que l'histoire européenne du XIXe siècle est l'héritière des bouleversements des années 1789-1815. C'est bien le passage des armées révolutionnaires et impériales qui fit éclore le sentiment national en Italie, en Allemagne ou en Hongrie. Mais la Révolution et Napoléon furent-ils la cause du désordre international ? Que restait-il en effet de l'ordre westphalien lorsque les événements de 1789 éclatèrent ? Ce système d'équilibre des puissances, qui, sans empêcher la guerre, du moins tendait à en diminuer la violence et les conséquences, n'était déjà plus qu'un souvenir. Aux marchandages qui faisaient les délices de la diplomatie du siècle des Lumières avait succédé un jeu plus excitant : celui des annexions territoriales et du dépeçage des plus faibles. Ce n'est pas Napoléon qui a détruit l'ordre westphalien, mais Frédéric II quand il s'empara de la Silésie en 1742, et si la destruction de la république de Venise fut en effet une violation, sinon d'un droit international qui n'existait pas, du moins des usages, lesquels voulaient que l'on offrît au vaincu une indemnité pour ce qu'on lui avait pris, cet attentat avait connu un précédent : les partages de la Pologne que la Russie, l'Autriche et la Prusse avaient dépecée à trois reprises, en 1772, 1793 et 1795. Un autre grand historien des relations internationales, Albert Sorel, l'a dit : les guerres de Frédéric et les partages de la Pologne furent *« le testament de la vieille Europe »*. Après cela, il ne lui restait plus qu'à disparaître. L'ouragan révolutionnaire balaya donc un continent qu'une tempête avait déjà dévasté.

Le jeune général de la Révolution – vingt-six ans lorsqu'il prend le commandement de l'armée d'Italie en 1796 – ne connaissait rien ou presque aux différents métiers qu'il allait devoir pratiquer. Les deux années passées dans la péninsule furent son université. S'il révéla d'emblée un génie de la guerre qui relevait chez lui presque de l'instinct, il lui fallut apprendre la diplomatie, l'art de gouverner et la science de la législation. L'élève était doué. Ce fut une chance pour lui d'être jeté dans un contexte italien pour le moins complexe. L'Italie était divisée en une pluralité d'Etats ; soumise à l'influence de l'Autriche au nord et partout à celle de l'Eglise dont le chef régnait à Rome ; coupée en deux, entre les régions septentrionales férues de réformes et la moitié méridionale des Bourbons ; dépourvue de toute conscience nationale ; animée en revanche par une fierté locale qui trouvait une expression dans la diversité des dialectes : la péninsule était comme une Europe en miniature. Bonaparte, confronté à cette multitude d'intérêts contradictoires, y apprit non seulement la modération politique – faire droit à ces deux grandes tendances que sont partout la conservation et le mouvement –, mais combien la diplomatie est un art délicat. Lorsqu'il arriva en Italie, les lointains héritiers de Machiavel, qui rêvaient de l'unité de la péninsule, s'accrochèrent à ses basques. Ils espéraient que le général jacobin les favoriserait. Il ne les rebuta pas, bien au contraire, mais il se préoccupa surtout de créer dans le nord de l'Italie, à partir des dépouilles de la Lombardie, de Venise et des terres pontificales de la Romagne, une grande république qui, touchant à la mer Tyrrhénienne d'un côté, à l'Adriatique de l'autre, renforcerait la présence française en Méditerranée et ouvrirait une nouvelle voie d'invasion de l'Autriche. Le général flattait volontiers l'idée

l'ennemi principal."

d'une résurrection de l'Italie, mais sa politique obéissait d'abord à des considérations stratégiques. Si l'Autriche avait déposé les armes en 1797, Bonaparte savait que le mot final n'était pas encore écrit. C'est bien parce que, ayant fait la paix en 1797, il répugnait à endosser la responsabilité de la reprise, inévitable, de la guerre, qu'il préféra prendre le large et aller en Egypte attendre des jours meilleurs : la dégradation de la situation en Europe, qui lui permettrait de renverser le gouvernement.

Si l'Autriche demeurait le principal adversaire continental de la France révolutionnaire – la Prusse et l'Espagne avaient signé des traités de paix en 1795, la Russie était loin –, l'Angleterre restait bien sûr l'ennemi principal. Elle avait accordé ses subsides à toutes les coalitions qui, depuis 1793, avaient combattu la France révolutionnaire et, sur mer, elle régnait sans partage.

La maîtrise des mers

Napoléon avait pris conscience de l'importance de la mer dès le siège de Toulon (1793), puis en Italie lorsqu'il avait poussé jusqu'à Ancône. C'est là qu'il avait vu s'ouvrir à lui la route de l'Orient, par la Grèce ottomane. Ses contacts avec Talleyrand n'avaient pu que le conforter dans cette conviction : c'est sur mer que se jouerait l'issue du conflit entre les deux grandes puissances du siècle. N'avaient-elles pas toutes deux conquis un empire colonial dont elles tiraient une partie non négligeable de leur richesse ? N'était-ce pas loin du territoire métropolitain qu'elles s'efforçaient de se porter les coups les plus rudes ? La Royal Navy s'était emparée de la plupart des colonies françaises des Caraïbes, et si Bonaparte avait conquis l'Egypte, c'était pour accéder à la mer Rouge, d'où il espérait menacer l'Inde anglaise. Le drame se noue à ce moment, avant même la prise du pouvoir par Bonaparte. Tandis que les Anglais tirent de leurs colonies et d'un système bancaire efficace les fonds indispensables à l'entretien d'une flotte de guerre puissante, les Français doivent racler les fonds de tiroir pour lancer des escadres dont le commandement et l'encadrement paient le prix de l'anarchie de la période révolutionnaire. Les Français auront le dessous dans la plupart des engagements qui les opposeront aux Anglais. Ce n'est pas que le gouvernement dédaignait la marine ou croyait que l'issue de la guerre se jouerait quelque part en Bohême ou dans les plaines glacées de la Prusse orientale. Napoléon savait que cette guerre était avant tout maritime et que l'enjeu en était la domination des océans – autrement dit celle du monde. Une fois au pouvoir, il ne marchanda pas ses efforts, échafaudant des plans grandioses et consacrant des sommes considérables au réarmement maritime. En pure perte : le grandiose projet de conquête de l'Angleterre de 1803 aboutit au désastre de Trafalgar. Immense défaite, qui consacrait la maîtrise des mers par les Anglais, avec laquelle on ne peut mettre en balance la sublime victoire remportée à Austerlitz. Désastre et triomphe strictement contemporains, dont le rapprochement dit tout. Trafalgar ruine toute chance de faire plier les Anglais ; Austerlitz ne règle rien. C'est une victoire qui annonce d'autres batailles, d'autres victoires, d'autres traités, une course sans fin pour contraindre les puissances européennes à refuser l'or anglais et leur faire accepter ce qu'elles ne peuvent se résoudre à accepter : le voisinage d'une nation dont elles demeurent convaincues qu'elle représente depuis le régicide de 1793 une menace mortelle pour la sécurité des trônes, et dont l'embonpoint ne cesse de s'affirmer au fil des victoires. L'Autriche a été vaincue en 1797, en 1800, en 1805 : comment être certain que, cette fois, elle se résignera sans venger les humiliations subies ?

L'Europe tremble depuis la paix de Lunéville signée en 1801 : l'Autriche a dû reconnaître une nouvelle fois l'annexion française de la Belgique et de la rive gauche du Rhin. Les Français sont en Hollande et en Suisse, ils sont maîtres de la moitié de l'Italie et les voici chargés de superviser la réorganisation de l'Allemagne, chamboulée sur le Rhin par les annexions françaises. L'Europe non française rétrécit comme peau de chagrin. Un système européen s'esquisse au fil des traités : une France qui s'étend jusqu'au Rhin, de Bâle jusqu'à son embouchure, saute les Alpes pour atteindre le

Ramifications

A la tête de chaque nouveau territoire conquis, Napoléon place un membre de sa famille. Ainsi, son plus jeune frère, Jérôme *(ci-dessus, par l'atelier de Lorenzo Bartolini, vers 1809, Versailles, musée du Château)*, devient-il roi de Westphalie, en juillet 1807, et son beau-fils, Eugène de Beauharnais *(ci-dessous, par Giovanni Battista Comolli, 1809, Versailles, musée du Château)*, vice-roi d'Italie.

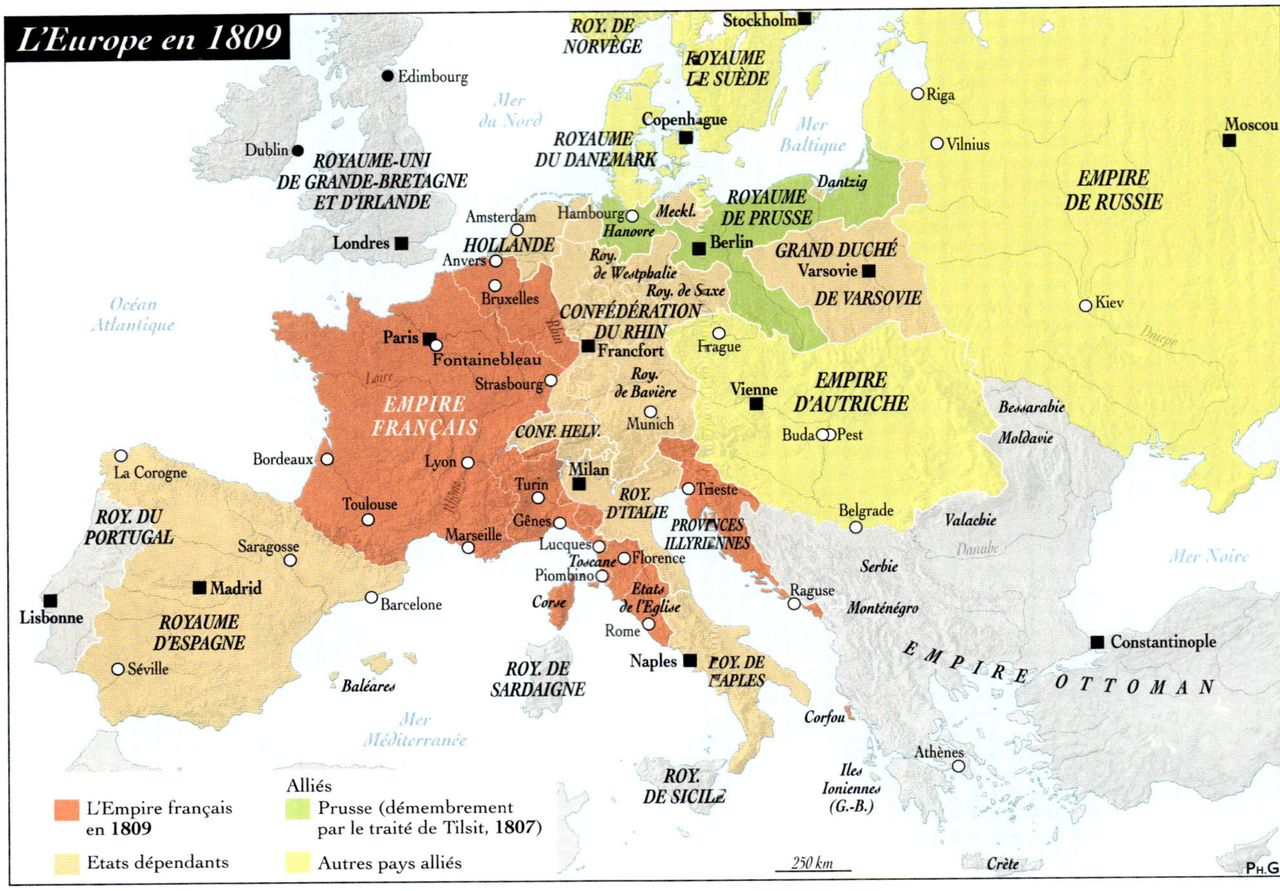

HÉGÉMONIE

Ci-dessus : en 1809, le système napoléonien s'organise autour de l'Empire français. Les trônes européens sont occupés par les membres de la famille impériale et Napoléon surveille la politique du grand-duché de Varsovie ainsi que celle de la confédération du Rhin et de la Confédération helvétique. Depuis le traité signé à Tilsit avec la Russie en 1807, l'Europe se trouve prise en étau entre Paris et Saint-Pétersbourg. Page de droite, en haut : *Le Traité d'Amiens, le 25 mars 1802*, école française (Paris, Fondation Dosne-Thiers, musée Frédéric Masson). Signé par Joseph Bonaparte et lord Cornwallis, il met fin à dix ans de guerre entre la France et le Royaume-Uni. La paix ne dura cependant pas plus de treize mois.

Pô, multiplie les postes en Méditerranée – les îles Ioniennes, l'île d'Elbe, le golfe de Tarente – et s'entoure d'une ceinture d'Etats clients : l'Espagne, qui conserve aux yeux des Français la valeur que lui confère sa flotte, la Hollande, la Bavière et la Suisse, sans compter l'Allemagne du Saint Empire dont la poussière d'Etats vient d'en appeler à l'arbitrage du Premier consul pour résoudre ses querelles. Plus loin, les neutres, et notamment la Prusse qui, depuis 1795, a compris que la paix lui était plus profitable que la guerre, mais où le sentiment allemand, blessé en la personne de l'Autriche, commence à remuer les esprits. En 1805, tour à tour avançant et reculant, elle est bien près de rejoindre l'alliance austro-russe. Elle scelle ainsi son destin : il suffit de trois semaines en 1806 pour la sortir du jeu. Victoire foudroyante, éclatante, certes remportée contre un ennemi mal préparé, mais qui ancre l'idée qu'il n'y a pas d'alternative entre la chute de la France et la soumission de l'Europe tout entière.

L'histoire de l'Europe sous Napoléon est celle d'une fuite en avant. Il lui faut désarmer les coalitions qui ne cessent de renaître grâce à l'or anglais. Le meilleur moyen serait certainement de nouer des alliances solides qui, favorisant l'établissement d'une paix continentale durable, permettraient de consacrer tous les efforts, financiers et militaires, à la lutte contre Albion. Jamais les diplomates ne prendront le relais des militaires. Certes, on croira à plusieurs moments les Britanniques prêts à traiter avec la France. Mais il en sera de ces lueurs d'espoir comme de la paix conclue à Amiens en 1802. Les ennemis avaient seulement besoin de reprendre leur souffle avant d'en découdre à nouveau. Les Anglais n'avaient pas le choix. Il leur fallait vaincre ou périr. Ils ne pouvaient accepter une Europe à la merci de la France. Depuis un siècle ils luttaient pour que le continent demeurât divisé, et cela afin qu'aucun de ses Etats ne pût leur dicter sa loi. Ils avaient combattu Louis XIV, Louis XV et Louis XVI. C'était une guerre séculaire à laquelle la Révolution avait ajouté une pomme de discorde qui ne pouvait trouver de solution négociée : l'annexion de la Belgique, l'occupation du port d'Anvers par lequel le commerce anglais accédait au marché européen. Fermer cette porte, ou du moins en contrôler l'accès, c'était prendre en otage l'économie anglaise.

Français et Britanniques devaient se battre vingt années durant pour Anvers, de 1793 à 1815. De ce point de vue, quelles qu'aient été les vues de Napoléon sur le devenir de l'Europe, il était prisonnier de l'engagement qu'il avait pris en accédant au pouvoir : la garantie des conquêtes de la Révolution. Cet homme si actif, si volontaire, si ambitieux, n'était pas complètement libre de ses actions. Les héritiers de la Révolution qui peuplaient le Sénat et les grands corps de l'Etat y veillaient : on ne toucherait pas aux « frontières naturelles ».

"L'histoire de l'Europe sous Napoléon est celle d'une fuite en avant."

Pourtant, encore Premier consul, et à une époque où les victoires de Marengo et d'Hohenlinden (1800) laissaient présager un retour à la paix auquel ne manquerait plus que le consentement de Londres – ce sera fait en 1802 –, Bonaparte s'était pris à rêver à la manière dont l'Europe pourrait échapper à l'engrenage des guerres qui, depuis la guerre de Trente Ans au moins, avait été son lot. Lui qui était tenté de croire, parce qu'il était toujours vainqueur, que de la guerre peut naître une paix durable, savait aussi qu'une paix solide ne peut être conclue qu'entre gens qui parlent le même langage. Or, depuis 1789, les Européens ne se comprenaient plus. La Révolution avait creusé un gouffre entre cette toute jeune république et les vieilles monarchies du continent. Napoléon s'en était rendu compte en négociant avec les Autrichiens : ils parlaient un autre langage, se pliaient à d'autres usages. Que faire ? Détruire l'Europe des rois ? Faire de l'Europe *« une grande France »* ? Un jour de modération, il déclara devant le Conseil d'Etat que chacun devait faire un pas en direction de l'autre, faute de quoi jamais le dialogue ne pourrait être renoué ni la paix rétablie. La France devait répudier une partie de son héritage révolutionnaire, le reste de l'Europe adopter des principes plus libéraux. Plus tard, en fils du siècle des Lumières convaincu que les lois façonnent les mœurs et transforment les mentalités, il paria sur le Code civil que ses armées exportèrent aux quatre coins de l'Europe. N'avait-il pas appris de Montesquieu que l'Europe était, au moins par les mœurs, comme une grande famille ?

LA POLITIQUE DES « ROYAUMES FRÈRES »

Malheureusement, l'heure était à la guerre, pas à la paix. Ne pouvant ni vaincre l'Angleterre sur mer ni l'affronter sur terre, il se tourna tout naturellement vers la stratégie que lui dictaient à la fois l'infériorité de sa marine et l'écrasante supériorité de son armée de terre : conquérir l'Europe pour mettre les Anglais hors de combat et, comme dira Jacques Bainville, *« conquérir la mer par la terre »*. Ce n'est pas un hasard si le traité de Presbourg, signé avec l'Autriche le 26 décembre 1805, au lendemain de la bataille d'Austerlitz, marque un tournant. Les flottes française et espagnole viennent d'être envoyées par le fond à Trafalgar. Napoléon ne renoncera jamais à refaire une flotte française, mais il sait que cela prendra du temps pour retrouver la marine du temps de Louis XVI. La France, alors, grossit. Au système d'alliances qui avait suivi la paix de Lunéville (1801) succède la politique des réunions et des

COUP DUR Ci-dessus : ***Scène de la bataille de Trafalgar, le 21 octobre 1805*, par Auguste Mayer, 1836 (Paris, musée de la Marine). Malgré leur infériorité numérique, les Anglais du vice-amiral Nelson vont écraser les flottes française et espagnole.**

“L’alliance de Tilsit fut la grande illusion *du règne de Napoléon.”*

« royaumes frères » comme la Révolution avait eu ses « républiques sœurs ». Louis s’assied sur le trône de Hollande, son frère Joseph sur celui de Naples avant d’être transféré à Madrid et remplacé par Murat, Jérôme hérite d’un tout nouveau royaume de Westphalie, on arrange des mariages en Bavière et à Bade, l’Empire a presque digéré la botte italienne ; en 1809, c’en est fini de l’Etat romain. La France, directement ou indirectement, s’étend d’Amsterdam à Naples, de Cassel à Séville. Les autres Etats, Autriche ou Prusse, se recroquevillent tandis que l’Espagne et les Etats indépendants d’Italie disparaissent purement et simplement. La Pologne ressuscite, travestie en un grand-duché de Varsovie dont la couronne est placée sur la tête du roi de Saxe allié de la France. Une Europe prend forme, écrasée à l’ouest par la France aux cent trente départements de 1810, surveillée à l’est par la Russie.

Les philosophes du siècle des Lumières ont causé beaucoup de tort, on le sait. Le moindre ne fut pas de susciter, en France, un enthousiasme déraisonnable pour des souverains qui, parce qu’ils avaient la bonté de converser – Frédéric II avec Voltaire, la grande Catherine avec Diderot –, apparaissaient soudain comme l’incarnation du despote éclairé dont on attendait alors la solution à tous les problèmes. Se souvenant de Frédéric, les révolutionnaires avaient été passionnément pro-prussiens ; quant à la Russie, elle leur semblait encore préférable à l’Autriche des Habsbourg qui, depuis 1756, était l’alliée du roi de France. Lorsque Napoléon prit le pouvoir, la France comptait encore de nombreux partisans d’une alliance privilégiée avec la Prusse ou la Russie. La mauvaise volonté prussienne fit grimper la valeur d’une possible alliance russe. La victoire de Friedland contre la Russie, le 14 juin 1807, l’imposa.

On pourrait résumer l’alliance de Tilsit (signée le 7 juillet suivant), par laquelle l’Europe se trouvait prise en étau entre Paris et Saint-Pétersbourg, en disant qu’elle fut la *grande illusion* du règne de Napoléon. On ne peut contester que le jeune empereur de Russie, Alexandre, était fasciné par le conquérant. Mais cette fascination allait-elle jusqu’à le soumettre à l’Empereur ? Si l’autocrate russe ne marchandait pas ses éloges en public, en privé c’était autre chose. Sa correspondance transpire le mépris d’un homme bien né pour le parvenu corse et l’héritier de la Révolution. Napoléon ne pouvait pas, de son côté, ne pas être ébloui par cette Europe des rois qui faisait semblant de lui ouvrir les bras, alors qu’elle cédait seulement aux circonstances. Pour la séduire, il s’était même fait empereur en 1804, donnant du cousin à tous ces monarques de plus ou moins vieille race qui ne devaient jamais le considérer comme l’un des leurs. Un parvenu dangereux, certes, donc à ménager, mais un parvenu tout de même. L’alliance fut d’autant plus bancale dès le premier jour qu’en échange d’une vague promesse de seconder le tsar dans ses projets contre l’Empire ottoman, Napoléon demandait beaucoup.

Asphyxie générale

Depuis la fin de 1806, il avait, conséquence de Trafalgar qui livrait les mers aux navires britanniques, décidé de fermer le continent aux marchandises anglaises. Faute de pouvoir attaquer les Anglais chez eux ou dans leurs colonies, on allait asphyxier leur économie. Outre qu’il était matériellement impossible de fermer tous les accès du continent – jamais la contrebande ne fut plus active qu’à cette période de l’histoire –, aucune espèce d’alliance ne pouvait survivre aux exigences du gouvernement français : les Etats européens n’étaient-ils pas sommés d’accepter la ruine de leur commerce, dans l’intérêt d’une paix hypothétique ? La France n’avouait-elle pas elle-même combien le Blocus continental devait entraîner, avant la ruine de l’Angleterre, celle du continent, en délivrant à ses commerçants des licences qui leur permettaient de commercer avec Londres ? Même les napoléonides ruaient dans les brancards. En Hollande, Louis refusait de voir la misère submerger son royaume tout neuf ; Jérôme et Murat protestaient. Que dire des pays vassaux ou alliés ? L’Angleterre était le premier partenaire commercial de la Russie. A peine signée, l’alliance de Tilsit était compromise. Elle tint

tout de même quatre années. Il faut dire qu'en 1809, la victoire remportée par Napoléon contre l'Autriche à Wagram avait affermi la domination française sur le continent. Si l'on excepte l'Espagne, où les troupes du roi Joseph avaient maille à partir avec la guérilla, la France semblait invincible. Il y eut, après Wagram, une courte période d'environ un an où tout parut se figer : Napoléon n'avait plus d'adversaires sérieux sur le continent – on a beaucoup exagéré la menace espagnole –, il avait divorcé de Joséphine pour épouser l'une des filles de l'empereur d'Autriche. Celui-ci, qu'il avait si souvent humilié, était devenu *« mon cousin »*, et comme Marie-Louise était la petite-nièce de Marie-Antoinette, Napoléon ne parlait plus du défunt roi de France qu'en disant *« mon pauvre oncle »*. Comédie que tout cela. L'Europe rongeait son frein. Les déconvenues économiques du Blocus continental n'étaient pas seules en cause. Le mariage autrichien de l'empereur des Français était une humiliation infligée à la Russie qui, élue alliée privilégiée de la France en 1807, se voyait désormais en passe d'être supplantée par l'Autriche.

A partir de 1810, les relations virèrent à l'aigre entre Alexandre et Napoléon. Alexandre avait changé. Son entourage n'était plus le même. Aux partisans d'une Russie ouverte à l'ouest avait succédé un parti russophile qui persuadait le tsar qu'il était investi d'une mission, celle de chasser l'Antéchrist. L'esprit de la croisade se mêlait aux questions prosaïques. Napoléon, de son côté, comptant toujours sur son ascendant personnel et sur la valeur militaire de la Grande Armée, ne désespérait pas de ramener Alexandre à l'observation du traité de Tilsit.

On connaît la suite. La France impériale ne se releva pas de la campagne de Russie. Le compte à rebours était enclenché. Le Grand Empire de 1810 marcha à reculons, perdant ses possessions l'une après l'autre et se repliant pour finir derrière les frontières de 1789. Dans les derniers jours de 1813, l'Europe coalisée contre Napoléon franchit le Rhin. Cette fois, c'était fini. Le congrès de Vienne rétablit – plus ou moins – l'Europe de l'Ancien Régime.

A Sainte-Hélène, Napoléon évoqua un jour l'Europe qu'il s'était efforcé de bâtir. Au principe dynastique, expliqua-t-il, elle aurait substitué le principe des nationalités. La carte politique du continent en aurait été grandement simplifiée avec une Allemagne unifiée, une Italie unie,

ALLIANCES

Page de gauche, de haut en bas : *Rencontre de Napoléon et du tsar Alexandre Ier sur le Niémen le 25 juin 1807*, lithographie de Charles Motte (Moscou, musée Pouchkine) ; *Soldats français recherchant chez des commerçants à Leipzig des marchandises anglaises pendant le Blocus continental*, eau-forte de Christian G. H. Geissler, vers 1810 (Leipzig, Stadtgeschichtliches Museum) ; *Louis Bonaparte, roi de Hollande*, par Pierre Cartellier, 1808 (Versailles, musée du Château). Ci-dessus : *Mariage religieux de Napoléon Ier et de l'archiduchesse Marie-Louise, le 2 avril 1810*, par Georges Rouget, 1810 (château de Versailles).

Fin de partie

Ci-contre : *Le Congrès de Vienne pour la restauration de la liberté et de la justice en Europe*, 1815 (collection particulière). Debout, au centre, le tsar Alexandre Ier et, à sa gauche, l'empereur d'Autriche, François Ier, et le roi de Prusse, Frédéric-Guillaume III. En bas : *Le Voyageur*, par Ernest Meissonier, entre 1878 et 1890 (Paris, musée d'Orsay). Page de droite : caricature de Napoléon, 1814 (Paris, BnF). Le bicorne est un aigle défait ; le visage se compose des corps des victimes des campagnes de Russie et de Saxe ; l'épaulette est une main qui agrippe la confédération du Rhin ; l'araignée tisse sa toile du Rhin à l'Oder.

chacune soudée par une langue et des mœurs communes. Il est vrai qu'il a puissamment contribué, quoique par des voies tortueuses, à l'essor de l'idée d'une Italie unie, tout comme la simplification de la carte allemande au sein de la confédération du Rhin de 1806 avait esquissé les contours d'une seule Allemagne. Mais ses conquêtes avaient joué un rôle plus décisif encore : l'occupation militaire ou les alliances imposées avaient plus sûrement fait naître, dans toute l'Europe, un sentiment national dirigé d'abord contre l'hégémonie française. L'Empereur déchu n'avait en réalité rien perdu de son flair. Il avait compris de quoi serait fait le futur de l'Europe. Pourquoi ne pas s'en attribuer la paternité ? C'était une bombe qu'il jetait dans les jambes de ceux qui avaient cru pouvoir suspendre le cours de l'histoire.

Garibaldi en Italie, Bismarck en Allemagne, l'Europe vit se multiplier les petits Napoléon qui, chacun pour son compte, réalisèrent la prédiction de Sainte-Hélène. L'Empereur n'avait jamais eu d'autre but que d'assurer la prépondérance française sur le continent mais, sans l'avoir voulu, il avait préparé la chute de la veille Europe quand, le 2 décembre 1805 à Austerlitz, la Grande Armée avait mis en fuite les deux empereurs, François l'Autrichien et Alexandre le Russe. Ces derniers avaient finalement pris leur revanche. Napoléon était mort prisonnier. Il avait pourtant gagné la partie. Au mitan du siècle, rien ne restait plus ou presque de l'Europe d'avant 1789.

Directeur d'études à l'Ecole des hautes études en sciences sociales, Patrice Gueniffey a publié chez Gallimard une monumentale biographie de Bonaparte, une monographie sur La Politique de la Terreur, *et une histoire du* Dix-huit Brumaire *(« Les journées qui ont fait la France »). Il vient de rééditer* Le Nombre et la Raison, la Révolution française et les élections *(Cerf).*

HONI·SOIT
Weichsel R.
ODER
ELBE
WESER
RHINE
EHREFORT
Gr. Beeren
Denewitz
Leipzig
Lutzen
Culm
Hetnau
Katzbach
Hanau
Höchst
A R P S

UN AIR DE FAMILLE

PAR VINCENT HAEGELE

Si le clan Bonaparte a profité de la gloire de Napoléon, il a été l'instrument indispensable à l'exercice de son pouvoir.

© BRIDGEMAN IMAGES/LEEMAGE. © RMN-GRAND PALAIS/GÉRARD BLOT.

NOBLE ASCENDANCE

Ci-dessus : *Portrait de Charles Marie Bonaparte*, par Anne-Louis Girodet de Roussy-Trioson, 1806 (Ajaccio, Palais Fesch-musée des Beaux-Arts). Richesse du costume, épée, livres : tout dans ce portrait commandé par Napoléon vingt ans après la mort de son père insiste sur le fait que l'Empereur est le fils d'un personnage érudit de haut rang. Page de gauche : *Madame Mère*, par François Gérard, vers 1800-1804 (Edimbourg, National Galleries of Scotland). *« Madame Mère avait une âme forte et trempée aux plus grands événements »*, dira Napoléon à Sainte-Hélène.

Les Bonaparte ont-ils une histoire avant Napoléon ? La question mérite d'être posée, car rien ne prédisposait la renommée de ce petit clan à franchir les murs du préside d'Ajaccio. Pendant deux cents ans, ils ont participé de près ou de loin aux affaires de la ville, point de passage entre l'intérieur de l'île et la république de Gênes, puissance tutélaire. C'est d'ailleurs en entrant au service de la Banque et Office de Saint-Georges, l'organisme qui finance la politique génoise en Méditerranée, qu'un gentilhomme du nom de Francesco Buonaparte, soldat de métier, prend ses quartiers à Ajaccio au début du XVIe siècle. Il est l'ancêtre direct de Charles Marie, le père de Napoléon.

LES BONAPARTE À LA RECHERCHE DE LEUR HISTOIRE

L'identité des Bonaparte est assez plurielle : leur position insulaire et les aléas de l'histoire les amènent à se partager entre leur berceau corse, leurs racines italiennes et leur nouvelle fidélité envers le roi de France. En 1768, lors de la conquête de l'île par les troupes de Louis XV, Charles Marie s'est rallié au nouveau pouvoir, après avoir lutté aux côtés des frères Paoli, dont il était l'un des conseillers. Ce ralliement n'est pas pour autant une trahison ; Charles Marie a accompagné Pasquale Paoli, *u Babbu* ou « père » de la nation corse, jusqu'à son départ pour l'exil londonien. Ses moyens financiers ne lui permettaient pas de le suivre et l'auraient-ils pu, il n'est pas certain que Paoli l'aurait accepté. *U Babbu* espérait que la jeune garde qu'il avait commencé à faire émerger en Corse continuerait à porter la pensée éclairée qui était la sienne.

La reconnaissance de leur noblesse par le pouvoir royal ouvre les portes des grands établissements royaux aux enfants du clan : Joseph, Napoléon et Elisa partent pour la France. Le premier est scolarisé au collège d'Autun, le deuxième à Brienne, où s'écrivent les premières lignes de la légende à venir, et la troisième rejoint la maison royale de Saint-Louis, à Saint-Cyr, établissement réservé aux jeunes filles nobles mais pauvres. Leur mère éprouve du chagrin de les voir partir, mais comprend les raisons qui ont poussé son mari à faire de leurs enfants les instruments de leur ascension sociale. Las, le père de famille, accablé par les dettes et la maladie, meurt à l'âge de trente-huit ans, le 24 février 1785.

A défaut de fortune, Charles Marie lègue à ses enfants son expérience politique des différents régimes qui se sont succédé en Corse, l'histoire qu'il a construite de toutes pièces autour des racines toscanes de la famille (il passe une grande partie de sa vie à chercher la preuve d'un lien entre elle et celle d'un célèbre homonyme florentin du Moyen Age), ainsi qu'un solide sens de la débrouille sous toutes ses formes. Napoléon saura se départir de cet héritage pour créer un nouveau champ politique, aidé en cela par la Révolution, ce qui aura pour conséquence de reléguer Paoli, revenu en Corse en 1790, au rang de figure du passé et de l'Ancien Régime. Les Bonaparte embrassent franchement les idées de la République et fraient avec les jacobins, ce qui leur vaut de solides inimitiés dans l'île et des défaites électorales, avant d'être même expulsés du

DÉCORUM Ci-contre : *Joseph Bonaparte, roi d'Espagne*, par François Gérard, vers 1810 (Ajaccio, Palais Fesch-musée des Beaux-Arts). D'abord nommé roi de Naples, le frère aîné de Napoléon régna sur l'Espagne du 6 juin 1808 au 11 décembre 1813. Ci-dessus : *Le Cardinal Joseph Fesch, oncle de Napoléon*, par Pierre Paul Prud'hon, 1807 (château de Fontainebleau).

berceau de leur enfance, en 1793. La résilience, le courage et la hargne de triompher leur permettront de ne pas perdre pied, en plein milieu de la guerre civile que la Terreur a engendrée en France. Le siège de Toulon et, bientôt, les succès de la campagne d'Italie leur redonnent foi en leur destin, qui n'est plus insulaire mais national. En cela, ils ont réussi à écrire leur propre histoire.

NAPOLÉON, SES FRÈRES ET SES SŒURS : UNE RELATION POLITIQUE

Les victoires du général Bonaparte en Italie, dans le contexte troublé des guerres contre les monarchies européennes, se doublent d'une savante mise en scène de ces succès, ainsi que de l'élaboration d'un idéal politique dans lequel les membres de la famille ont tous un rôle à jouer. Ce sera une constante pendant les années à venir, avec ses récompenses, mais aussi ses punitions, si l'un ou l'autre s'avise de s'écarter du chemin tracé par celui qui s'est imposé comme le chef du clan.

Joseph n'est plus tout à fait l'aîné depuis longtemps. Cette place lui a été ravie par Napoléon bien avant le début de la Révolution, en 1784, lorsque, par défi mais aussi par conviction personnelle, il a refusé de suivre la carrière ecclésiastique qui avait été tracée pour lui. La proximité de la famille avec le gouverneur de la Corse, le comte de Marbeuf, aurait dû valoir à Joseph un évêché et les prébendes qui y étaient rattachées. En affirmant vouloir suivre sa propre voie, Joseph a déclenché une crise familiale qui n'est jamais que la première d'une longue suite : alors que Charles Marie se range à la volonté de son fils, Napoléon et son oncle, Joseph Fesch (demi-frère de Letizia Ramolino, né du remariage de sa mère avec un officier suisse), estiment que le jeune homme a renoncé à ses droits. L'oncle et le neveu lui en veulent surtout d'avoir laissé échapper de précieux revenus. Même si Joseph conservera sa vie durant une autorité morale incontestable auprès de ses frères et sœurs, il est probable que l'épisode a permis à Napoléon de s'imposer dès 1785 à la tête de la famille. Toutefois, il doit encore composer avec l'oncle Fesch, qui exerce une tutelle sur lui et ses frères, mais qui encourage leurs prédispositions pour la politique.

C'est sur la lice des affaires publiques, que Napoléon et Joseph se retrouvent dès 1789. La Révolution, à laquelle ils adhèrent, les pousse à faire cause commune pour imposer leur nom au cours des élections à venir. En se partageant les rôles, en investissant le terrain sous différentes formes (civile, militaire, économique, religieuse), ils construisent un efficace réseau où la notion de famille demeure la plus forte. Joseph se tourne vers la diplomatie, quand Napoléon, après deux années de vache maigre (1794-1795), prend la tête de l'armée d'Italie, à la faveur de son action déterminante à Paris lors des journées de Vendémiaire (4-5 octobre 1795) ; Lucien éprouve plus de difficultés, victime de ses fréquentations et opinions jacobines maladroitement revendiquées. Son exemple (il fait un court séjour en prison) sert d'avertissement aux autres membres du clan : il n'y aura pas de place pour le fanatisme ou l'extrémisme chez les Bonaparte, partisans d'une République modérée, éclairée et portant la lumière chez tous les peuples du monde.

Lucien ne tarde pas à se refaire une santé dans le monde troublé de la politique du Directoire. Avec Joseph, il est élu député des Cinq-Cents, profitant de la gloire méritée de leur frère. Ils seront tous deux les chevilles ouvrières de l'entreprise qui conduit, à la fin de l'année 1799, à la chute d'un régime honni par la population et à l'avènement de la République consulaire, dont Napoléon prend la tête avec un programme qui tient en quelques mots : fermer le cycle révolutionnaire, mettre fin à l'instabilité, imposer la France à l'Europe comme la première puissance du continent.

De 1800 à 1804, le programme est suivi à la lettre, avec quelques turbulences. Le triumvirat formé par Joseph, Napoléon et Lucien s'accommode mal de trop fortes personnalités. Dès la fin de l'année 1800, Lucien est écarté du ministère de l'Intérieur et, peu de temps après, de toute responsabilité. Son tort ? Avoir voulu épouser la femme qu'il aime, Alexandrine de Bleschamp, choix non approuvé par Napoléon. Le cadet des Bonaparte, Jérôme, subit les mêmes foudres pour avoir passé outre les formes et épousé une Américaine, Elizabeth Patterson, sans consentement du chef de famille. La conséquence de ces dissensions apparaît lors des cérémonies du sacre de 1804 : il manque Lucien, Jérôme, mais aussi Letizia, « Madame Mère » comme on l'appelle désormais, qui a marqué sa désapprobation en restant à Rome. Cette dernière n'apprécie pas la rupture avec Lucien, tout comme elle n'accepte pas la place réservée à Joséphine dans la cérémonie.

Figure discrète, Letizia n'en demeure pas moins une autorité morale dans le clan et il lui arrive de s'emporter lorsqu'elle estime que l'étiquette étouffe les relations familiales. Napoléon, quant à lui, estime que sa mère lui a toujours préféré Joseph. *« C'est le fils de la poule blanche »*, dit-il un jour, en reprenant une vieille expression latine désignant ceux qui sont favorisés par la chance. Sous la couronne impériale, les sentiments nés de l'enfance n'en sont pas moins vifs.

La question des mariages est complexe, voire douloureuse au sein du clan, car Napoléon s'est très tôt mis en tête de régenter les destins matrimoniaux de ses frères et sœurs, quand son propre mariage avec Marie Rose « Joséphine » de Beauharnais n'a pas fait l'unanimité chez les siens. En 1795, il s'oppose par deux fois à l'union de Pauline d'abord avec un négociant, puis avec le conventionnel Fréron. En 1797, il mène une bataille, cette fois perdue, contre sa propre mère au sujet du mariage d'Elisa avec Félix Baciocchi, un officier corse sans grande envergure, mais qui appartient à un puissant clan. Il impose en retour le fidèle Leclerc comme époux de Pauline, avant de céder, au début de l'année 1800, aux injonctions de Murat qui exige la main de Caroline pour prix de la fidélité manifestée lors du coup d'Etat de brumaire. Plus tard, il marie d'autorité son frère Louis avec sa belle-fille, Hortense de Beauharnais, faisant deux malheureux d'un coup, puis se lance dans une politique matrimoniale digne des anciennes familles royales en remariant Pauline, veuve de Leclerc, avec le prince Borghèse et Jérôme avec la princesse Catherine de Wurtemberg. Seul Lucien échappe à cette frénésie, et en paie le prix fort.

Joseph, dans tout cela, tente d'apaiser ce qui peut l'être et de maintenir les liens distendus par le temps et la politique. Il affirme ne nourrir aucune ambition personnelle. De son mariage avec Julie Clary, descendante de l'aristocratie négociante de Marseille, ne sont nées que deux filles.

L'INSOUMIS Ci-contre : *Portrait de Lucien Bonaparte, esquisse*, par François-Xavier Fabre, 1808 (Montpellier, musée Fabre). Révolutionnaire, député, président du Conseil des Cinq-Cents, sauveur du coup d'Etat du 18 Brumaire, il fut ministre de l'Intérieur à seulement vingt-quatre ans avant d'être écarté par Napoléon. Son mariage, que Napoléon réprouve, entraînera la rupture entre les deux frères et l'exil de Lucien en Italie.

NOUVELLE SÉMIRAMIS Ci-contre : *Buste d'Elisa Bonaparte, princesse Baciocchi, grande-duchesse de Toscane*, par Lorenzo Bartolini d'après Joseph Chinard, vers 1810 (Rueil-Malmaison, Musée national des châteaux de Malmaison et de Bois-Préau). Protectrice des arts et des lettres, l'aînée des sœurs Bonaparte se révéla une administratrice avisée des territoires qui lui furent confiés. En bas : *Jérôme Bonaparte, roi de Westphalie, avec son épouse Catherine de Wurtemberg*, par François-Joseph Kinson, 1810 (Versailles, musée du Château). Page de droite : détail de *La Reine Caroline Murat*, par Jean-Auguste-Dominique Ingres, 1814 (collection particulière). La plus jeune sœur de Napoléon, qui monta sur le trône de Naples en 1808, s'est fait représenter dans le grand cabinet du palais royal, qui offre une vue splendide sur la baie de Naples et le Vésuve.

Or Napoléon a restauré la primogéniture mâle dans les lois de succession. Joseph se targue néanmoins d'incarner une ligne modérée, plutôt libérale, accommodant l'héritage révolutionnaire avec le retour de pratiques plus aristocratiques, survivances de l'Ancien Régime : dans son château de Mortefontaine, au nord de Paris, il réunit des artistes, des penseurs et des philosophes. C'est dans ce même château qu'est conclu le premier traité de paix postrévolutionnaire, entre la France et les Etats-Unis, qui met fin à la *Quasi-War* qui opposaient les deux puissances. Napoléon connaît les qualités de son frère – ses talents de diplomate sont appréciés au cours des négociations de Lunéville et d'Amiens –, mais aussi les faiblesses, à commencer par sa vanité, qui lui joue bien des tours. Il se révèle toutefois un excellent administrateur lorsque les circonstances le conduisent sur le trône de Naples, en 1806. Renouant avec un climat qui lui rappelle ses jeunes années corses, appelé à réformer un royaume au fonctionnement médiéval, traversé par les violences, il se dégage de la spirale de la répression pure et dure pour mener des travaux ambitieux, à commencer par l'introduction du Code civil de son frère.

Armés de cette nouvelle bible, les souverains napoléoniens « évangélisent » l'Europe. Elisa est la première à ouvrir le bal à Lucques, où elle éclipse bien vite son mari pour faire de cette petite république une principauté dont le modèle est ensuite étendu à la Toscane, qu'elle administre à compter des années 1808-1809. Elle laissera l'image d'une souveraine moderne, assez inflexible, protectrice des arts et des lettres. Dans sa correspondance, Louis de Fontanes, grand maître de l'Université française, la qualifie de nouvelle « Sémiramis » et regrette qu'elle n'ait pas à gouverner davantage de territoires. Sa sœur cadette Caroline l'imite, non sans mal, devant compter avec un mari nettement plus flamboyant et peu disposé à partager le pouvoir. Remplaçant Joseph à Naples, après que celui-ci a été appelé en Espagne pour une expédition catastrophique, le couple Murat poursuit l'œuvre de ce dernier, en nourrissant l'ambition, de moins en moins dissimulée, de donner à leur royaume une indépendance complète du système napoléonien.

Les choses sont moins aisées en Europe du Nord, où Louis et Jérôme, qui règnent sur la Hollande et la Westphalie, doivent composer avec la présence de Napoléon dans un contexte économique tendu. Devant mettre en place la politique de blocus contre les marchandises britanniques, ils portent atteinte aux intérêts de leurs propres sujets, que les promesses de liberté n'abusent plus. Bien au contraire, alors que la répression s'intensifie en Hollande et dans le nord de l'Allemagne contre la contrebande, la France est davantage perçue comme une puissance occupante. Les idéaux s'effritent, le moral des rois du « système de famille » aussi, ce qui donne lieu à des tensions inévitables : en 1810, Louis renonce au pouvoir en Hollande ; en 1811, Joseph menace de l'imiter en Espagne ; la même année, Murat tente un coup de force à Naples pour obliger les fonctionnaires français à choisir entre son service et celui de Napoléon ; des émeutes éclatent dans le grand-duché de Berg, ancienne possession des Murat depuis dévolue au fils de Louis et au caractère nettement antifrançais.

Aussi, les désastres de Russie (1812) et d'Allemagne (1813) fragilisent-ils le grand édifice : en Italie, Murat ne fait plus mystère de ses intentions d'émancipation. Le beau-fils de Napoléon, Eugène, qui occupe les fonctions de vice-roi à Milan, est lui aussi tenté par l'aventure personnelle en 1814, lorsque les puissances coalisées entrent en France. Paradoxalement, les défaites renforcent aussi la solidarité

familiale à l'autre bout de la chaîne : Louis revient en France, tandis que Joseph tait sa rancune et accepte d'aider sa belle-sœur, l'impératrice Marie-Louise, dans ses tâches de régente. Il le fait néanmoins avec de telles arrière-pensées que Napoléon conseille à sa femme d'ignorer ce qu'il pourra lui dire.

La première abdication de Napoléon précipite la famille à nouveau sur les routes de l'exil, entre Suisse et Italie. Les Murat ont tenu bon à Naples, mais au prix de compromissions qui leur valent le triste rôle de parias, autant aux yeux des anciens bonapartistes que des souverains fraîchement restaurés. Comprenant qu'il a été la dupe des alliés, le roi de Naples se rapproche de Napoléon en vue d'un coup de force de la dernière chance. Ils échouent tous les deux, tant à la bataille de Tolentino, en mai 1815, qu'à Waterloo, un mois plus tard. Pendant les mois où il a résidé, contraint et forcé, à l'île d'Elbe, Napoléon aura pu compter sur l'affection et le soutien de sa sœur Pauline, qui a été la plus fidèle d'entre tous, tout en menant une vie assez libre, dégagée des obligations de gouvernement. Pauline incarne à la perfection la flamboyance et les failles d'une famille que les circonstances ont portée à des sommets impossibles à imaginer. La légende a statufié nombre des Bonaparte dans leurs défauts, amplifiés par les jugements portés par Napoléon sur les siens à Sainte-Hélène. C'est un peu oublier combien sa famille a été indispensable à la construction de sa gloire, même si elle n'a pu contribuer à fonder une dynastie pérenne.

Archiviste paléographe, Vincent Haegele est conservateur des bibliothèques de Versailles. Il a été l'éditeur de la correspondance entre Napoléon et Joseph Bonaparte (Tallandier). Il a publié une biographie de Murat (Perrin) et une étude sur Napoléon et les siens, un système de famille *(Perrin).*

Les nids de l'Aigle

PAR CHARLES-ÉLOI VIAL

De sa maison natale d'Ajaccio aux palais impériaux de Fontainebleau ou de Saint-Cloud, en passant par ses résidences éphémères d'Italie ou de Belgique, l'Empereur a imprimé sa marque à tous les lieux qui l'abritèrent.

STUDIEUX Le remaniement du Grand Trianon fut décidé par Napoléon en 1808. Mais son cabinet particulier ne vit le jour qu'en 1812, à l'emplacement de la chambre de Madame de Maintenon.

D'UN CHÂTEAU L'AUTRE **En haut :** ***Maison natale de Napoléon à Ajaccio,*** **huile sur papier anonyme (Arenenberg, Napoleonmuseum Thurgau). Plutôt modeste, comparée aux palais où vécut l'Empereur, elle suscita pourtant rapidement l'intérêt des visiteurs. Ci-dessus : bibliothèque du château de Malmaison. Aménagée par Percier et Fontaine, elle servit de cabinet de travail au Premier consul. Ci-contre :** ***Napoléon Bonaparte en général en chef de l'armée d'Italie,*** **par Jean-Sébastien Rouillard (Versailles, musée du Château). Page de droite : détail de** ***Vue cavalière du château, jardins bas et de la ville de Saint-Cloud,*** **par Etienne Allegrain, vers 1675 (Versailles, musée du Château). Devenu trop petit, Malmaison fut délaissé dès 1802 au profit de Saint-Cloud, ancienne résidence royale que Napoléon fit réaménager à grands frais.**

“En montant sur le trône, Napoléon avait récupéré les anciens palais de Louis XVI.”

Le chemin est long de la Casa Bonaparte d'Ajaccio jusqu'à Longwood House. En un peu moins de cinquante-deux ans, Napoléon aura dormi dans bien des lits, logé dans des centaines de maisons, châteaux, chaumières ou baraques, comme en témoignent les nombreuses plaques qui en bardent les façades dans toute l'Europe, commémorant une nuit de veille ou l'aube d'une bataille. Depuis ses premières victoires, ses admirateurs comme ses adversaires ont visité avec intérêt ces lieux, cherchant à discerner dans les décors, la disposition des meubles ou des bibelots, un quelconque indice qui leur livrerait la clé du génie qui dévorait l'âme du grand homme. Né au moment où la légende de l'Aigle prit son essor, le « tourisme napoléonien » n'a pas pris une ride.

DE LA CASERNE AUX PALAIS

La maison de la rue Malerba où le futur empereur vit le jour le 15 août 1769 n'a rien de remarquable ; sa banalité même ayant suscité l'émerveillement des visiteurs qui purent y pénétrer dans les décennies qui suivirent. Ses demeures ultérieures sont moins connues, que ce soit à Autun, Brienne ou même à l'Ecole militaire de Paris : par leur simplicité, ces logements sans faste appelaient l'oubli, leur disparition contribuant au mystère dont la jeunesse de « Buonaparte » est nimbée. La tentative de reconstitution de sa chambre à Auxonne, un de ses premiers lieux de garnison, témoigne de sa jeunesse ordinaire, à la fois pauvre et studieuse. La Révolution mit le jeune militaire sur les routes, en Corse d'abord, puis après 1793 en Provence, entre Antibes, Marseille et Nice, avant son retour à Paris en 1795. Précédé par sa réputation naissante, le jeune général sauva la République en réprimant l'insurrection royaliste du 13 Vendémiaire, puis épousa la belle Joséphine et emménagea rue de la Victoire, dans une maison aujourd'hui disparue. Vinrent ensuite l'Italie et ses palais, l'Egypte, un retour en France suivi d'un coup d'Etat, puis l'installation au Petit-Luxembourg et enfin aux Tuileries.

En parallèle à la vie de cour qui commença à s'esquisser dès 1800 dans l'ancien palais des rois, le Premier consul prit des habitudes plus champêtres à Malmaison, le petit château de Joséphine. Entre autres travaux, les architectes Percier et Fontaine aménagèrent un cabinet de travail orné de peintures murales et de boiseries, qui ressemblait, selon certains contemporains, à une sacristie. Le château devenant trop petit, Bonaparte ne tarda pas à investir Saint-Cloud, ancienne résidence royale. La galerie d'Apollon, le salon de la Vérité : autant de pièces somptueusement restaurées, où se mêlaient les tapisseries et objets d'art hérités des rois, les tableaux saisis en Italie et les meubles de l'ébéniste Jacob. Un lit en bois doré a été récemment identifié par le Centre des monuments nationaux, révélant que le Premier consul s'était bien fait aménager une chambre de parade au premier étage, inspirée de Versailles.

Après 1804, les Tuileries furent adaptées à la pompe impériale. Il fallut diviser certaines pièces des Grands Appartements afin de créer des salons et l'ancienne chambre de parade du roi fut transformée en salle du trône. L'Empereur et l'Impératrice furent les premiers monarques à bénéficier d'un confort presque moderne, avec salles de bains, chauffage au poêle, vitrages doubles et corridors de service dissimulant les allées et venues des domestiques logés dans les combles. Saint-Cloud fut également remeublé à partir de 1807. Comme sous l'Ancien Régime, on revit des « meubles d'étiquette » : les fauteuils étaient réservés au couple impérial, les chaises aux princes et princesses et les pliants et tabourets à la Cour, sans oublier les banquettes dans les antichambres. De 1804 à 1814, l'Aigle dépensa soixante-deux millions de francs pour les bâtiments et cinquante autres en meubles, tableaux et objets d'art.

LES PALAIS DE GOUVERNEMENT

En montant sur le trône, Napoléon avait récupéré les anciens palais de Louis XVI, abandonnés depuis 1792. La première résidence qu'il s'appropria était aussi la plus ancienne : il s'agit de Fontainebleau, où il séjourna la première fois les 28 et 29 juin 1804. Après une nuit passée sur un lit de camp, il décida de restaurer le château afin d'y accueillir le pape, invité pour le sacre. L'architecte Fontaine dut presser les entrepreneurs, mais Napoléon put recevoir dignement Pie VII le 25 novembre. Fontainebleau devint le séjour d'automne favori de la Cour. Une salle du trône fut aménagée ainsi que des Petits Appartements au rez-de-chaussée. Les séjours de 1807, 1809 et 1810, où figurèrent les membres de la famille impériale ainsi que des monarques étrangers, comptent parmi les plus brillants. Le 4 novembre 1810, Napoléon y fit ainsi baptiser son neveu, le futur Napoléon III. L'Aigle passa en tout cent soixante-dix-sept jours dans cette vaste demeure. Les murs séculaires lui rappelaient qu'il avait pris la suite de rois prestigieux qui avaient

tous aimé et agrandi le vieux château. En les imitant, Napoléon eut à son tour le sentiment d'entrer dans l'histoire de France, ce qui exacerba peut-être sa crainte d'en sortir prématurément : en plein déclin de l'Empire, en 1813, il se serait exclamé : *« Mon jardin, c'est la forêt de Fontainebleau et je n'en veux pas d'autre ! »* En 1814, après son abdication, il tergiversa durant quatorze jours, s'accrochant de toutes ses forces à ce palais qui symbolisait à ses yeux le pouvoir souverain, avant de se résigner à partir le 20 avril pour son premier exil à l'île d'Elbe. Pour lui, Fontainebleau fut toujours, comme il le dit à Sainte-Hélène, *« la vraie demeure des rois, la maison des siècles »*.

Le goût de Napoléon pour les courts séjours en petit comité dans des châteaux de plaisance est plus rarement évoqué. Certains courtisans purent pourtant le voir se délester du fardeau du gouvernement, rire, jouer aux cartes, aux quilles ou au jeu de paume, danser, chasser à tir et à courre. Délaissant Malmaison sous l'Empire, Napoléon privilégia d'abord Rambouillet. La demeure avait vu mourir François Ier en 1547 avant d'être occupée par les Bourbon-Penthièvre puis par Louis XVI. Début 1805, l'architecte Trepsat eut la mauvaise idée d'entamer la démolition du château, dont il ne souhaitait conserver que l'ancienne tour crénelée qu'il voulait transformer en pavillon de jardin, rêvant de construire un bâtiment au goût du jour. Le maréchal Berthier arriva à temps pour sauver deux des trois ailes du château. Sensible au goût naissant pour le Moyen Age, l'Empereur eut ainsi sa petite demeure médiévale. Le poste de garde à l'entrée du château, orné de timides arcs brisés, est le premier témoignage du néogothique en France ! Un nouvel architecte, Famin, aménagea une salle de bains ornée de fresques dans le goût néopompéien. Des médaillons peints représentaient les membres de la famille impériale, ce qui déplut à Napoléon : *« La première fois qu'il entra dans la salle de bains, il s'arrêta tout court à la porte, et jeta les yeux autour de lui avec toutes les marques de la surprise et du mécontentement. J'en cherchai aussitôt la cause, en suivant la direction des regards de Sa Majesté, et je vis qu'ils s'arrêtaient sur divers portraits de famille que l'architecte avait fait peindre sur les murs de la salle. C'était ceux de Madame Mère, des sœurs de Sa Majesté, de la reine Hortense. (...)* "Quel est, *dit Sa Majesté*, l'imbécile qui a pu avoir une pareille idée ? Qu'on fasse venir le peintre et qu'il efface tout cela. Il faut avoir bien peu de respect pour les dames pour commettre une pareille indécence." *»* Les portraits furent remplacés par des paysages. Les appartements étaient petits et humides, mais la vie de cour plaisante, comme le raconte l'ambassadeur de Russie : *« Après le café, (...) l'Empereur fit apporter des tables de jeu pour le vingt-et-un, auquel il prit part lui-même, aussi bien que les princesses. Pendant le jeu, il ordonna de faire venir le maître de chapelle Paër, pour lui faire toucher du piano et chanter quelques airs. Il cessa ensuite le jeu et engagea la reine d'Hollande et sa sœur à chanter aussi. Il proposa après cela de petits jeux auxquels il prit part avec beaucoup de gaieté »*. Napoléon revint à Rambouillet en mars 1809, en février, juillet et août 1810, puis en mai et août 1811, faisant même construire un petit « palais » pour son fils.

LA MAISON DES SIÈCLES **Page de gauche : salle du trône du château de Fontainebleau. Aménagée en 1808 dans l'ancienne chambre royale d'un château où Napoléon voyait *« la vraie demeure des rois, la maison des siècles »*, elle est la seule aujourd'hui conservée en France dans son état historique. Ci-dessus : salle de bains de Napoléon au château de Rambouillet. Créée par l'architecte Famin et décorée dans le style néopompéien, elle fut d'abord ornée de médaillons représentant les membres de la famille impériale. A la demande de l'Empereur, ceux-ci furent finalement remplacés par des paysages. Ci-contre : ancienne chambre de l'impératrice Marie-Thérèse d'Autriche au château de Schönbrunn, à Vienne, où Napoléon dormit en 1805. C'est dans cette même chambre que son fils, l'Aiglon, devenu duc de Reichstadt, devait mourir en 1832.**

LES PALAIS D'UN CONQUÉRANT

Pendant que les architectes et ébénistes travaillaient à réaménager ses demeures françaises, l'Aigle entamait une inhabituelle tournée des palais européens. Après avoir mis les Habsbourg en fuite, il logea à Schönbrunn en 1805, dormant dans la chambre où son fils, le petit Aiglon, devait rendre le dernier soupir en 1832. Il passa ensuite à Potsdam en 1806 et visita les appartements de Frédéric II de Prusse, osant s'emparer de livres annotés par le vieux roi, de son ceinturon et de son épée, avant de méditer sur le tombeau du stratège, qu'il admirait. Après son entrée triomphale dans Berlin le 27 octobre, il s'installa au palais royal, reçut ses ministres, une délégation du Sénat. De retour à Vienne en 1809, il humilia encore son adversaire en faisant illuminer sa capitale le 15 août pour la Saint-Napoléon. Il ne fallut rien de moins que la tentative d'assassinat de l'étudiant Staps, le 12 octobre suivant, pour refroidir son orgueil.

Plusieurs témoignages ont conservé le souvenir des « palais » éphémères qu'il occupa durant ses guerres. Un château, une chambre d'auberge ou une simple maison, devenait pour quelques heures le cœur du Grand Empire : *« Lorsque l'Empereur passait la nuit dans une pièce, ceux qui étaient chargés de faire son logement jetaient par la fenêtre, pour plus de rapidité, tous les meubles qui s'y trouvaient, jusqu'à ce que la pièce fût complètement mise à nu, et y disposaient en place le légendaire petit mobilier de campagne »*, raconte le préfet Plancy. Ces logements ont presque tous disparu, telle la bergerie de Meusdorf, où l'Empereur se reposa au soir de la bataille de Leipzig, le 16 octobre 1813... D'autres subsistent, plus impressionnants, comme l'abbaye de Melk en Basse-Autriche, où il logea en 1805 et 1809. Les tentes de campagne, que le frileux Napoléon n'aimait guère, ne procuraient qu'un confort relatif, même si le maître était mieux loti que son secrétaire : *« C'était le soir d'une grande bataille ; la tente s'était longtemps fait attendre ; elle était à peine dressée que je m'étais déjà glissé sous les toiles, et dans l'accablement du sommeil qui me poursuivait, j'avais cru m'endormir sur quelque portemanteau des équipages : qu'on juge de mon réveil ! L'oreiller de la nuit n'était qu'un mort frais de la veille ! »*

Au fil de ses guerres, on le vit encore loger chez ses alliés allemands, au château de Ludwigsburg près de Stuttgart, à Nymphenburg, non loin de Munich, Moritzburg en Saxe, ou au palais Marcolini de Dresde, où eut lieu, le 26 juin 1813, sa légendaire entrevue avec Metternich, esclandre long de huit heures où les deux politiciens géniaux s'invectivèrent, l'un refusant de signer la paix, l'autre lui lançant à la face : *« Sire, vous êtes perdu ! »* L'Histoire a oublié ces séjours brefs dans des palais baroques, au goût typiquement germanique, surchargés de stucs et de dorures. L'Empereur demanda pourtant à ce qu'ils fussent représentés sur les assiettes de son service en Sèvres. Curieusement, les sites Internet de ces demeures ouvertes au public passent sous silence cet illustre occupant... Même celui du Kremlin, que Napoléon détestait et qu'il fit en partie sauter à son départ de Moscou en 1812, évite de parler du grand vaincu !

"Napoléon disposa de quarante-quatre palais qui couvraient la surface de l'Empire."

Les résidences de l'apogée

Dans la seconde partie du règne, les résidences occupées du temps de Joséphine furent éclipsées par de nouvelles demeures, le mariage avec l'archiduchesse Marie-Louise ayant consacré le retour à une vie de cour traditionnelle. Ce fut le cas de Trianon, où Napoléon logea du 15 au 26 décembre 1809, immédiatement après son divorce d'avec Joséphine. Il aurait été incommodé par l'odeur de peinture fraîche qu'il détestait, mais il tomba sous le charme de l'ancien château de Louis XIV. Les appartements en enfilade étaient situés en rez-de-chaussée, ce qui répondait parfaitement aux habitudes de l'Empereur, qui aimait son confort et ses promenades dans le jardin. Les ébénistes Jacob-Desmalter et Marcion furent sollicités pour fournir l'ameublement nécessaire au Grand Trianon pour *« cinq appartements de prince, vingt appartements de maître, trente appartements de suite et deux cents à deux cent cinquante domestiques »*, autrement dit une suite réduite. Le décor constitue un des sommets du style Empire, avec des teintes audacieuses pour la chambre du maître, jaune et violet à motifs d'étoiles ! Le prince autrichien Charles de Clary raconte que les appartements étaient *« meublés avec un luxe de conte de fées. L'Orient n'a jamais connu, je crois, rien d'aussi beau en bronzes, velours brodés, porcelaines, peintures, parquets, cheminées, et tout est du meilleur goût »*. Le Petit Trianon avait déjà été remeublé pour Pauline Bonaparte en 1805 par Boulard, l'ancien valet de chambre tapissier de Marie-Antoinette, mais le Hameau de la reine fut restauré pour sa petite-nièce Marie-Louise. L'Empereur se pencha au même moment sur des projets de réaménagement du « grand » château de Versailles voisin à partir de 1810 et rêvant de faire édifier dans le parc des réductions des monuments des capitales de l'Europe. De belles fêtes y furent données, comme celle du 25 août 1811, pour la fête de l'impératrice, où Stendhal, présent parmi des milliers de curieux, vit les illuminations nocturnes du bassin de Neptune et le couple impérial se promener à bord d'une calèche. De retour de la campagne de Russie, Napoléon fit un dernier long séjour de trois semaines à Trianon en mars 1813. Il y prépara la campagne de Saxe, dans une atmosphère crépusculaire de printemps pluvieux

Un autre palais eut aussi les faveurs de l'Empereur. Il s'agit de Compiègne,

© CHÂTEAU DE VERSAILLES/THOMAS GARNIER.

reconstruit pour Louis XV par l'architecte Gabriel dans le style néoclassique, transformé en école sous le Consulat et restauré dès 1807 par Louis-Martin Berthault, architecte de Joséphine. Le château servit brièvement à loger le roi détrôné Charles IV d'Espagne, avant le premier séjour de la Cour au printemps 1810 : l'Empereur y accueillit Marie-Louise quelques jours avant leur mariage, en écho de la rencontre entre le futur Louis XVI et Marie-Antoinette en 1770. Les Grands Appartements furent luxueusement aménagés, notamment les chambres de parade de l'Empereur et de l'Impératrice, au mobilier doré et aux murs tendus de soie cramoisie. Napoléon y revint du 29 août au 19 septembre 1811 avec le petit roi de Rome, mais les aménagements allaient encore bon train en 1813, quand Jérôme Bonaparte s'y réfugia après la perte de son royaume de Westphalie.

L'Empereur est partout chez lui

Au cours de ses déplacements officiels, l'Empereur logea dans bon nombre de bâtiments publics, dont quelques-uns existent encore, comme la préfecture maritime de Rochefort ou celle de la Haute-Garonne à Toulouse, visitées en 1808. Il eut aussi à sa disposition des palais dans les départements, à Bordeaux, Bayonne et Strasbourg, et dans les pays réunis à la France, en Italie, Belgique et Hollande. En tout, quarante-quatre palais couvraient la surface de l'Empire. Il n'eut pas le temps de tous les occuper, mais certains, comme le palais de Strasbourg – actuel palais Rohan, musée des Beaux-Arts de la ville – ou encore le quartier général de Mayence, ancien hôtel des Chevaliers teutoniques, servirent au début et à la fin des campagnes. Anvers et Amsterdam furent visités à l'occasion de voyages officiels, comme Milan, Turin et Venise. Celui du Quirinal à Rome fut somptueusement meublé et resta vide, profitant par la suite au pape puis aux chefs d'Etat italiens. Le plus pittoresque fut peut-être Stupinigi, près de Turin, demeure baroque abandonnée par les rois de Sardaigne, un peu délabrée, où Napoléon séjourna en 1805, son valet Constant ayant gardé le souvenir d'un étrange quiproquo nocturne, l'Aigle étant allé visiter une dame du palais de Joséphine pour trouver la place déjà occupée par un de ses aides de camp. Le plus somptueux fut le palais de Laeken, près de Bruxelles, acheté en 1804. La Cour s'y rendit en 1810 et 1811, mais le palais fut cédé l'année suivante à Joséphine en échange de l'Elysée, qui fut un éphémère palais impérial. Laeken revint finalement au roi des Pays-Bas en 1814. Napoléon avait d'ailleurs prévu de s'y installer en cas de victoire à Waterloo… Ses aménagements bénéficient aujourd'hui au roi des Belges, tandis que les occupants de l'Elysée profitent du

SECRETS D'ALCÔVE Dans la seconde partie de son règne, marquée par son mariage avec Marie-Louise en 1810, Napoléon reprit une vie de cour traditionnelle et fit pour cela remeubler le Grand Trianon *(page de gauche, le péristyle)*. Son décor est un sommet du style Empire, comme on le voit dans la chambre de l'Empereur du Petit Appartement *(en haut)*. Ancienne chambre de Louis XV, elle fut tendue de splendides étoffes de moire « bois de citron » à bordure de brocart lilas et argent, qui avaient été tissées à Lyon pour Joséphine en 1807 et furent réutilisées ici en 1809. C'est entre le 15 et le 26 décembre de cette année-là, immédiatement après son divorce d'avec Joséphine, que Napoléon logea pour la première fois à Trianon. Ci-dessus, à gauche : chambre de parade de Marie-Louise au château de Compiègne, avec son mobilier de bois doré, recouvert de soie cramoisie. A droite : résidence de chasse des rois de Sardaigne, le palais de Stupinigi, près de Turin, accueillit Napoléon en 1805.

VISITE GUIDÉE Ci-contre : *Napoléon dans son cabinet de travail*, par Jacques-Louis David, 1812 (Washington, National Gallery of Art, Samuel H. Kress Collection). Ci-dessus : *La Députation du Sénat romain offrant ses hommages à l'empereur Napoléon Ier dans la salle du trône du palais des Tuileries, le 16 novembre 1805*, par Innocent-Louis Goubaud, 1807 (Versailles, musée du Château). Sous l'Empire, les Grands Appartements des palais des Tuileries et de Saint-Cloud furent ouverts au public les jours de fête, tandis que la visite des Petits Appartements était réservée à quelques privilégiés. En bas : éphémère palais impérial à partir de 1812, l'Elysée abrite toujours le sublime boudoir d'Argent, où Napoléon signa sa seconde abdication, le 22 juin 1815.

SECRETS D'ALCÔVE Dans la seconde partie de son règne, marquée par son mariage avec Marie-Louise en 1810, Napoléon reprit une vie de cour traditionnelle et fit pour cela remeubler le Grand Trianon *(page de gauche, le péristyle)*. Son décor est un sommet du style Empire, comme on le voit dans la chambre de l'Empereur du Petit Appartement *(en haut)*. Ancienne chambre de Louis XV, elle fut tendue de splendides étoffes de moire « bois de citron » à bordure de brocart lilas et argent, qui avaient été tissées à Lyon pour Joséphine en 1807 et furent réutilisées ici en 1809. C'est entre le 15 et le 26 décembre de cette année-là, immédiatement après son divorce d'avec Joséphine, que Napoléon logea pour la première fois à Trianon. Ci-dessus, à gauche : chambre de parade de Marie-Louise au château de Compiègne, avec son mobilier de bois doré, recouvert de soie cramoisie. A droite : résidence de chasse des rois de Sardaigne, le palais de Stupinigi, près de Turin, accueillit Napoléon en 1805.

VISITE GUIDÉE Ci-contre : *Napoléon dans son cabinet de travail*, par Jacques-Louis David, 1812 (Washington, National Gallery of Art, Samuel H. Kress Collection). Ci-dessus : *La Députation du Sénat romain offrant ses hommages à l'empereur Napoléon Ier dans la salle du trône du palais des Tuileries, le 16 novembre 1805*, par Innocent-Louis Goubaud, 1807 (Versailles, musée du Château). Sous l'Empire, les Grands Appartements des palais des Tuileries et de Saint-Cloud furent ouverts au public les jours de fête, tandis que la visite des Petits Appartements était réservée à quelques privilégiés. En bas : éphémère palais impérial à partir de 1812, l'Elysée abrite toujours le sublime boudoir d'Argent, où Napoléon signa sa seconde abdication, le 22 juin 1815.

l'espérance et la gloire." Napoléon

mer), mais un seul se défile, le médecin Louis Pierre Maingault. Pour le remplacer, Napoléon accepte les services de l'Irlandais Barry O'Meara, le chirurgien du navire sur lequel il s'est rendu, le *Bellerophon.* Il n'aura pas à le regretter tant les deux hommes deviendront proches.

ENCHAÎNER UN GÉANT

Après avoir appris sa déportation, Napoléon reste prostré dans sa cabine, parle même de suicide avec Las Cases, mais, très vite, se reprend : *« il est pénible et difficile de quitter l'espérance et la gloire »,* confie-t-il à celui qui est devenu son secrétaire. Magnifique phrase à la hauteur du personnage. Agé seulement de quarante-six ans, il reste en bonne forme malgré quelques atteintes physiques encore mineures. Il peut donc espérer un jour ou l'autre se libérer de ses chaînes. En attendant, il doit voguer vers son île-prison, qu'il atteint après soixante-sept jours de mer à bord de l'imposant *Northumberland.* Quand il découvre son rocher perdu, son visage reste impassible. Mais autour de lui, on se désole, tant le paysage paraît sinistre. Haute et noire, l'île ressemble à une citadelle construite pour ensevelir tous ceux qui s'y rendent. Comme un tombeau faisant frissonner jusqu'aux plus téméraires. En la visitant, Napoléon découvre cependant un havre de paix, la jolie propriété des Briars, qui appartient à un négociant britannique. Logé à l'étroit dans un pavillon, il y passe quelques jours heureux. Espiègle avec l'une des filles Balcombe, la jeune Betsy, ou généreux avec l'esclave Tobby, il noue quelques relations aussi singulières qu'inattendues. En toutes occasions, il continue de surprendre jusqu'à son entourage.

Sa détention est proprement extraordinaire. Jamais dans l'histoire du monde, autant de moyens n'ont été déployés pour un seul homme. Loin de concerner la seule île de Sainte-Hélène, sa détention intéresse une large partie du globe terrestre, l'Atlantique Sud. Dans cette zone, le trafic maritime est surveillé par une flotte britannique qui a reçu pour mission principale de prévenir toute évasion. Situé à plusieurs milliers de kilomètres de toute côte, Sainte-Hélène offre de jolies défenses naturelles que les Anglais s'empressent de renforcer par de hautes murailles au sommet desquelles reposent des centaines de canons. Et plus de 2 000 hommes de troupe sont emmenés sur l'île. Pour emprisonner son plus vieil ennemi, le gouvernement britannique privilégie la démesure. C'est dire sa crainte du personnage.

Le choix de Sainte-Hélène n'est pas exclusivement militaire. Appartenant à la Compagnie britannique des Indes orientales, l'île n'offre pas les mêmes droits juridiques qu'en Angleterre, l'*Habeas corpus,* soit notamment l'interdiction d'emprisonner une personne sans qu'elle ait été jugée, ne peut être invoqué, par exemple. Ce point est très important pour un gouvernement britannique qui craint avant tout les recours juridiques, dans un pays où les avocats sont légion. Autre raison : en éloignant ainsi Napoléon, on espère le réduire au silence en l'empêchant notamment de communiquer avec la presse libre d'opposition. Le cabinet ultra-conservateur de Londres se méfie en effet de son opinion publique, redoutant qu'elle prenne un jour fait et cause pour le captif. Bref, cette déportation est conçue pour que l'on oublie à tout jamais le *« perturbateur du repos du monde ».* Mais c'est sans compter l'incroyable énergie d'un homme qui n'entend pas renoncer.

UN EMPEREUR CONFINÉ

Le prisonnier ne concède en effet pas un pouce de terrain à ses geôliers. Plus ceux-ci persistent à l'appeler *« général »,* plus il se comporte en souverain. En prolongeant ainsi même a minima une certaine majesté, l'Empereur déchu lutte contre la fatalité, refusant même contre l'évidence son statut de prisonnier. Deux mois après son arrivée, il est installé sur le plateau de Longwood, dans une maison agrandie pour lui et sa suite. Deux pièces de réception, une salle à manger, deux petites chambres ainsi qu'une salle de bains constituent ses appartements. Le tout est vraiment très modeste, mais sera distribué de manière méthodique. En comptant tous les serviteurs du prisonnier, officiers et domestiques français ou anglais, ainsi que leurs familles, une cinquantaine de personnes gravitent autour de l'exilé. A Longwood, cette petite société est un peu à l'étroit malgré les efforts des

TRÈS INTIMES

En haut : *Le Comte Charles-Tristan de Montholon, général français, chambellan de Napoléon,* lithographie de Ducarme (Paris, BnF). Nouveau venu parmi les intimes de l'Empereur, il viendra à Sainte-Hélène avec son épouse qui aura une liaison avec Napoléon peu après l'installation à Longwood. Ci-dessus : *Napoléon sur le* Northumberland, *faisant voile vers Sainte-Hélène,* école anglaise, début du XIXe siècle (Versailles, musée du Château).

Jour après jour

Ci-dessus : *Sainte-Hélène 1816, Napoléon dictant au comte de Las Cases le compte rendu de ses campagnes*, par William Quiller Orchardson, vers 1892 (National Museums Liverpool, Lady Lever Art Gallery). Apprécié par l'Empereur pour son érudition et son affabilité, Las Cases fut surnommé « le Jésuite » par ses compagnons qui le jalousaient. A son départ de Sainte-Hélène fin 1816, il se voit confisquer l'ensemble de ses notes. Il ne les récupérera qu'en 1822 et publiera l'année suivante le *Mémorial de Sainte-Hélène* où se trouve consigné tout ce que Napoléon a dit et fait entre le 20 juin 1815 et le 25 novembre 1816.

Anglais pour agrandir la demeure. Tandis que les combles sont réservés aux domestiques, les officiers, sauf Bertrand et sa famille qui logent dans une autre maison, ne disposent chacun que d'une toute petite chambre.

Les journées de l'Empereur exilé sont réglées presque comme autrefois aux Tuileries. Dans sa maison de Longwood, Napoléon se lève tôt, à 7 heures ; il fait ouvrir les persiennes par son valet Marchand. Installé à un petit guéridon, il boit un premier café avant de se raser et de faire sa toilette. Il se lave les dents et se fait habiller et coiffer par ses valets. Puis arrive son médecin, l'Irlandais O'Meara dont il apprécie la conversation. Après cet entretien, il sort en promenade dans son périmètre libre, celui où il n'a pas besoin d'être accompagné par un officier anglais, à peu près trois kilomètres autour de la maison. Une fois rentré, il rejoint la salle de billard pour travailler une bonne partie de la matinée avec ses officiers, Las Cases, Gourgaud, Bertrand ou Montholon. Tout en arpentant la pièce, il consulte ses cartes et dicte ses souvenirs avec passion. Ensuite, il prend souvent un bain, aimant se plonger dans l'eau chaude de longs moments. Puis arrive l'heure du déjeuner, un potage et des viandes sont généralement au menu.

L'après-midi, il reçoit, généralement des visiteurs de passage sur l'île. Les deux premières années de la captivité, il recevra beaucoup, près de cinq cents personnes. Ces entretiens sont formalisés également selon l'étiquette, Napoléon tient à apparaître le plus dignement possible. A 16 heures, il se retire pour sortir en calèche ou à pied. Le soir, il réunit sa petite cour, d'abord autour d'un dîner : ses officiers sont en grande tenue et les dames en robe de cour. Tout se déroule selon une stricte étiquette. Puis la soirée se termine au salon. Napoléon lit à haute voix, joue aux échecs, commente l'actualité. Ses confidences nourriront les journaux tenus par ses compagnons.

L'enfer, c'est les autres

Mais à tout décor, il existe un envers. Si elle n'est pas insalubre, sa demeure de Longwood est toutefois assez incommode. Exposée aux vents, elle est très humide, les murs suintent, la tapisserie se décolle et les papiers se tâchent de rousseurs. Un autre fléau se répand : les rats. La lutte contre eux est inégale ; voraces, ils se reproduisent plus vite qu'ils ne disparaissent sous les coups meurtriers des servants de l'Empereur. Outre la souffrance physique, le moral de beaucoup de Français est atteint. L'ennui se propage. On rumine, on se désespère. Et assez naturellement, la dispute surgit. Comme dans n'importe quelle cour, la jalousie abime les êtres. L'ombrageux Gourgaud est le plus atteint. Dès que l'on s'approche trop de son maître, son regard se rembrunit et il désire croiser le fer. Il veut Napoléon pour lui seul.

“Les admirateurs de Napoléon se bousculèrent dans ses anciennes demeures.”

sublime salon d'Argent, où Napoléon abdiqua le 22 juin 1815.

LA LÉGENDE DES PALAIS

La chute de l'Empire rendit les palais à leurs anciens propriétaires. Louis XVIII, découvrant les appartements de Fontainebleau, aurait eu ce mot terrible : *« Nous avons eu un bon intendant »* ! Néanmoins, le souvenir de Napoléon flottait toujours, et ses admirateurs se bousculèrent dans ses anciennes demeures. Cette forme de « Napoléon-mania » était ancienne. Depuis le Consulat, la presse publiait des descriptions de ses résidences, commentait ses habitudes sobres et son labeur insatiable. En 1812, David avait peint son célèbre *Napoléon dans son cabinet de travail aux Tuileries.* Dans ce tableau, les papiers en désordre, l'horloge indiquant 4 h 15 du matin et les bougies consumées participent de la mise en scène du personnage, travailleur infatigable, aux traits tirés par le sommeil. La présence d'un volume de Plutarque et d'un parchemin roulé où on peut lire « Code civil » venait renforcer l'image du héros érudit et travailleur.

Sous l'Empire, les Grands Appartements des Tuileries et de Saint-Cloud avaient été ouverts au public les jours de fête afin de satisfaire la curiosité de la foule parisienne. Cependant, seuls les visiteurs privilégiés pouvaient, munis d'une autorisation du grand chambellan, visiter les Petits Appartements en l'absence des souverains. Ces permissions n'étaient pas délivrées facilement : en 1806, l'homme d'Etat badois Berckheim visita ainsi Malmaison en soudoyant le concierge. Le député Joseph Lainé découvrit Saint-Cloud en 1808, mais il fut déçu par le décor de soieries et dorures, *« trop asiatique pour un conquérant »*. Des indiscrets s'introduisaient aussi dans les jardins : à Trianon, Napoléon se plaignit des dizaines de curieux qui se pressaient contre les vitres de son bureau. L'Empereur finit par se rendre compte de la curiosité qu'il suscitait. Un règlement pour les visites des Tuileries fut rédigé en 1809, permettant de voir les appartements en son absence, un peu comme au musée, en groupe de huit ou dix, entre 10 heures du matin et 3 heures de l'après-midi, les lundis, jeudis et vendredis.

Outre les « grands » palais, Malmaison, devenu résidence privée de l'impératrice divorcée, continua d'être visité. Joséphine transforma le cabinet-bibliothèque en un mémorial, comme le raconte une de ses dames du palais : *« Tout était resté exactement dans le même état que lorsque l'Empereur avait quitté son cabinet : un livre d'histoire, posé sur son bureau, marqué à la page où il s'était arrêté, la plume dont il se servait conservait l'encre qui, une minute plus tard, pouvait dicter des lois à l'Europe ; une mappemonde, sur laquelle il montrait aux confidents de ses projets les pays qu'il voulait conquérir »*.

Cette curiosité prit son essor avec la chute de l'Aigle. Selon le *Journal* de l'architecte Fontaine, le tsar Alexandre, visitant les Tuileries le 4 avril 1814, se serait ainsi exclamé en pénétrant dans le bureau de Napoléon : *« Que de grandes choses ont été conçues et méditées dans cette chambre ! »* Son souvenir éclipsa toujours celui des Bourbons, qui défendirent à leurs domestiques de parler de l'Usurpateur aux curieux admis à visiter Fontainebleau, Compiègne et Saint-Cloud. A Malmaison aussi, la dispersion du mobilier du château en 1829 attira des milliers de visiteurs. C'est là que Julien Sorel, dans *Le Rouge et le Noir,* se précipite à peine arrivé à Paris, avant de fondre en larmes : car *« pour Julien comme pour la postérité, il n'y avait rien entre Arcole, Sainte-Hélène et la Malmaison »*. Le pèlerinage à Rueil était moins long que celui de Sainte-Hélène, même si quelques milliers d'audacieux acceptèrent de subir deux mois de mer pour gagner l'île du malheur, en ramenant de précieuses reliques, morceaux de papier peint ou fragments de l'écorce du saule qui ombrageait la tombe du grand homme.

C'est au début de la monarchie de Juillet, au moment où le souvenir de Napoléon ne fut plus rejeté par le pouvoir en place, que l'intérêt pour ses lieux de vie se développa, à mesure que la légende prenait son essor, popularisée par les *Mémoires* de contemporains tels ceux du préfet du palais Bausset, sans oublier les travaux historiques à succès de Thiers. La monarchie bourgeoise se sédentarisa aux Tuileries, laissant les vieux châteaux vides la plus grande partie de l'année. Les premiers guides touristiques décrivaient par le menu les appartements : l'emblématique napoléonienne avait été remplacée sous la

L'AUTRE MOULINSART

Acheté par Napoléon en 1804, le château de Laeken, près de Bruxelles, fut échangé à Joséphine contre l'Elysée en 1812 après deux séjours de la Cour. C'est dans ce palais, aujourd'hui résidence officielle du roi des Belges, que Napoléon avait pensé s'installer s'il avait vaincu à Waterloo.

“Retrouver les aménagements et l’ambiance de l’époque où l’Empereur y vivait.”

Restauration, les lys chassant les aigles, mais la ladrerie de l’administration avait bien fait les choses en se cantonnant à l’entretien minimal de ces grandes bâtisses. Jean Vatout, bibliothécaire de Louis-Philippe, précisa dans ses *Souvenirs historiques* sur Fontainebleau que le bureau et la chambre de l’Empereur avaient été « conservés » dans leur état Empire. Sous Napoléon III, les guides s’enrichirent de notions pratiques, comme les horaires du train ou les prix des hôtels. En 1861, le *Guide de Paris* indiquait que Compiègne était ouvert tous les jours de 12 heures à 3 heures, *« quand l’empereur n’y est pas »*. A Fontainebleau, les souvenirs glorieux attiraient toujours les curieux, tels Frédéric et Rosanette dans *L’Education sentimentale* de Flaubert : *« Enfin, un domestique, portant un trousseau de clefs, parut. Il leur montra d’abord les appartements des reines, l’oratoire du pape, la galerie de François Ier, la petite table d’acajou sur laquelle l’Empereur signa son abdication »*.

ADIEU À L’EMPEREUR ***Abdication de Napoléon à Fontainebleau*, par Jules Vernet, 1815 (Providence, Brown University Library, Anne S. K. Brown Military Collection). Le château a largement conservé l’atmosphère qui fut celle de Napoléon.**

L’EMPIRE AU MUSÉE

Napoléon III eut la fâcheuse idée de remeubler les palais au goût du jour : il se plaisait autant à Saint-Cloud, Fontainebleau et Compiègne qu’aux Tuileries, et les austères sièges Empire de Jacob avaient été remplacés par des fauteuils capitonnés. La République y mit bon ordre en vidant les palais. Les Prussiens puis la Commune avaient déjà fait un ménage par le vide en brûlant Saint-Cloud et les Tuileries, même si une partie du mobilier avait pu être sauvé. Haut lieu du Second Empire, Compiègne fut démeublé et brièvement transformé en musée d’art khmer, tandis que Fontainebleau servit un temps de villégiature présidentielle. Au moment où le conservateur Pierre de Nolhac commençait à réaménager Versailles en cherchant à retrouver son état de 1789, ses collègues tentaient de rendre aux palais napoléoniens leur faste de 1810. La route fut parfois longue : la visite de Nicolas II en 1901 fit beaucoup pour Compiègne, en forçant les pouvoirs publics à rapporter des meubles d’exception pour recevoir dignement le tsar. Ils y restèrent et furent rejoints par d’autres œuvres. Trois ans plus tard, quand Malmaison devint un musée national, les premiers conservateurs firent appel à la générosité des donateurs pour récupérer des meubles ou des bibelots : l’impératrice Eugénie fut une des premières à se manifester. L’intérêt pour les lieux de vie de l’Aigle avait été relancé par les historiens comme Frédéric Masson, dont le *Napoléon chez lui* parut en 1894, ainsi que par la publication des *Mémoires* des secrétaires de Napoléon, Fain et Méneval.

A Fontainebleau, malgré les critiques contre l’austérité du goût Empire, les appartements de Napoléon subsistèrent, avant d’être restaurés à partir des années 1970. La conservation étant un éternel recommencement, les musées tentent toujours, à l’aide d’inventaires d’époque, par des achats, des dons ou des dépôts du Mobilier national, de retrouver les aménagements et l’ambiance de l’époque où l’Empereur y vivait. Pour un historien de l’Empire, chaque visite est riche d’enseignements : on y voit ses meubles favoris, la table « rognon », dont il avait dessiné le modèle, adapté à sa méthode de classement des papiers, les pommiers, ces petits canapés dans lesquels il aimait se reposer, ou encore ses lectures préférées, Plutarque, Racine, Voltaire, placées à portée de main et demeurées *in situ*. Les témoignages des contemporains prennent vie et les observations de détail complètent, en les enrichissant, les mentions révélées dans les archives.

Chaque année, des centaines de milliers de touristes visitent les demeures de l’Aigle : les palais attirent plus l’attention que les modestes maisons occupées pendant ses campagnes ou que ses résidences temporaires, à l’exception peut-être du musée de l’île d’Aix où il passa ses derniers jours en France en 1815. Les résidences de l’infortune ont pourtant été restaurées en prévision du bicentenaire. En dépit du confinement, la Palazzina dei Mulini de l’île d’Elbe et la maison de Longwood attendent les visiteurs. Les plus attentifs s’amuseront peut-être à tendre l’oreille : la tradition se perd, mais il arrive encore à certains conservateurs de laisser les pendules arrêtées à 5 h 49 de l’après-midi, heure de sa mort le 5 mai 1821. Par-delà ce silence de deux siècles, le visiteur entendra peut-être la voix de l’Empereur dictant le cours de l’Histoire.

FASTE AND FURIOUS
La chambre de l'Empereur à Fontainebleau. Installée dans l'ancien « cabinet à la poudre » de Louis XVI, lequel servait à la toilette du souverain, elle fut entièrement remeublée à partir de 1808 comme chambre d'apparat de Napoléon. C'est dans cette résidence que, dans la nuit du 12 au 13 avril 1814, celui-ci aurait tenté de s'empoisonner, à la suite de sa première abdication. Après lui, ces Grands Appartements mêlant le faste de l'Ancien Régime à celui de l'Empire furent utilisés par tous les souverains jusqu'en 1870.

LES FEMMES DE SA VIE

PAR GWENAËLE ROBERT

Piètre amant, brutal, misogyne : le procès intenté à Napoléon en matière de femmes mérite d'être révisé.

L'INCOMPARABLE

Page de gauche : *L'Impératrice Joséphine*, dans le parc de Malmaison, par Pierre-Paul Prud'hon, 1805 (Paris, musée du Louvre). Jeune veuve, déjà mère de deux enfants, Joséphine de Beauharnais enflamme le cœur de Bonaparte, qui l'épouse en mars 1796. N'ayant pas donné d'enfant à l'Empereur, elle sera répudiée en 1809. Trois mois et demi plus tard, Napoléon épouse l'archiduchesse d'Autriche Marie-Louise *(ci-dessous, en portrait sur une boîte de présent en or jaune et émail, Paris, Fondation Napoléon)*. Napoléon restera toutefois profondément attaché à Joséphine, à qui il avait promis de rester *« son meilleur et son plus cher ami »*.

A quoi pense Napoléon ? Quand ils le voient au soir de la bataille d'Austerlitz arpenter, à la lumière des torches, le plateau de Pratzen jonché de cadavres, de chevaux morts et de boulets de canon, louvoyer entre les chirurgiens qui distribuent l'eau-de-vie et les maraudeurs qui volent les ceinturons, les grognards ivres de gloire se perdent en conjectures. Nul ne peut deviner ce qui se trame dans l'esprit toujours en mouvement de l'Empereur. Pense-t-il aux conséquences de cette victoire ? à la réorganisation de l'Europe ? à l'hégémonie de la France ? à la fragilité de la paix ? à l'éclat de son étoile ? Peut-être. Mais l'Empereur pense surtout aux jeunes filles.

Plus précisément à celles de ses grognards dont il enjambe les corps sans vie. Privées d'éducation depuis que la Convention a dispersé les congrégations religieuses, elles sont les oubliées du siècle naissant, qui a favorisé l'ouverture des lycées réservés aux garçons. Ce soir-là, Napoléon jette les bases de ce qui deviendra, avec le décret de Schönbrunn, les maisons d'éducation de la Légion d'honneur, institution qui traversera les siècles, survivra à tous les régimes politiques et deviendra un modèle de réussite scolaire et sociale. Aux filles des légionnaires civils et militaires, l'Empereur veut assurer « *une existence digne et indépendante* ». Mme Campan, ex-femme de chambre de Marie-Antoinette et première surintendante des Maisons, parlera même d'« *une espèce d'université de femmes* ». Napoléon, soucieux de l'indépendance des femmes ? L'idée surprend et bat en brèche l'image d'un misogyne que ses saillies sur *les personnes du sexe* désignent naturellement comme un gibet de prédilection pour les potences féministes du XXIe siècle.

Puis le projet s'affine et on retrouve l'Empereur deux ans plus tard, une nuit de mai 1807, dans le château de Finkenstein en Pologne, travaillant à son bureau à la lumière d'un chandelier. Après la bataille d'Eylau et avant celle de Friedland, celui qui ne dort jamais prend le temps de détailler, dans une lettre au grand chancelier Lacepède, les principes éducatifs qui doivent prévaloir dans ses Maisons. Le document en dit long sur sa conception de la nature des femmes et de leurs fonctions. « *Gardez-vous de suivre l'exemple de l'ancien établissement de Saint-Cyr, où l'on dépensait des sommes considérables et où l'on élevait mal les demoiselles* », prévient-il. Quoiqu'il accepte l'enseignement de la musique et celui de la danse, il proscrit l'apprentissage des langues étrangères et la représentation des pièces de théâtre, afin de réfréner chez ses obligées « *la vanité, qui est la plus active des passions du sexe* ». Alors ? apprentissage de l'écriture, calcul, rudiments de géographie et d'histoire. Quoi d'autre ? « *un peu de botanique et (…) un léger cours de physique ou d'histoire naturelle (…) pour prévenir une crasse ignorance et une stupide superstition* ». Mais la grande cloche de verre reste la religion, « *le plus sûr garant pour les mères et pour les maris* », le rempart contre « *la faiblesse du cerveau des femmes, la mobilité de leurs idées* ». Surtout, la religion distille la « *constante et perpétuelle résignation* » qui

leur sera nécessaire : l'opium des femmes en quelque sorte. *« Elevez-nous des croyantes et non des raisonneuses »,* ordonne-t-il. Et d'ajouter quelques travaux manuels nécessaires – couture, broderie, cuisine (le pain, les desserts) –, de l'économie et même un peu de médecine.

Ce programme, qui hérisserait les cheveux sur bien des têtes, n'en est pas moins soutenu par une vision de l'éducation féminine héritée de Fénelon et de Rousseau, qui fait de la femme la clé de voûte de la régénération de la société. Napoléon n'est pas dupe : il sait que sa cour est composée de soldats aux mœurs souvent rustiques et à l'éducation négligée – Murat en est le meilleur exemple : il y a loin d'un fils d'aubergiste à un roi de Naples. Son idée est simple : la réforme de la société passera par les femmes. A elles d'élever une génération destinée à polir l'image de cette nouvelle noblesse, et de lui prodiguer le raffinement qui lui manque ! Si l'homme est le défenseur de l'Empire, la femme est son avenir. Mélange des idées de son temps et des préjugés de son milieu, cette lettre au comte de Lacepède présente un programme singulier où la modernité du but contraste avec l'archaïsme des moyens. Car Napoléon n'est pas un idéologue. Il est un homme d'expérience dont les idées se forgent sur le terrain, à l'épreuve de la vie. Et d'abord dans l'enfance.

Le jeune homme vert

Au commencement était la mère. Celle de Napoléon, Letizia Ramolino, est une matrone à peine instruite, baragouinant le français, qui élève d'une main de fer les huit enfants que son mari lui a laissés à sa mort. Dans la Corse du XVIIIe siècle, les idées des Lumières sur l'éducation des jeunes filles n'ont guère infusé : les sœurs de Napoléon, Maria-Anna, Paoletta et Annunziata, apprennent à respecter Dieu et à se soumettre aux hommes – et inversement.

Lorsqu'il arrive à Paris, le jeune officier, au tempérament bilieux et prude, découvre avec stupéfaction les mœurs des femmes que la Révolution a libérées, jeunes veuves d'aristocrates fraîchement guillotinés qui se retrouvent dans le salon de Mme Tallien, maîtresse de Barras. Tenues légères, danses suggestives, amants, conversations impudiques : l'ambiance est libertine chez Notre-Dame de Thermidor. Le Corse, étourdi, se prend les bottes dans les étoffes vaporeuses qui dévoilent le corps de ces affranchies, quand sa mère dissimulait celui de ses sœurs sous de sévères mantilles noires. Mais le choc des cultures a aussi ses éblouissements : avec Joséphine, veuve du vicomte de Beauharnais, Bonaparte connaît son baptême

Hostiles **Ni Madame Mère *(en haut,* Portrait de Letizia Bonaparte, *par François Gérard, vers 1804, Ajaccio, musée Fesch)* ni les sœurs de Napoléon n'appréciaient Joséphine, que Pauline avait surnommée « la vieille ». Ci-contre : *La Toilette avant le sacre,* par Jean Louis Victor Viger du Vigneau, vers 1865 (Paris, musée Marmottan-Monet). A gauche, légèrement en retrait pour rappeler leur mésentente avec Joséphine, se tiennent Elisa, assise au premier plan, Pauline, devant la psyché, et Caroline, assise au fond.**

LES BELLES-SŒURS Ci-dessus : détail du *Sacre de Napoléon*, par Jacques-Louis David, 1806-1807 (Paris, musée du Louvre). De gauche à droite : les trois sœurs de Napoléon, Caroline, Pauline et Elisa ; la fille de Joséphine, Hortense, épouse de Louis Bonaparte, tenant la main de leur fils aîné, le petit Napoléon-Charles ; et Julie Clary, l'épouse de Joseph Bonaparte.

érotique, véritable révélation après quelques liaisons infructueuses où sa fierté de jeune coq s'est écorchée.

Le mariage est expédié avant son départ pour l'Italie : s'ensuit une série de lettres enflammées, pleines d'aveux ardents, de déclarations naïves, parfois puériles, de reproches suivis de brûlantes réconciliations : *« Je me réveille plein de toi... Ton portrait et le souvenir de l'enivrante soirée d'hier n'ont point laissé de repos à mes sens », « Mille poignards déchirent mon cœur ; ne les enfonce pas davantage », « Tu ne m'écris plus ; tu ne penses plus à ton bon ami, cruelle femme ! », « Tu es pardonnée ; je t'aime à la folie, et jamais mon pauvre cœur ne cessera de donner son amour »* : on se croirait dans une opérette corse. Napoléon s'y révèle impétueux, jaloux, excessif, sincère. Si peu maître de lui-même, à l'heure où il entend mettre l'Europe à ses pieds : *« mon unique Joséphine, (...) par quel art as-tu su captiver toutes mes facultés, concentrer en toi mon existence morale ? C'est une magie »*. Un siècle avant Proust, Bonaparte découvre que l'amour est un mauvais sort contre quoi on ne peut rien, sauf attendre que l'enchantement cesse. D'autant que l'enjôleuse le trompe avec un capitaine de hussards.

La passion malheureuse est à la mode, les premiers romantiques revenus d'exil subliment les tourments que l'on doit à l'amour. Mais Napoléon n'est ni Chateaubriand ni Lamartine, et son pragmatisme pas plus que son orgueil ne le prédisposent aux amours platoniques. Il hésite à rompre, s'émeut du sort des enfants de Joséphine, cède aux larmes de l'épouse adultère, se console dans d'autres bras. En quelques mois, son opinion est faite : il croit désormais l'amour *« nuisible à la société, au bonheur individuel des hommes »*. Quant à l'image de la femme, elle est durablement écornée par ces désillusions. A Joséphine : *« tu me parais fâchée du mal que je dis des femmes ; il est vrai que je hais les femmes intrigantes au-delà de tout »*. A ses ministres : *« Un homme d'Etat ne devrait jamais laisser approcher une femme de son cabinet », « il vaut mieux qu'elles travaillent de l'aiguille que de la langue »* ; et ces mises en garde qu'il applique à lui-même : *« Malheur funeste que de se laisser gouverner par sa femme ; on n'est, alors, ni soi, ni sa femme ; on n'est plus rien. »* Magnanime, il reconnaît pourtant des exceptions à la règle mais la proportion est faible : *« Pour une femme qui nous inspire quelque chose de bien, il y en a cent qui nous font faire des sottises. »* Dans sa correspondance, il entretient la nostalgie d'une figure idéale *« bonne, douce et conciliante »*, chargée de consoler l'homme *« des traverses de la vie »*. Mais l'histoire ne dit pas s'il l'a jamais rencontrée – ni même si elle existe.

LE TEMPS DES CONQUÊTES

Avec la gloire, tout change. Cet homme petit, au teint olivâtre, à l'apparence négligée, devient soudain désirable. *« Sans son extrême singularité, il eût passé pour laid, mais il était sauvé par le suffrage des dames »*, écrit Stendhal dans ses *Mémoires sur Napoléon*. L'Empereur en profite pour se venger des infidélités de la sienne avec quelques maîtresses de passage : Pauline Fourès, Mademoiselle George, Eléonore Denuelle de La Plaigne, qui lui donne son premier fils... Puis c'est une comtesse

IDYLLE **Ci-contre :** ***Marie Laczinska, comtesse Walewska, puis comtesse d'Ornano,*** **par François Gérard, vers 1810 (Paris, musée de l'Armée). Napoléon aimera d'un amour sincère cette jeune comtesse polonaise qui lui donna un fils, Alexandre, né le 4 mai 1810. Ci-dessous :** ***Festin du mariage de Napoléon Ier et de Marie-Louise, 2 avril 1810, aux Tuileries,*** **par Alexandre Dufay, 1812 (château de Fontainebleau). Page de droite :** ***Marie-Louise, impératrice des Français, et le roi de Rome,*** **par François Gérard, 1813 (Versailles, musée du Château). Si, après son divorce d'avec Joséphine, Napoléon avait voulu épouser** ***« un ventre »,*** **il découvrit une fiancée** ***« bonne, naïve et fraîche comme une rose ».***

polonaise, l'exquise Marie Walewska qui l'aimera d'un amour sincère, entier. Le repos du guerrier gagne ses lettres de noblesse. Mais il est plus facile de transformer un général corse en empereur de France qu'un hussard mal dégrossi en amant raffiné. Au lit, *« il était brutal et allait au fait »*, précise l'historien Frédéric Masson. Marie-Louise d'Autriche, avec qui il se marie le 1er avril 1810, ne le contredirait pas. Après avoir répudié Joséphine, Napoléon a voulu « *épouser un ventre* » royal : il découvre une fiancée « *bonne, naïve et fraîche comme une rose* ». Avant même les noces officielles, le mariage est consommé à la va-vite par un Empereur trop affolé par la gorge de sa promise pour attendre la cérémonie du lendemain. Bilan ? « *Elle a ri toute la nuit* », se vante-t-il auprès de son aide de camp Savary.

LE SOUDARD FIDÈLE

Alors, irrécupérable, Napoléon ? A l'anachronique procès intenté pour lèse-féminisme, elles seraient pourtant nombreuses, sans doute, les femmes qui témoigneraient pour sa défense. Car considérer l'homme sous l'angle de sa vie amoureuse où il fut souvent un goujat sans scrupule, c'est oublier la fidélité qu'il a manifestée à sa mère, à sa belle-fille, aux mères de ses fils et à ses sœurs lesquelles, par leurs caprices et leurs incessantes exigences, ne furent pas toujours à la hauteur des couronnes qu'il posa sur leurs têtes. A la barre : Elisa, Pauline, Caroline. Orgueil et jalousies mis de côté, toutes peuvent témoigner de la générosité avec laquelle leur frère distribua les royaumes qu'il venait de conquérir. Mieux : de la confiance qu'il leur manifesta pour en assurer la régence. Napoléon n'eut pas de fille, mais il s'occupa d'Hortense de Beauharnais avec une attention désintéressée, l'adopta en 1796, assura son éducation et sa dot. Lorsque son mariage forcé avec Louis Bonaparte – fruit des intrigues de Joséphine – se révéla malheureux, l'Empereur se fit conseiller conjugal, déployant des trésors de psychologie féminine, sermonnant son frère en ces termes : « *Vous avez la meilleure femme et la plus vertueuse et vous la rendez malheureuse.* » S'il n'élève pas ses deux bâtards, il garde pour leurs mères une fidélité et un attachement profond, les dotant de rentes annuelles confortables, assurant l'éducation de ses fils, s'inquiétant jusque dans son testament de leur avenir.

Amant brutal, mari possessif, amoureux désabusé, Napoléon fut aussi un beau-père attentif, un fils fidèle, un frère généreux. Que notre siècle avide de jugements éclair lui pardonne : son portrait s'accommode mal des raccourcis idéologiques. Dans son rapport aux femmes, il montre toutes les nuances et les contradictions de son temps, mâtinant les mœurs du soldat du romantisme à la mode, mélangeant les principes d'une éducation rigide aux libertés gagnées à la Révolution – il maintiendra la loi autorisant le divorce, votée en 1792 par l'Assemblée nationale législative.

En 1821, tandis que l'Empereur déchu agonise dans la solitude de Sainte-Hélène, la France se restaure à l'ombre des poètes en fleurs. En ce printemps romantique, Lamartine connaît la gloire avec ses *Méditations poétiques,* Victor Hugo épris demande la main d'Adèle Foucher, Chateaubriand murmure à l'oreille de Juliette Récamier que son dernier rêve sera pour elle. Et celui de Napoléon ? « *A cinquante ans,* soupire l'Empereur, *on ne peut plus aimer. (...) j'ai le cœur bronzé. Je n'ai jamais aimé d'amour, sauf, peut-être, Joséphine, un peu, et encore parce que j'avais vingt-sept ans lorsque je l'ai connue.* » Le souvenir de l'amour se dissout dans l'exil : Marie-Louise s'est enfuie à Schönbrunn où elle cherche à faire oublier à l'Aiglon jusqu'au nom de son père « *qui n'est malheureusement pas beau* ». Sur le caillou venteux de Sainte-Hélène, le dernier rêve de l'Empereur cherche sa destinataire. Joséphine l'intrigante, Walewska la fidèle, Caroline la capricieuse, Letizia la sévère, Marie-Louise la parjure, les pensionnaires des Maisons devenues royales sous Louis XVIII... Chacune d'elles, tour à tour, traverse son esprit à la façon des courants d'air, sans y rester jamais. Dehors, un vent furieux souffle sur les escarpements de l'île. L'Aigle mourant ferme les yeux, respire avec peine. La pluie redouble. Une figure s'impose à lui, une figure lointaine mais ardemment aimée dont il a révélé l'identité à Rœderer, aux Tuileries, un soir de février 1809. L'Empereur, en veine de confidence, avoua au ministre : « *je n'ai qu'une passion, qu'une maîtresse : c'est la France* ».

Professeur de lettres, Gwenaële Robert est romancière. Elle a consacré plusieurs romans à l'histoire de la Révolution et de l'Empire, notamment* Le Dernier Bain *et* Never Mind *(Robert Laffont).

LA DERNIÈRE DEMEURE
Longwood House, la maison dans laquelle Napoléon résida du 10 décembre 1815 à sa mort, le 5 mai 1821. Elle constitue, avec la vallée de la Tombe, où Napoléon fut inhumé de 1821 à 1840, et le pavillon des Briars, où il logea deux mois à son arrivée sur l'île, les Domaines nationaux français à Sainte-Hélène, propriétés françaises depuis 1857, administrées par le ministère de l'Europe et des Affaires étrangères.

Les vestiges du jour

Par Pierre Branda

Cette histoire aurait pu s'écrire autrement. De 1815 à 1821, isolé face aux Anglais, Napoléon n'a cessé de lutter contre la fatalité. Ses coups portent mais le sort s'acharne contre lui. Dès lors, toutes ses espérances ne seront qu'amertume.

"Il est pénible et difficile de quitter

FIDÈLES

En haut : *Portrait d'Henri-Gatien Bertrand en tenue de général*, anonyme, 1808 (Châteauroux, musée Bertrand). Apprécié par Napoléon pour sa rigueur et son sens du devoir, il avait déjà suivi l'Empereur en exil à l'île d'Elbe. Ci-dessus : *Portrait du général Gourgaud*, anonyme (collection particulière). Furieux d'avoir été évincé malgré son dévouement, il sut convaincre Napoléon de le garder finalement à ses côtés à Sainte-Hélène.

Tout commence par une décision britannique. Le 15 juillet 1815, avant même qu'il n'apprenne sa reddition, le Premier ministre britannique, lord Liverpool, a tranché le sort de son plus vieil ennemi : *« Nous sommes vivement enclins à penser que le meilleur lieu de détention serait un endroit à une grande distance de l'Europe et que Le Cap ou Sainte-Hélène seraient les meilleures places dans ce but »*, écrit-il. L'Europe des monarchies n'a alors qu'une obsession : neutraliser une bonne fois pour toutes celui qui les a fait trembler pendant tant d'années en le déportant très loin.

Pendant ce temps, le vaincu de Waterloo s'illusionne. En rade de Rochefort, empêché de se rendre en Amérique à cause de la flotte britannique, il tente un pari osé : obliger son ennemi à le traiter dignement en lui remettant symboliquement son épée. Refusant les solutions aventureuses qu'on lui propose, il espère que son geste chevaleresque lui vaudra un confortable exil près de Londres. Conforté par les propos rassurants du capitaine Maitland, qui l'accueille à bord de son navire de guerre, le *Bellerophon*, il part l'esprit plutôt serein vers l'Angleterre.

Mais le 31 juillet, en rade de Plymouth, deux officiels britanniques viennent lui annoncer la terrible nouvelle : il est envoyé à Sainte-Hélène. Réalisant soudainement son erreur, il tombe de haut. La colère le gagne. Il proteste vivement ; l'Angleterre se déshonore, dit-il : *« Jamais, il n'y a eu de pareil exemple dans l'histoire du monde. »* Mais ses deux interlocuteurs restent de marbre. L'impitoyable sentence est irrévocable.

LE DERNIER CARRÉ

Avec l'accord des Anglais, l'Empereur ne part cependant pas seul pour l'Atlantique Sud. Depuis sa reddition, voyage avec lui une petite cour, formée de trois officiers, d'un médecin, d'un secrétaire et d'une douzaine de domestiques, qu'il a désignés lui-même. Parmi eux, un personnage important, le général Bertrand qu'il connaît depuis l'Italie et auquel il a confié des postes importants. Napoléon apprécie sa rigueur comme son sens du devoir, ce qui explique qu'il l'ait nommé grand maréchal du palais en 1813 après la mort de Duroc. Avec sa femme, Fanny, petite-cousine de Joséphine et proche de cette dernière, Bertrand a déjà suivi son maître lors de son premier exil à l'île d'Elbe. Malgré la vive opposition de Fanny, il entend rester auprès de celui à qui il doit tout ou presque. Autre fidèle retenu après quelques hésitations, son premier officier d'ordonnance, le valeureux général Gourgaud. Dévoué corps et âme à Napoléon, ce fort tempérament lui a sauvé la vie à plusieurs reprises. Son nom ne figure cependant pas dans la première liste établie par l'Empereur. Quand il apprend son éviction, il est furieux et commence à s'agiter. Devant sa colère, Napoléon se ravise et le prend finalement avec lui.

Le dernier officier choisi est le général de Montholon qui, comme Bertrand, voyage avec son épouse. C'est un nouveau venu parmi les intimes de l'Empereur. En campagne comme à la Cour, il n'a jamais joué les premiers rôles, tant s'en faut. En 1815, il sert à l'Élysée comme chambellan quand Napoléon le remarque et l'intègre à sa suite. Emmanuel de Las Cases, le futur auteur du *Mémorial*, a surgi tout aussi soudainement dans cette histoire. Obscur chambellan lui aussi, il devient secrétaire de l'Empereur après la seconde abdication. Si leur opportunisme est quasi certain, Montholon et Las Cases sauront se faire apprécier par leur maître, le premier par sa déférence, le second par sa conversation, et finiront même par être préférés à Bertrand ou Gourgaud.

Quant aux domestiques, Napoléon s'entoure plutôt de têtes connues : le premier valet de chambre Marchand, le « mamelouk » Ali, de son vrai nom Louis Etienne Saint-Denis, ou le maître d'hôtel Cipriani. Hormis Bertrand et Las Cases, la suite de Napoléon est plutôt jeune, ses anciens serviteurs tel le fameux valet Constant se sont depuis longtemps éloignés de lui fortune faite. *Sic transit gloria mundi.* Il ne faut jamais perdre de vue que les derniers compagnons de l'Empereur sont avant tout des serviteurs de sa personne, même si plusieurs entretiendront des relations assez personnelles avec lui. Tous occupent donc une fonction de cour, rémunérée d'ailleurs assez généreusement. Quand tombe la nouvelle de la déportation, beaucoup sont affligés, épouvantés même (la comtesse Bertrand tente de se jeter à la

"Une véritable fabrique d'écriture s'est installée à Longwood."

Mais ce dernier se distrait avec d'autres, notamment avec Albine de Montholon qui devient sa maîtresse quelques mois seulement après l'installation à Longwood. Quand il voit celle qu'il n'appelle plus que la *« putain »* sortir de la chambre de l'Empereur décoiffée et le vêtement mal réajusté, Gourgaud tempête, insulte Montholon. Sans doute pour préserver sa position favorable au sein de la petite cour, le mari trompé fait mine de ne rien voir, s'inclinant au contraire toujours davantage devant son maître. Pendant ce temps, l'officier de cour le plus capé, Bertrand, promène son mal-être. Son épouse, Fanny, le presse toujours de retourner en Europe. Partagé entre deux fidélités, il hésite sans cesse, ce qui l'éloigne de Napoléon. Malgré les constants rappels à l'ordre de l'Empereur, les désespérants jeux de cour se poursuivent. La médiocrité de son entourage ajoute ainsi au drame de la captivité.

L'atmosphère s'alourdit encore quand débarque sur l'île en avril 1816 le geôlier de Napoléon, sir Hudson Lowe. Pour les Britanniques, il est l'homme idoine. On l'a choisi car on le croit à juste titre imperméable à la séduction de Napoléon. Longtemps, il a commandé des troupes corses et connaît donc bien le caractère des natifs de l'île de Beauté. Orgueilleux, l'homme pense être devenu, par sa nomination de gouverneur de Sainte-Hélène, un homme important, alors qu'en réalité, loin d'être prestigieux, son rôle de garde-chiourme est forcément ingrat. Il prend ses fonctions muni d'instructions sévères, données par son supérieur direct, lord Bathurst, qui veut à tout prix réduire la suite de Napoléon, jugée trop nombreuse et potentiellement dangereuse.

Peu diplomate, Lowe manœuvre maladroitement, multiplie les vexations de toutes sortes. Sur ordre, il réduit par exemple les dépenses de la table de Longwood, ce qui provoque l'ire des Français. Après cinq entrevues seulement, sa rupture avec Napoléon est consommée. Désormais, les deux hommes se méfient l'un de l'autre, irrémédiablement enfermés dans leur détestation réciproque. La postérité a jugé très sévèrement Lowe, elle l'a même accablé. Exagérément sans doute. Entre les fermes exigences de son gouvernement et la résistance opiniâtre de son prisonnier, il n'a pas su tirer son épingle du jeu. Dépassé en outre par l'enjeu, il en devient paranoïaque et se fait détester, y compris par ses propres hommes.

LE CAPTIF À L'OFFENSIVE

Malgré l'adversité, Napoléon est au travail dès les premiers jours de sa déportation. Il écrit, dicte, relit, corrige ses Mémoires. Une véritable fabrique d'écriture s'est installée à Longwood. Si, au début, le prisonnier privilégie le travail avec Las Cases, tout le monde est ensuite mis à contribution : Gourgaud, Bertrand, Montholon ou Ali. Page après page, la légende s'écrit. Toutes les conversations de Napoléon sont transcrites. Dès lors, le discours napoléonien prend forme, prêt à être diffusé. On a longtemps cru que l'Empereur n'avait travaillé que pour sa seule postérité. C'est une erreur. Grâce à sa plume, il espère aussi influencer encore ses contemporains, afin de changer d'une manière ou d'une autre le cours de sa captivité. Le royaume du roi George est en réalité tout sauf uni. A cause des divisions politiques ou entre nationalités, il est même profondément fracturé. Au fil des mois, la popularité du prisonnier ne cesse d'y progresser. A Londres, une exposition consacrée à sa personne remporte un immense succès. Dans la presse, il est omniprésent. Et quand le chirurgien du *Northumberland*, un certain Warden, publie un verbatim de ses conversations avec l'Empereur, son livre multiplie les rééditions.

Comprenant qu'il est peut-être temps de passer à l'offensive, Napoléon publie à son tour en Angleterre deux pamphlets et trois livres sous couvert d'anonymat. L'opération, clandestine, est proprement stupéfiante. Avant de partir pour Rochefort, Napoléon a déposé d'importantes sommes à Paris. Grâce au mécanisme bien rodé des lettres de change, il dépense un million de francs pour soudoyer des Anglais de passage sur l'île, des marins essentiellement, et ainsi porter la contestation jusqu'au cœur même de l'Empire britannique. En l'espace de deux ans, ce sont des centaines de pages directement sorties de sa plume qui surgissent ainsi dans les librairies anglaises. Dans ces œuvres, il justifie ses actes passés mais aussi et surtout fustige sa détention.

HUIS CLOS

En haut : la salle à manger de la maison de Longwood, où Napoléon réunissait sa petite cour pour dîner, les officiers étant en grande tenue et les dames en robe de cour. Ci-dessus : vue et plan de l'*Habitation de l'empereur Napoléon Ier*, *Longwood Old-house*, 1860 (île d'Aix, Musée napoléonien). Hormis les Bertrand qui logeaient dans une autre maison, chacun disposait d'une petite chambre dans cette maison particulièrement humide et infestée de rats.

"Longwood devient la maison d'un malade."

A chaque fois, ces écrits remportent un vrai succès et sont abondamment commentés dans la presse. Contre toute attente, une alliance de circonstance et appelée à durer se noue entre les libéraux européens et le monarque déchu. A cause de cette vogue napoléonienne qui submerge l'Angleterre, le cabinet de St James est sous le feu des critiques.

A Sainte-Hélène, Lowe s'inquiète également. Il comprend que s'il arrive malheur au captif, il en paiera le prix. Début 1818, trois décès à Longwood dont celui de Cipriani, l'un des hommes de confiance de Napoléon, le font douter. Il sait que l'on critique la maison de Longwood, jugée trop humide et donc propice à la maladie. De son propre chef, il prépare le déménagement de Napoléon dans un endroit considéré comme plus sain. Mais un second départ (après celui de Las Cases fin 1816) au sein de la suite de l'Empereur va mettre un terme à ce projet. Après qu'il eut une nouvelle fois provoqué en duel Montholon, Napoléon, excédé par son attitude, demande en effet à Gourgaud de partir. Fâché par son renvoi, le général se venge en se répandant en propos fâcheux contre son ancien maître, affirmant par exemple qu'il est en parfaite santé et que ses plaintes ne sont que comédies. Quand il arrive en Angleterre, il répète ses propos devant un ministre anglais, ce qui a pour conséquence qu'on décide de maintenir Napoléon à Longwood. Pis encore, l'un des alliés du captif, O'Meara, est renvoyé suite à ces confidences. Pour Londres, la cause est entendue : Napoléon n'est qu'un simulateur. Partant, on ne le croira plus jamais, même quand il sera durement affecté par la maladie.

Vers le drame final

Après les consternantes confessions de Gourgaud, une nouvelle ère s'ouvre, plus âpre encore. Suite au congrès d'Aix-la-Chapelle, qui réunit les principales puissances européennes à l'automne 1818, les espoirs de libération de Napoléon s'évanouissent. S'appuyant à nouveau sur les dires de Gourgaud, les monarques européens confirment solennellement et d'une seule voix la déportation de Napoléon. Les campagnes de presse orchestrées par l'Empereur ont échoué. En juillet 1819, à Longwood, le départ d'Albine de Montholon affecte plus que tout autre Napoléon. Son moral est sévèrement atteint. Dès lors, il s'enferme plus encore dans ses appartements, n'écrit plus et se morfond. Il ne reprend un peu d'allant qu'en dirigeant dès l'aube l'aménagement de ses jardins. Impérieux, il mène à la baguette ses domestiques et quelques ouvriers chinois. Grâce à de nouvelles haies et le creusement d'allées, il se dissimule toujours davantage au regard de ses gardiens sans comprendre toutefois qu'en disparaissant ainsi, c'est un peu comme s'il creusait lui-même sa propre tombe.

Napoléon a-t-il été empoisonné ?

En 1955, un stomatologue suédois, Sten Forshufvud, crut reconnaître tous les symptômes d'un empoisonnement à l'arsenic en lisant les *Mémoires* de Marchand, le premier valet de chambre de Napoléon à Sainte-Hélène. Cinq ans plus tard, une première analyse des cheveux de l'Empereur sembla confirmer cette thèse, tant la dose d'arsenic qu'ils contenaient était massive. Les médias s'emparèrent de l'affaire, qui leur semblait entendue, même si la communauté des historiens, Jean Tulard en tête, restait dubitative. Année après année, des dizaines de mèches furent ainsi passées au crible et apportèrent la même conclusion. Des coupables furent évoqués, les Anglais mais aussi l'un des compagnons du captif, le général de Montholon. Mais en 2002, la thèse de l'empoisonnement, soudain, se fissura. D'autres examens révélèrent que des cheveux coupés bien avant l'exil à Sainte-Hélène avaient également une forte teneur en arsenic. Mieux encore, on retrouva également la substance toxique dans des mèches appartenant à la famille proche de l'Empereur. Utilisé notamment en teinture, l'arsenic est présent partout à l'époque et n'a finalement pas causé la mort de Napoléon. Ajoutons qu'à force de couper des cheveux en quatre, l'analyse historique fut oubliée en chemin. Parmi les centaines de témoignages ou les milliers de pages d'archives disponibles, aucun document n'était venu conforter une thèse aujourd'hui considérée comme fantaisiste. *PB*

Plus inquiétant encore, une sournoise maladie le ronge. Atteint d'ulcère, son estomac est le siège de micro-hémorragies qui l'anémient peu à peu. Chaque jour, il s'affaiblit davantage. Sa pâleur semble mortelle. Fin 1820, il ne se déplace plus que soutenu par ses valets. Puis, il ne sort plus. Longwood devient la maison d'un malade. A son chevet, on se relaie avec dévouement, le plus présent étant Montholon. Sentant ses forces l'abandonner, Napoléon rédige son testament en avril 1821. Face à la mort, il reste cependant serein. Plus curieux qu'inquiet, il s'interroge surtout sur les causes de sa maladie, ne cessant de questionner son médecin corse Antommarchi, arrivé en 1819. Inquiet pour son fils l'Aiglon, il fait au docteur une ultime requête : être autopsié afin de vérifier s'il n'est pas atteint d'une maladie héréditaire.

Son agonie est longue et difficile. Côté anglais, on pense encore pouvoir le sauver. Les médecins désignés par Lowe insistent pour qu'il lui soit administré du mercure, un remède fort couru à l'époque, mais particulièrement nocif. Ce poison médical lui est donné à son insu, ce qui précipite son décès. En quelques heures, ses hémorragies s'aggravent et le plongent dans le coma. Le 5 mai au matin, on a perdu tout espoir. Son pouls est faible, presque impossible à détecter. Il respire difficilement. Dans le salon de Longwood, on se rassemble avec dévotion autour de lui. Tandis que le jour pâlit, Napoléon expire après trois ultimes soupirs. Il est 5 h 49 du soir : *« En vain nous attendîmes une autre aspiration et une autre expiration… Hélas ! il ne restait plus de l'Empereur que la dépouille mortelle »*, raconte le mamelouk Ali. Napoléon disparaît ainsi à l'âge de cinquante et un ans, huit mois et vingt jours.

Historien du Premier Empire, responsable du patrimoine à la Fondation Napoléon, Pierre Branda a notamment publié* Le Prix de la gloire, Napoléon et l'argent *(Fayard),* Napoléon et ses hommes, la Maison de l'Empereur *(Fayard),* La Saga des Bonaparte *(Perrin). Il vient de faire paraître* Napoléon à Sainte-Hélène *(Perrin).

AVERSION
Sir Hudson Lowe *(page de gauche, en haut,* in Un siècle d'histoire de France par l'estampe, 1770-1870, Collection de Vinck*)* débarque à Sainte-Hélène en avril 1816. Entre Napoléon *(page de gauche, en bas,* Sainte-Hélène, la dernière période, *par James Sant, vers 1900, Glasgow, Kelvingrove Art Gallery and Museum)* et son geôlier, la détestation est immédiate et réciproque. Ci-contre : *C'est fini : Napoléon Ier à Sainte-Hélène,* par Oscar Rex, XIXe siècle (Rueil-Malmaison, Musée national des châteaux de Malmaison et de Bois-Préau).

LA MARCHE DE L'HISTOIRE

PAR JACQUES-OLIVIER BOUDON

Napoléon se préoccupa le premier d'écrire son histoire. Elle est l'objet depuis d'une production sans cesse renouvelée.

HISTORIEN NATIONAL
Ci-dessus : Adolphe Thiers. Promoteur du retour des cendres de l'Empereur en 1840, il s'attacha, le premier, à un titanesque travail d'étude qui aboutit à la publication, entre 1845 et 1862, d'une somme en vingt volumes consacrée à l'*Histoire du Consulat et de l'Empire*. Page de gauche : *Napoléon à Sainte-Hélène dictant ses mémoires au général Gourgaud*, par Charles Auguste de Steuben, XIXe siècle (collection particulière). Ayant choisi, dans son exil, de *« substituer la plume à l'épée »*, Napoléon se fit le propre historiographe de son règne.

On a coutume de dire, s'inspirant d'une formule célèbre de Stendhal, qu'il s'est publié autant de livres sur Napoléon qu'il s'est écoulé de jours depuis sa mort. Cet adage, vrai quelques années après sa disparition, l'est toujours deux cents ans plus tard tant l'homme et son époque ont suscité d'intérêt en France mais aussi à l'étranger.

NAPOLÉON, HISTORIEN DE SON ÉPOPÉE

Le premier historien de Napoléon est Napoléon lui-même. Déjà jeune général, il est obsédé par l'idée de laisser une trace dans l'histoire, de s'inscrire dans la lignée des grands conquérants de l'humanité, Alexandre, César, Charlemagne notamment. Ses écrits en font foi, en particulier les *Bulletins de la Grande Armée* qui offrent au monde sa lecture des campagnes qu'il a conduites, avec probablement l'idée que ces écrits passeront à la postérité, comme aussi les proclamations qu'il adresse à ses soldats ou les articles de presse qu'il inspire. De fait, ce matériau qu'il lègue sera largement utilisé par ses historiens.

Après sa première abdication, la dernière lettre qu'il écrit à Joséphine trace un nouveau programme de vie : « *Je vais dans ma retraite substituer la plume à l'épée* », manière d'expliquer qu'il se fera le propre historiographe de son règne. Amorcé à l'île d'Elbe, ce programme est mis en place à Sainte-Hélène, où Napoléon commence à dicter à ses compagnons, Las Cases, Montholon, Gourgaud et Bertrand, le récit de plusieurs de ses exploits, les campagnes d'Italie et d'Egypte, celles de 1814 et 1815. Ces récits seront publiés en volumes dès les lendemains de sa mort. A Sainte-Hélène, il se raconte, parle de lui, de son enfance, revient sur les différentes étapes de sa carrière, sur les personnages qu'il a croisés. Las Cases, comme ses compagnons, recueille ces propos. Mais il sera le seul à en tirer une somme, le *Mémorial de Sainte-Hélène*, paru en 1823, qui offre au public à la fois une vie de Napoléon à Sainte-Hélène et les Mémoires que l'Empereur n'aura pas eu le temps de mettre lui-même en forme. Le succès est au rendez-vous, même s'il est plus modeste qu'on l'a parfois écrit.

A Sainte-Hélène, Napoléon doit aussi répondre à ses premiers détracteurs. La légende noire fait rage. La *damnatio memoriae* dont est victime l'Empereur déchu à la Restauration s'accompagne de la remise en cause de son œuvre. Chateaubriand a ouvert le bal en 1814 en publiant *De Buonaparte et des Bourbons*, pamphlet dans lequel il dénonce, en Napoléon, l'Ogre, le tyran, l'étranger, l'usurpateur. D'autres auteurs s'engouffrent dans la brèche, Labaume évoquant la campagne de Russie, le général Rogniat critiquant ses choix stratégiques, ou l'abbé de Pradt. A chacun, il tente de répondre. Le *Mémorial* étouffe partiellement cette légende noire en faisant revivre un empereur attaché aux libertés et promoteur de l'unité européenne.

L'obsession de Napoléon de s'inscrire dans l'histoire le conduit enfin à confier, dans son testament, à Edouard Bignon, diplomate qui a exercé les fonctions de sous-secrétaire d'Etat aux Affaires étrangères pendant les Cent-Jours, le soin de rédiger une histoire diplomatique de 1792 à 1815, mission dont il s'acquitte en publiant à partir de 1829 son *Histoire de France sous Napoléon*, depuis le 18 Brumaire jusqu'à la seconde Restauration.

Russie étant par ailleurs réactivé par la signature des accords franco-russes dans les années 1890.

A la fin du siècle, Napoléon a trouvé en Frédéric Masson son principal défenseur. Découvreur acharné de documents sur l'Empire dont il se constitue une belle collection, il se consacre avant tout à l'homme Napoléon, dans sa vie privée, sa relation aux femmes, ses rapports avec sa famille. Il entretient par ailleurs des liens privilégiés avec le prince Napoléon qui en font l'historien quasi officiel de la famille. Car si le Napoléon chef de guerre fait consensus, l'homme politique divise à une époque où les bonapartistes conservent l'espoir de faire remonter leur prétendant sur le trône. Il leur faut aussi compter avec des historiens critiques à l'égard de Napoléon, à commencer par Hippolyte Taine dans *Les Origines de la France contemporaine.* Ce débat sur le bilan de Napoléon conduit du reste le prince Napoléon à prendre la plume pour défendre l'œuvre de son oncle et fustiger ses détracteurs.

A la veille du centenaire du Consulat et de l'Empire, l'opinion reste divisée. Comme aujourd'hui, Napoléon ne bénéficie pas de l'attention manifestée à l'égard du centenaire de la Révolution française. Aucun programme général de commémoration n'est envisagé, laissant aux historiens le soin de revenir sur cette histoire, à commencer par Albert Vandal retraçant par le menu les deux premières années du Consulat après s'être intéressé aux relations entre Napoléon et le tsar Alexandre.

Les premiers historiens

La publication du *Mémorial de Sainte-Hélène* favorise un regain d'intérêt pour l'époque napoléonienne. Les acteurs de l'épopée commencent à publier leurs Mémoires et, à l'image de Thibaudeau qui fut préfet des Bouches-du-Rhône avant d'être exilé comme régicide, à se lancer dans les premières histoires de Napoléon. De son côté, Norvins, qui a dirigé la police napoléonienne à Rome, publie en 1827 un ensemble de quatre volumes dont le succès ne se dément pas au fil des rééditions, surtout lorsque paraît en 1839 une version agrémentée de trois cent cinquante-quatre gravures dues au peintre Raffet. Charlet contribue de son côté à illustrer, par un dessin consacré au siège de Saint-Jean-d'Acre, la *Vie politique et militaire de Napoléon* d'Arnault, paru en 1822, puis il multiplie les dessins à sujet napoléonien, notamment réunis dans le recueil *L'Empereur et la Garde impériale,* publié en 1853.

L'époque de la monarchie de Juillet est favorable à la légende napoléonienne. Le gouvernement a replacé une statue de Napoléon en haut de la colonne Vendôme, achevé la construction de l'arc de triomphe de l'Etoile et surtout organisé le retour des cendres de l'Empereur, occasion d'une ample manifestation populaire à Paris le 15 décembre 1840. Le promoteur de ce retour n'est autre qu'Adolphe Thiers, chef de gouvernement au printemps 1840, qui signe alors un contrat pour une *Histoire du Consulat et de l'Empire* dont il fera paraître les vingt volumes entre 1845 et 1862, profitant des loisirs offerts par l'ostracisme politique dont il est victime sous le Second Empire. Thiers a visité les principaux champs de bataille, lu tous les écrits disponibles y compris la correspondance de Napoléon alors inédite, interrogé les témoins. Il donne une somme inégalée pour l'époque qui trône dans la plupart des bibliothèques de la bourgeoisie et fait de lui un « historien national ». S'il s'affiche comme un adversaire du neveu, il ne peut dissimuler son admiration pour Napoléon le Grand.

A la même époque, d'autres historiens tentent de brosser un portrait plus critique de l'Empereur, à l'image de Pierre Lanfrey. Mais c'est surtout l'article « Bonaparte » de Pierre Larousse dans le *Grand dictionnaire universel du XIXe siècle* que l'on retiendra. Paru en 1867, il met l'accent sur le général de la Révolution, *« mort au château de Saint-Cloud, près de Paris, le 18 brumaire »,* tout en tirant un bilan positif des années du Consulat. Dans l'article « Napoléon » paru en 1874, Larousse se déchaîne en revanche contre l'Empereur.

Le temps de la revanche

Napoléon aurait pu être emporté, sur le terrain de l'histoire, dans la réprobation qui s'abat sur son neveu après Sedan. Il n'en est rien. Ou plutôt l'historiographie de la IIIe République prend soin de distinguer le chef de guerre du chef d'Etat. Le premier a toutes les faveurs d'une école historique qui participe à sa manière à l'effort de revanche engagé par le pays. Albert Sorel avec son *Europe et la Révolution française* qui couvre largement l'Empire, ou Henry Houssaye, publiant *Iéna,* après une somme sur 1814 et 1815, s'interrogent sur les raisons des succès puis des échecs de Napoléon face à la Prusse. C'est aussi la grande époque de la mise en valeur des sources notamment militaires, au sein du Dépôt de la guerre où nombre d'officiers historiens s'emploient à réécrire les différentes campagnes de Napoléon, celle de 1806 en particulier, l'intérêt pour la campagne de

Au ban de l'Université

Ce débat historiographique trouve son prolongement dans la mise au ban de l'histoire napoléonienne par l'Université, alors même que l'on continue à l'enseigner à l'école primaire. Un exemple l'illustre à merveille. En 1901, Louis Madelin soutient sa thèse sur Joseph Fouché à la Sorbonne. Il est étrillé par le jury, accusé de vouloir réhabiliter le ministre de la

Police de Napoléon. Par la suite, il ne parviendra jamais à trouver un poste dans l'université et s'orientera vers une carrière d'homme de lettres, multipliant les articles et les livres, dont sa magistrale *Histoire du Consulat et de l'Empire,* qui remplace à certains égards celle de Thiers. Madelin accédant à l'Académie française en 1927 incarne toute une frange de l'historiographie napoléonienne qui se forge en dehors des cadres universitaires. L'un des plus grands succès éditoriaux du temps est ainsi remporté par le *Napoléon* de Jacques Bainville paru en 1931 et très régulièrement réédité.

En comparaison, l'histoire universitaire fait pâle figure sans être totalement absente. André Latreille consacre ainsi une thèse au cardinal Fesch, qui lui permet de devenir professeur à l'université de Lyon, mais si on lui doit un manuel sur l'histoire de l'Empire, c'est davantage comme historien des religions qu'il se distingue. Louis Villat, professeur à l'université de Besançon, est également l'auteur d'une synthèse sur l'Empire, mais reste un historien de la Corse. Il faut en revanche souligner l'intérêt porté à l'Empire dès cette époque par les historiens de la Révolution à commencer par Georges Lefebvre, professeur à la Sorbonne, auteur d'un *Napoléon* qui est en fait une synthèse globale sur la période.

A l'université, l'histoire napoléonienne pâtit alors du primat de l'école des Annales qui privilégie l'histoire économique et sociale, au détriment de l'histoire politique, diplomatique et militaire. Un professeur fait exception, Marcel Dunan, auteur d'une grande thèse sur la Bavière à l'époque napoléonienne, élu à la Sorbonne en 1946. L'histoire de Napoléon est alors trustée par les historiens non universitaires, tel André Castelot qui remporte un succès considérable avec ses deux volumes sur Bonaparte et Napoléon à la fin des années 1960, séduisant le public par un art de raconter qui le rend accessible à tous.

NOUVELLE HISTOIRE

Page de gauche, à gauche : *Italie, 1796*, par Auguste Raffet *in Album pour 1836* (The Cleveland Museum of Art). A droite : Frédéric Masson qui, à la fin du XIXe siècle, fut le principal défenseur de Napoléon. Ci-dessus, à gauche : Louis Madelin, vers 1930. Auteur d'une magistrale *Histoire du Consulat et de l'Empire*, il incarne toute une frange de l'historiographie napoléonienne forgée en dehors des cadres universitaires. A droite : Jean Tulard. Il s'est définitivement affirmé comme le maître des études napoléoniennes au XXe siècle.

Les nouveaux enjeux

La commémoration du bicentenaire de la naissance de Napoléon en 1969 modifie la perception du personnage et de l'époque, sans pour autant faire cesser les critiques. Historiens et conservateurs se mobilisent pour faire revivre le grand homme. Du côté universitaire, un jeune directeur d'études de l'Ecole pratique des hautes études se distingue. Jean Tulard s'était déjà fait connaître par ses travaux sur le mythe napoléonien et sa légende noire. Il s'affirme alors comme l'un des chefs d'orchestre d'une nouvelle histoire napoléonienne qui bénéficie, outre son aura, du reflux de l'histoire labroussienne, et du regain d'intérêt pour la biographie. C'est précisément en publiant son *Napoléon* en 1977, puis dix ans plus tard le *Dictionnaire Napoléon,* que Jean Tulard s'affirme définitivement comme le maître des études napoléoniennes, formant des dizaines de disciples.

Le bicentenaire de l'Empire prolonge cette dynamique, bénéficiant notamment du soutien désormais accordé aux études napoléoniennes par la Fondation Napoléon, créée en 1987 et dirigée depuis 2000 par Thierry Lentz, lui-même un des artisans de ce renouveau, tout comme Patrice Gueniffey, qui préside le comité scientifique de la revue en ligne *Napoleonica,* publiée par la Fondation. La Fondation permet aussi de favoriser des ponts entre milieux universitaires et associations dédiées à l'histoire napoléonienne comme le Souvenir napoléonien ou l'Institut Napoléon et contribue à la publication de sources dont la correspondance de Napoléon.

De fait, l'histoire napoléonienne n'a cessé d'évoluer, dans le cadre d'une historiographie plus que jamais internationale. Elle a bénéficié des nouvelles approches dans le domaine de l'histoire militaire, avec l'émergence d'une histoire sociale du fait militaire qui fait davantage de place à la dimension anthropologique des combats. Elle a profité des nouvelles approches en histoire sociale, particulièrement attentive depuis cinquante ans à l'histoire des élites. Elle a bénéficié aussi de l'intérêt pour l'histoire des monarchies à laquelle elle participe, comme l'a montré Charles-Eloi Vial. A l'heure où la mode est à l'histoire mondiale, voire à l'histoire globale, l'épopée napoléonienne, par essence internationale, ne pouvait qu'y trouver sa place.

Professeur à l'université Paris-Sorbonne, titulaire de la chaire d'histoire de la Révolution et de l'Empire, président de l'Institut Napoléon, Jacques-Olivier Boudon est membre du conseil scientifique du* Figaro Histoire. *Auteur d'une trentaine d'ouvrages sur la période, il a récemment publié* L'Empire des polices *(Vuibert),* La Campagne d'Egypte *(Belin) et* Les Quatre Sergents de La Rochelle *(Passés Composés).

Souverain
Ci-contre : *Napoléon Ier en 1812*, par Eugène Guillaume, vers 1860 (Rueil-Malmaison, Musée national des châteaux de Malmaison et de Bois-Préau).

NAPOLÉON

Le conquérant des siècles

Deux cents ans après sa mort, l'Empereur et son héritage continuent d'agiter les passions. Honoré dans toute la France par de nombreuses commémorations, l'ancien maître de l'Europe est aussi au cœur de débats houleux : *« vivant, il a manqué le monde ; mort, il le possède »* (Chateaubriand).

« Je m'inquiète peu de tous les libelles lancés contre moi ; mes actes et les événements y répondent mieux que les plus habiles plaidoyers. Je me suis assis sur un trône vide. J'y suis monté vierge de tous les crimes ordinaires aux chefs de dynasties. Qu'on aille chercher dans l'histoire, et que l'on compare ! Si j'ai à craindre un reproche de la postérité et de l'histoire, ce ne sera pas d'avoir été trop méchant, mais peut-être d'avoir été trop bon. »

Napoléon, le 13 mai 1816, cité par le comte de Las Cases.

EMPEREUR DES FRANÇAIS
***Napoléon Ier reçoit à Saint-Cloud le sénatus-consulte qui le proclame empereur des Français, le 18 mai 1804* (détail), par Georges Rouget, 1837 (Versailles, musée du Château). Par ce texte, que présente ici Cambacérès, *« le gouvernement de la République est confié à un empereur, qui prend le titre d'empereur des Français »*, et *« la dignité impériale est héréditaire dans la descendance directe, naturelle et légitime de Napoléon Bonaparte »*.**

Les 5 procès de Napoléon

PAR THIERRY LENTZ

Précis à l'usage de ceux qui, loin des jugements à l'emporte-pièce et des anachronismes, souhaiteraient s'en tenir à l'Histoire.

© PHOTO JOSSE/LEEMAGE.

Le bicentenaire de la mort de Napoléon est déjà l'occasion de recommencer les procès et les faux procès dont il est l'objet, certains commencés de son vivant. Est en effet très ancienne son inculpation d'avoir « assassiné » la Révolution, d'avoir instauré une « dictature militaire » et d'avoir assouvi son ambition égoïste en lançant la nation française dans des guerres de conquêtes. Depuis une trentaine d'années, sous la pression des « sensibilités contemporaines », deux nouvelles instructions ont été ouvertes : l'instauration du « patriarcat » et, bien sûr, le « racisme » qui l'aurait guidé lors du rétablissement de l'esclavage, en 1802. Donnons ici quelques éléments historiques utiles pour dépasser les émotions et les idées toutes faites.

1 LE FOSSOYEUR DE LA RÉVOLUTION

La Révolution française est traditionnellement découpée en quatre périodes : la Constituante (1789-1791), la Législative (1791-1792), la Convention (1792-1795) et le Directoire (1795-1799). Le Consulat (1799-1804) et l'Empire (1804-1815) n'en feraient donc pas partie. De cette périodisation, au départ à utilité pédagogique, a été déduite l'accusation que Bonaparte aurait trahi la Révolution. On dit même qu'il en fit l'aveu dans la proclamation du 13 décembre 1799 présentant la Constitution rédigée dans le mois suivant le coup d'Etat de Brumaire : *« la Révolution est fixée aux principes qui l'ont commencée. Elle est finie »*. La deuxième phrase – la première est souvent oubliée – signifiait-elle que le nouveau régime tournait le dos à la Révolution ?

En utilisant le verbe *finir*, Bonaparte avait habilement choisi un mot à double sens : selon le *Dictionnaire de l'Académie* de l'époque, il pouvait avoir comme synonyme autant *parfaire* (comme dans « produit fini ») qu'*achever*. Le Premier consul déclarait ainsi vouloir mener la Révolution à bonne fin par la mise en œuvre des principes qui « l'avaient commencée ». La proclamation les énumérait plus loin : gouvernement représentatif, propriété, égalité, liberté, conciliation des droits des citoyens et des intérêts de l'Etat. Sur tous ces points, le régime napoléonien ne renonçait donc pas aux principes de la Révolution. Seule la liberté politique ne fut pas absolument garantie dans les quinze années suivantes, au nom des intérêts supérieurs de l'Etat.

2 UN DICTATEUR MILITAIRE

On ne peut contester que le régime napoléonien fut un régime d'autorité qui tendit, à partir des années 1809-1810, vers le pouvoir personnel, complété par la mise sous tutelle et sous surveillance de la liberté politique. Cela étant admis, il ne fut pas pour autant une dictature : les contre-pouvoirs, la force de certains principes limitèrent l'action de l'exécutif et les circonstances réduisirent souvent ses marges de manœuvre. Ajoutons que Napoléon n'oublia jamais sa formation et ses convictions de jeunesse, qui le poussaient vers les courants modérés de la Révolution.

La dictature se définit généralement autour de trois critères : un pouvoir installé et maintenu par la force militaire ; des décisions « arbitraires », sans garanties ni recours ; une structure politique considérée comme illégitime par la majorité des citoyens. L'étude de chacun de ces points pour le régime napoléonien amène à rejeter toute conclusion péremptoire. Le retour de l'autorité d'un Etat incarné ne fut pas suivi de l'emploi systématique d'une contrainte illégitime ou de la force brutale, de même que l'acceptation du régime par le peuple et les élites fut large, exprimée par les plébiscites, les élections intermédiaires, le consentement à la conscription et à l'impôt, etc. L'origine du régime ne correspond pas stricto sensu à la définition d'un coup d'Etat *militaire.* L'intermède de l'évacuation des députés de leur salle de réunion, le 19 brumaire, changea plus en effet le bénéficiaire du coup d'Etat (Bonaparte au lieu de Sieyès) que sa nature profonde. Par la suite, l'armée fut soigneusement tenue à l'écart du pouvoir, tout en obtenant une visibilité sociale et un rang protocolaire qui n'impliquaient aucun rôle dans la gestion quotidienne des affaires. Le constatant, Albert Soboul en personne écrivait : « *Le régime resta essentiellement civil.* »

Un autre que Napoléon, doté d'autant de pouvoirs, n'aurait peut-être pas mené sa barque avec si peu de sang versé, hors la guerre bien sûr qui en fait immanquablement couler. On ne peut lui imputer que deux exécutions purement politiques, contre des opposants n'ayant pas utilisé la force contre le pouvoir : celle du duc d'Enghien, qui avoua lors de son interrogatoire avoir eu l'intention de reprendre les armes contre la République, et celle du libraire Johann Philipp Palm, diffuseur d'un pamphlet appelant à la révolte allemande contre les Français. La mort du premier, en mars 1804, fut un gage offert aux républicains en même temps qu'un avertissement aux royalistes, à quelques semaines de la proclamation de l'Empire. Celle du second, en août 1806, sanctionnait un mouvement entendant détacher la « tierce Allemagne » (Bavière, Wurtemberg, Saxe, Bade...) de l'alliance avec la France, contre les appétits autrichiens et prussiens. Hors ces deux cas et ceux des insurgés de l'Ouest et de Provence au début du Consulat, ces derniers pris en flagrant délit de lutte armée, là où les sans-culottes avaient froidement massacré, là où les Terroristes avaient utilisé la guillotine à tour de bras, là où les colonnes infernales laissaient derrière elles des cendres et des traînées de sang, Napoléon préféra toujours la mise sous surveillance, l'éloignement du territoire métropolitain ou de la capitale, voire la détention en prison d'Etat. Ces dernières accueillirent au maximum 2 500 prisonniers, dont une majorité de « droit commun » qu'on ne voulait pas laisser dans la nature. On comparera ce chiffre aux 500 000 arrestations et aux 20 000 exécutions des années chaudes de la Révolution. Cette dernière ne peut guère servir de contre-exemple en la matière, ce que résumait ainsi le révolutionnaire Mathieu Dumas, devenu conseiller d'Etat : « *[Bonaparte] n'attenta point à la liberté, puisqu'elle n'existait plus* ».

3 LE CONQUÉRANT SANS SCRUPULES

Napoléon avait certes une immense ambition et n'avait pas peur de la guerre. Sa politique extérieure ne peut cependant pas se comprendre sans envisager la géopolitique héritée des siècles passés. Il fut le continuateur des guerres de la Révolution, certes, mais aussi de traditions diplomatiques visant à assurer la prépondérance française en Europe, remontant au bas mot au règne de Louis XIV. Le continent ne fut pas, d'ailleurs, divisé entre les « pro- » et les « anti- » Napoléon, sinon, il n'aurait pas fallu attendre l'automne 1813 pour qu'une coalition générale se forme contre lui. Avant cela, les puissances continentales s'étaient accommodées de la prépondérance française et avaient tenté d'en tirer le plus de bénéfices possible. Ce fut le grand succès de la diplomatie britannique que d'arriver à réunir l'Europe autour d'un dénominateur commun (faire chuter la France et son chef). Car le fameux « système continental » que voulait fonder Napoléon était antinomique de la traditionnelle politique d'équilibre des puissances menée par Londres. Pour cette dernière, l'Europe ne devait pas s'organiser et encore moins être dominée par une seule puissance, non pour la beauté du principe, mais pour garantir des débouchés aux produits britanniques. Toutes choses égales par ailleurs, c'est encore la politique de Boris Johnson aujourd'hui. Un siècle de guerres, depuis celle de la Ligue d'Augsbourg (1688) jusqu'à Waterloo (1815), fut nécessaire pour vider cette querelle.

Napoléon fut le dernier à avoir tenté de réaliser par ses seules armes le rêve français de prépondérance en Europe. Lorsqu'elle devint insupportable aux autres acteurs, beaucoup par sa faute et son intransigeance, il chuta comme avait chuté avant lui, pour les mêmes raisons et avec le même ennemi principal, la suprématie des Habsbourg. Le rêve français de prépondérance sombra dans la plaine de Waterloo.

FIDÉLITÉ Page de gauche : *Serment de l'armée fait à l'Empereur après la distribution des aigles au Champ-de-Mars, le 5 décembre 1804*, par Jacques-Louis David, 1810 (Versailles, musée du Château). *« Soldats !* lance Napoléon, *ces aigles (...) seront partout où votre empereur jugera leur présence nécessaire pour la défense de son trône et de son peuple ».* Dans un élan unanime, les soldats jurent alors *« de sacrifier [leur] vie pour les défendre ».* Ci-dessous : *1807, Friedland*, par Ernest Meissonier, vers 1861-1875 (New York, The Metropolitan Museum of Art).

4 Le fondateur du « patriarcat »

On a dit que Napoléon avait refermé la parenthèse révolutionnaire d'une accession progressive des femmes, sinon à l'égalité avec les hommes, au moins à une plus juste place dans la société. Ladite parenthèse, symbolisée par des figures comme celles de Manon Roland, Théroigne de Méricourt ou Olympe de Gouges, fut en réalité de courte durée. Ces dames finirent pour la plupart sur l'échafaud et les clubs « féministes » furent impitoyablement fermés. La question ne rebondit pas au moment de la préparation du Code civil. Les militantes de la cause féminine avaient quasiment disparu, de même que la littérature traitant de « l'égalité entre les sexes ». Les historiens spécialisés peinent à en trouver d'autres exemples que quelques articles contestant le *Projet d'une loi portant défense d'apprendre à lire aux femmes* de Sylvain Maréchal (1801), un opuscule de Fanny Raoul, *Opinion d'une femme sur les femmes* (la même année), ou certains passages des romans de Germaine de Staël et de Constance de Salm.

Napoléon était représentatif de la « misogynie » ambiante et, sur ce plan, ses idées étaient rien moins que progressistes. Le Code l'illustre mieux qu'un long discours, avec le renvoi des filles et des épouses à un statut de mineures dans le cadre d'une famille placée sous l'autorité du père et du mari, dispositif qui ne sera remis en cause qu'à partir des années 1890. La femme ne jouissait de l'intégralité de ses droits que si elle restait célibataire ; mais elle devait alors subvenir elle-même à ses besoins, ce qui n'était guère facile dans la société de l'époque. La femme mariée devait en revanche obtenir l'autorisation de son époux pour tous les actes de la vie civile. L'inégalité juridique – qui perdurera jusqu'en 1946 et ne disparaîtra totalement qu'en 1965 – se manifestait encore dans les règles de l'adultère (seul celui commis au domicile conjugal pouvait être reproché au mari ; l'adultère de la femme pouvait lui valoir la prison, contre une simple amende au mari) et la stricte limitation du divorce. Les juristes du temps considéraient cependant que le Code offrait à la femme des contreparties à sa soumission : son père et son mari lui devaient une protection personnelle et patrimoniale. Il fallut un siècle et demi pour changer cette situation. En codifiant l'inégalité, Napoléon l'enracina pour longtemps, mais telle était la mentalité de son temps.

5 LE RÉTABLISSEMENT DE L'ESCLAVAGE

La question du rétablissement de l'esclavage est devenue sensible avec l'irruption des mouvements anticolonialistes et, à présent, racialistes, qui y voient la preuve d'un racisme « systémique » dont Napoléon serait un des pères fondateurs. A son avènement, pourtant, il n'avait nulle intention de revenir sur l'abolition décrétée par la Convention, le 16 pluviôse an II (4 février 1794). Les révoltes dans les colonies, notamment la marche à l'indépendance – sous couvert d'autonomie – de Toussaint Louverture à Saint-Domingue, l'habile « lobbying » des hommes d'affaires de son entourage et, au fond, son indifférence aux aspects humains de la question lui firent privilégier les enjeux économiques et géopolitiques. La loi du 30 floréal an X (20 mai 1802) « maintint » l'esclavage là où il n'avait jamais pu être aboli, dans les colonies occupées par les Anglais de 1794 à 1802 et dans celles situées à l'est du cap de Bonne-Espérance. Alors qu'une expédition militaire faisait voile vers les Antilles pour reprendre les îles à sucre en main, Bonaparte ajouta des instructions à ses généraux les autorisant à « rétablir » l'esclavage partout ailleurs. En même temps, la législation de l'Ancien Régime fut rétablie, notamment le fameux Code noir. Elle fut finalement peu appliquée en raison de la perte quasi totale des colonies lors de la guerre avec l'Angleterre. Napoléon lui-même ne s'intéressa plus vraiment à la question de l'esclavage, qu'il considérait comme réglée après 1802. Son dernier acte en la matière intervint pendant les Cent-Jours. Par un décret du 29 mars 1815, il abolit la traite, pensant couper l'herbe sous le pied au congrès de Vienne qui s'était saisi de la question.

Dans son esprit, l'esclavage n'était qu'un facteur de la relance économique des îles antillaises. Il n'y avait nul « racisme » dans sa démarche, simplement de la froideur dans la prise de décision. Il n'empêche que son rétablissement et les tueries qui suivirent pour l'imposer, même s'ils n'émurent pas les continentaux, restent une tache sur la postérité du régime napoléonien. Ses historiens n'ont jamais esquivé la question et ont encore moins tenté d'effacer ces faits et leurs conséquences de leur champ d'étude. Ils leur ont simplement donné la place qui était la leur en leur temps. Leurs collègues haïtiens et des Antilles françaises ou les spécialistes du passé colonial ont mille fois raison de vouloir mieux éclairer ces angles pas tout à fait morts, de leur vouloir une meilleure place et de croiser raisonnablement leur histoire et leur mémoire. Que leurs travaux servent à réduire l'œuvre napoléonienne à ces questions et nourrissent d'autres fantasmes est une autre affaire.

ESPOIRS DYNASTIQUES

Page de gauche : *Arrivée de l'archiduchesse Marie-Louise à Compiègne le 28 mars 1810*, par Pauline Auzou, 1810 (Versailles, musée du Château). Napoléon l'avait épousée dans l'espoir de s'assurer une descendance. En haut : Toussaint Louverture, chef des insurgés de Saint-Domingue (Paris, BnF). Il est l'une des grandes figures des mouvements anticolonialistes et abolitionnistes.

Napoléon, le style, c'est l'homme

ENTRETIEN AVEC BERNARD CHEVALLIER, COMMISSAIRE PRINCIPAL, AVEC ARTHUR CHEVALLIER, DE L'EXPOSITION « NAPOLÉON ». PROPOS RECUEILLIS PAR ISABELLE SCHMITZ ET FRANÇOIS-JOSEPH AMBROSELLI

La vaste rétrospective qui célèbre à la Grande Halle de La Villette le bicentenaire de la mort de l'Empereur évoque cette figure majeure de notre Histoire, sans esquiver les zones d'ombre de l'incroyable épopée.

• Quelle est l'idée majeure de l'exposition « Napoléon » à La Villette ?

L'idée de cette exposition chronologique est de présenter un « Napoléon pour les nuls », qui donne une vision équilibrée de Napoléon, pas seulement hagiographique. La dernière rétrospective organisée en France sur Napoléon avait eu lieu en 1969, au Grand Palais. Il semblait donc important de marquer cette année par une exposition grand public, agrémentée des moyens multimédias, tels les « douches sonores », par lesquelles on peut entendre les lettres d'amour de Napoléon à Joséphine ou les musiques du sacre, des projections grandeur nature du *Sacre de Napoléon*, par David, ou des tableaux de batailles, où les personnages et les cartes s'animent… Nous avons également des *recompositions de décors*, des pièces qui immergent le visiteur dans l'époque, par l'évocation d'objets originaux. La première salle, consacrée à l'égyptomanie, est un petit salon avec une fausse cheminée, des chenets, des candélabres, sur les murs duquel défilent des planches de la *Description de l'Egypte* avec des paysages égyptiens : Napoléon avait voulu que ses savants se documentent sur l'Antiquité, mais aussi l'état moderne de l'Egypte et l'histoire naturelle. Alors que ce fut un fiasco militaire, cette campagne reste, dans l'esprit des gens, un épisode victorieux, grâce aux savants qui ont mis l'Egypte au goût du jour, et ont permis à l'archéologie de prendre son essor : Champollion a pu déchiffrer à partir de 1821, sur la pierre de Rosette découverte lors de l'expédition, les hiéroglyphes que personne ne comprenait en 1798, mais que les savants avaient alors recopiés avec une telle fidélité que cela servit ensuite à des générations d'archéologues. Nous reconstituons aussi une salle du trône de Napoléon, la table du banquet de mariage de Napoléon et de Marie-Louise en 1810, un salon Empire, et enfin une tente militaire ancienne du modèle de celle de campagne de l'Empereur en 1808, avec son mobilier pliant.

Historien de l'art, spécialiste du mobilier et des objets d'art du Premier Empire, Bernard Chevallier a veillé pendant près de quarante ans à la conservation du patrimoine des lieux napoléoniens, d'Ajaccio à Malmaison et Fontainebleau, jusqu'à Sainte-Hélène. Il est l'auteur de Décors d'Empire *(De Monza éditeur).*

• L'exposition évoque les campagnes napoléoniennes : en quoi ont-elles révolutionné l'histoire de la guerre ?

Elles ont évolué au fil du temps. Les armées ennemies de la France étaient plutôt statiques, et Napoléon avait compris qu'en étant extrêmement mobile, il arriverait à les vaincre. Il disait que « *le sort d'une bataille (…) est le résultat d'un instant, d'une pensée* ». En 1805, alors que toutes ses troupes étaient déployées à Boulogne-sur-Mer pour envahir l'Angleterre, Napoléon apprend que l'Autriche veut l'attaquer. Immédiatement, il met en route l'armée qui campait sur la côte de la mer du Nord et, à marche forcée, lui fait traverser l'Europe. Il arrive en Autriche, et gagne les batailles d'Ulm et d'Austerlitz. Au fil du temps, ses ennemis ont compris sa tactique. Ses hommes se plaignaient qu'il ait obtenu ses victoires avec leurs pieds, mais ils aimaient leur « Petit Caporal », vêtu presque comme eux, d'une redingote grise et d'un bicorne, au milieu de ses généraux et de ses maréchaux somptueusement habillés, face à l'empereur d'Autriche, et au tsar de Russie, dans leurs uniformes rutilants. Et comme Napoléon avait une fantastique mémoire, il retenait le nom de ses soldats et le soir, au bivouac, après un combat, il les appelait auprès de lui : eux, éprouvaient pour lui une véritable vénération. La légitimité de Napoléon tenait à ses victoires militaires. Il aurait pu sauver son trône. Après la défaite de Leipzig en 1813, on lui a proposé la paix, à condition qu'il abandonne l'Italie et l'Allemagne, mais il a eu un réflexe de joueur, en se disant qu'il pourrait encore une fois l'emporter. Il croyait en son étoile. Mais on ne gagne pas à tous les coups à la roulette.

• Vous évoquiez le fiasco de la campagne d'Egypte, magistralement

EN CAMPAGNE Ci-dessus : *Bivouac, modèle de 1808*, première moitié du XIXe siècle (Paris, Mobilier national). Commandée au tapissier Poussin, cette grande tente en coutil rayé bleu à l'extérieur, doublée d'indienne à l'intérieur, permettait de séparer par un rideau l'espace de travail de celui réservé au sommeil. Résistant aux manipulations, le bivouac devait être rapide à monter, léger à transporter tout en offrant le confort d'un bureau. Ci-contre : pot à lait du *Cabaret* (ou service à déjeuner) *égyptien de Napoléon Ier*, Manufacture de Sèvres, 1810 (Paris, musée du Louvre). A droite : *Candélabre à sept lumières*, Consulat-Empire, bronze doré et patiné (Paris, Mobilier national). L'expédition en Egypte fut l'occasion de relancer le goût pour l'Egypte antique apparu dès le règne de Louis XVI.

rattrapé par les artistes et la légende : Bonaparte est-il un génie de la propagande ?

Dès 1796, Bonaparte avait compris l'importance de l'image : elle pouvait être fausse, il fallait qu'elle soit efficace. Nous exposons le tableau de Gros, qui montre Bonaparte sur le pont d'Arcole en général victorieux avec son drapeau. Il était en réalité tombé à l'eau, ses soldats avaient dû l'en sortir, couvert de boue, pitoyable. Pour le passage des Alpes, on le représente calme, sur un cheval fougueux. Vous imaginez que l'on puisse traverser les Alpes à cheval ? Il montait en fait un mulet. Les *Bulletins de la Grande Armée,* qui racontaient les batailles, étaient souvent réécrits par lui, à tel point que les soldats avaient adopté l'expression *« menteur comme un* Bulletin ». Les *Bulletins* sont une de ses inventions, il avait compris à quel point il était important de communiquer par l'écriture et par l'image. Bonaparte lisait tous les journaux, et il rédigea parfois anonymement les articles qui étaient publiés dans *Le Moniteur universel* ou le *Journal de Paris.* Il pensait à tout : en route vers l'Egypte, il fit escale à Malte, rafla tous les caractères d'imprimerie arabes qu'il trouva là-bas. A son arrivée en Egypte, toutes les déclarations publiées étaient bilingues, en français et en arabe.

• Comment présentez-vous les objets d'art spoliés par Napoléon un peu partout dans le monde ?

Ce sont des prises de guerre, non le fruit de pillages. Depuis les Romains, c'était l'usage. A chaque fois qu'une nation était vaincue, elle payait un tribut artistique. Le traité de Tolentino, en 1797, stipulait que le pape devait donner des œuvres d'art, tout comme le duc de Parme avait dû le faire un an plus tôt pour vingt tableaux, selon l'armistice qu'il avait signé le 9 mai 1796. Le *Laocoon* du Vatican entra dans Paris, avec d'autres chefs-d'œuvre, lors d'une sorte de triomphe à l'antique. Le musée Napoléon, au Louvre, était devenu une encyclopédie, au point qu'après l'abdication de Napoléon en 1814, les souverains des différents pays ont décidé de laisser dans son intégrité ce musée unique au monde, car les alliés estimaient qu'ils étaient venus délivrer la France de Napoléon, et non pas la combattre et la vaincre comme une ennemie. Mais quand, lors des Cent-Jours, la France s'est à nouveau donnée à Napoléon, les alliés ont entendu la punir : les œuvres sont reparties.

• L'instauration de l'Empire était-elle, chez Napoléon, un rêve de jeune homme ou une décision circonstancielle ?

Dans ses écrits, il affirme avoir pris conscience lors de la campagne d'Italie du destin qui lui était réservé. C'est pour cela qu'un peu plus tard, il abandonne ses troupes en Egypte et rentre en France : pour prendre le pouvoir, qui risque de lui échapper s'il tarde à revenir. Il devient chef de l'Etat à trente ans et il bâtit une œuvre législative exceptionnelle. On croise Napoléon tous les jours sans le savoir, à travers tout ce qu'il a instauré, les institutions (la Banque de France, le Conseil d'Etat, les lycées, les préfectures, la Légion d'honneur, le Code civil…) et les décors dans lesquels vit notre République. Du coup d'Etat du 18 Brumaire à l'abdication de Fontainebleau, il s'est écoulé le même temps qu'en deux septennats de Mitterrand. Dans ce laps ce temps, Napoléon a réorganisé et remodelé la France. La reine Hortense le comparaît à *« une comète dont nous ne sommes que la queue ; il faut le suivre sans savoir où il nous porte. Est-ce pour notre bonheur ? Est-ce pour notre malheur ? ».*

• En s'abreuvant à la source romaine pour tout son décorum, voulait-il

STYLÉ Ci-contre : *Fauteuil du boudoir d'Argent à l'Elysée*, Empire, bois rechampi de blanc et argent (Paris, Mobilier national, en dépôt au palais de l'Elysée). Ci-dessus : *Boîte au portrait de Joachim Murat, roi de Naples*, de Salvatore Nasti et Pierre-André Montauban, 1815, or et émail (Paris, Fondation Napoléon). Page de droite : *Berline du cortège du mariage de Napoléon Ier dite « La Victoire »*, par le carrossier Jean-Ernest-Auguste Getting, vers 1804 (Versailles, musée du Château).

s'assurer d'une forme de « légitimité impériale » ?

C'était un choix à la fois politique et esthétique. Il voulait se rapprocher de Rome, être le « nouvel Auguste ». Il disait toujours que *« ce qui est grand est beau »* : il lui fallait du grandiose. Il a donné l'aigle romaine à ses troupes, a créé la Légion d'honneur, avec ses seize cohortes. Il a repris aussi la couronne de laurier. La seule chose qu'il ait reprise à la monarchie est le motif des abeilles. Napoléon avait aussi voulu se rattacher directement à la dynastie des Carolingiens et des Mérovingiens, en omettant les Capétiens, et s'imposer comme un nouveau Charlemagne. Or on avait découvert au XVIIe siècle dans le tombeau de Childéric, père de Clovis, des fibules d'or en forme d'insectes. Ces bijoux avaient été donnés par la Belgique à Louis XIV, et se trouvaient au Cabinet des médailles. Ils lui ont inspiré les abeilles, qui ont été redessinées par Isabey afin de remplacer les fleurs de lys.

• A-t-il épousé l'esthétique néoclassique de la Révolution, ou bien a-t-il sciemment imposé sa marque, son style ?

Le néoclassicisme s'était épanoui dès le style Louis XVI. En 1795-1796, on reprend les arts décoratifs là où ils en étaient avant la chute de la monarchie. Sur le mobilier de Marie-Antoinette, en 1787, tout le vocabulaire décoratif égyptien était déjà là : têtes égyptiennes sur les accoudoirs, palmettes… tout cela issu des relevés et des dessins effectués lors des fouilles d'Herculanum et de Pompéi, au milieu du XVIIIe siècle. La vogue de l'égyptomanie remonte ainsi à l'Ancien Régime, mais elle était alors assez confidentielle. Napoléon a compris qu'elle magnifierait sa campagne en occultant sa défaite : à partir de 1800, il y eut une floraison de motifs égyptiens, sphinx et lionnes égyptiennes sur les pare-feu…

• Dans quelle mesure le style Empire est-il né d'une volonté de marquer une rupture avec l'Ancien Régime ?

La rupture n'a eu lieu que vers 1808. Pendant le Consulat et le début de l'Empire, on continue à utiliser les matériaux et les motifs de la fin du XVIIIe siècle : mobilier en acajou, en bois clair, en bois de citron, d'ébène. En 1806 paraît l'*Etiquette du palais impérial* : tout devient plus solennel, avec des formes plus massives, du bois doré. Le style s'alourdit et annonce, dès 1810, celui de la Restauration. Avec le Blocus continental, Napoléon impose l'utilisation de bois uniquement « indigènes », c'est-à-dire français : orme, chêne, platane… Cela changea complètement l'esthétique, qui devint plus imposante.

• Napoléon avait-il un avis personnel sur ces questions ?

Il était, en matière de goût, paradoxal. Quand on réalisait pour lui des meubles, au Mobilier impérial, la consigne était : *« Faites simple, c'est pour l'Empereur ! »* Ses appartements privés étaient sobres, sans vases ni bronzes. C'était un militaire, un homme simple. Constant, son valet de chambre, raconte qu'après de longs bains chauds, Napoléon aimait se faire passer de l'eau de Cologne sur le dos, et disait à son valet : *« Mais frotte, frotte donc, comme sur un âne ! »* En revanche, il avait compris qu'il fallait éblouir les gens par le luxe : dès qu'on sortait des appartements privés, il en rajoutait. Pour l'étiquette et l'ameublement des palais, il s'inspira énormément de l'Ancien Régime. Le mobilier des palais royaux ayant été entièrement vendu par la Révolution, il arriva dans des bâtiments vides. Quand il en partit, ils avaient été remeublés avec une magnificence incroyable, à tel point que Louis XVIII s'extasia, en arrivant : *« Nous avons eu un bon intendant ! »*

• Son attachement à l'étiquette et aux fastes était-il supérieur à celui des rois de France ?

Bien sûr, car il fallait qu'il impose une légitimité contestée, ce qui n'était pas leur cas. Il voulut avoir une salle du trône dans tous ses palais, alors que sous l'Ancien Régime seul Versailles en avait une qui soit permanente, dans le salon d'Apollon. En réalité, il ne supportait pas les longues cérémonies : quand il rentrait dans ses appartements, il jetait par terre son grand cordon, ses affaires. Mais à l'extérieur, il lui fallait paraître. Il avait un avis sur tout et pinaillait. Je ne sais, d'ailleurs, d'où lui vint ce goût, qui était assez bon, son éducation de nobliau corse ne l'y ayant pas préparé.

• Les arts décoratifs et le luxe, présentés dans l'exposition par des meubles magnifiques, des tissus, des tenues, obéissent-ils à cette volonté de grandeur de la France napoléonienne ?

Napoléon voulait rendre à la France sa grandeur. Il souhaitait qu'elle retrouve son

rôle de premier plan dans tous les domaines, et en effet le commerce du luxe en était une manifestation. Il avait en Joséphine une ambassadrice extraordinaire, qui dépensait sans compter, savait porter les robes avec grâce et élégance, et faisait littéralement la mode, à tel point que même les ennemis de la France voulurent s'habiller à Paris. Pour relancer les arts décoratifs, il a beaucoup utilisé les Manufactures, les Gobelins pour les tapisseries, la Savonnerie pour les tapis, Sèvres pour les porcelaines. Elles étaient très appréciées pour les cadeaux diplomatiques. Vers la fin de l'Empire, Napoléon avait créé la tradition des cadeaux du jour de l'an. Il allait lui-même à Sèvres choisir de nombreuses pièces. Plus on avançait dans le temps, plus c'était somptueux.

Il ne faut pas négliger la dimension sociale de cette œuvre : l'Empereur savait que le plein-emploi était la condition de la paix. Quand, en 1811, les soyeux de Lyon n'eurent plus de commandes, il en passa une pour Versailles, qu'il ambitionnait de restaurer : 80 kilomètres de soieries ! La France a vécu sur ces soieries-là jusqu'en 1950… Mais l'œuvre napoléonienne ne se cantonne évidemment pas aux arts décoratifs, elle touche tous les domaines de la vie sociale. Il s'était ainsi rendu compte que les Parisiens buvaient toujours l'eau de la Seine. Il a décidé de faire dériver la rivière Ourcq et, en 1808, il a inauguré le bassin de la Villette, où aboutit le canal de l'Ourcq. De là, les canalisations alimentaient les soixante-six fontaines de Paris : il en avait fait ajouter dix, offrant également aux Parisiens la gratuité de l'eau.

• Son rapport aux femmes est évoqué dans votre exposition : quelle vision en avez-vous ?

Napoléon avait deux visages : dans son intimité, il était adoré. Il se montrait sensible, gentil, attachant. Au moment du divorce, par exemple, il a eu beaucoup de mal à annoncer sa décision à Joséphine, car il l'aimait. Mais voulait s'assurer une descendance qu'elle ne pouvait pas lui donner. Il alla voir sa belle-fille, la reine Hortense, et lui dit d'un air bourru : « *Mon parti est pris, il est irrévocable, la France entière veut le divorce ; elle le demande hautement. Je ne puis résister à ses vœux. Aussi, rien ne me fera revenir, ni larmes, ni prières.* » Cette dernière lui répondit que sa mère, son frère et elle-même quitteraient la Cour, et qu'ils ne l'importuneraient pas, ce qu'entendant, Napoléon se mit à pleurer et s'écria : « *Quoi ! Vous me quitterez tous, vous m'abandonnerez ! Vous ne m'aimerez donc plus ?* »

En public, en revanche, il était épouvantable, surtout avec les femmes. Il les passait en revue comme des grenadiers. Voyant un jour Aimée de Coigny, l'égérie d'André Chénier dans *La Jeune Captive*, il l'interpella : « *Alors, madame, vous aimez toujours autant les hommes ?* » Et la dame de répondre : « *Oui, Sire, surtout lorsqu'ils sont polis !* » Il apprécia néanmoins qu'elle lui tienne tête. Mais ce qu'il ne supportait pas, c'étaient les bas-bleus, les raisonneuses. Quand Mme de Staël lui demanda : « *Général, quelle serait pour vous la première des femmes ?* », il répondit : « *Celle qui fait le plus d'enfants, madame.* »

• Jusque dans son exil, Napoléon voulut garder le contrôle sur tous les détails de la vie : était-il maniaque ?

Je dirais qu'il était perfectionniste. Le fait de maintenir l'étiquette à Sainte-Hélène garantissait son statut impérial : les gens lui auraient, sans cela, tapé sur l'épaule. Lorsque l'amiral du *Northumberland* invita à un bal le « *général Bonaparte* », Napoléon rétorqua : « *Envoyez cette carte au général Bonaparte ; les dernières nouvelles que j'en ai datent du champ de bataille des Pyramides et du Mont-Thabor.* » Face à ses ennemis, il demeurait un phénomène étrange, incompréhensible. Nous consacrons une section à Napoléon et l'Europe, avec une carte qui montre l'extension de son territoire, et tous ses frères et sœurs sur les trônes étrangers. L'empire qu'il avait bâti, avec ses cent trente-quatre départements, était invraisemblable… Cela ne pouvait pas durer ! Mais quelle aventure !

• « NAPOLÉON », du 14 avril au 19 septembre 2021. Grande Halle de La Villette, 211, avenue Jean-Jaurès, 75019 Paris. Rens. : 01 40 03 75 75 ; www.expo-napoleon.fr

Maintenant et à l'heure de la mort

ENTRETIEN AVEC PIERRE BRANDA, ÉMILIE ROBBE, CHANTAL PRÉVOT, COMMISSAIRES DE L'EXPOSITION, ET ÉRIC DE CHASSEY. PROPOS RECUEILLIS PAR ISABELLE SCHMITZ ET FRANÇOIS-JOSEPH AMBROSELLI

Pour commémorer la mort de l'Empereur, le musée de l'Armée clôt le cycle de ses manifestations napoléoniennes par une passionnante exposition, « Napoléon n'est plus », organisée en partenariat avec la Fondation Napoléon, qui conjugue l'histoire, l'histoire de l'art et l'enquête scientifique, et par un parcours d'art contemporain, déployé au fil du musée, intitulé « Napoléon ? Encore ! De Marina Abramovic à Yan Pei-Ming ».

• *« Sire, nous vivrons du passé, il a de quoi nous satisfaire »*, dit Las Cases à Napoléon sur le bateau qui le mène à Sainte-Hélène : ce projet résume-t-il l'exil de Napoléon là-bas ?

PB : Napoléon prépare son immortalité ; il essaie aussi d'influencer ses contemporains : même à Sainte-Hélène, Napoléon espère s'en sortir et revenir dans le jeu. C'est pourquoi lui importe l'état de l'opinion publique. Mais il pense indéniablement aussi à sa trace historique, et il est en quête d'une fin : si la sortie de scène est ratée, toute la pièce le sera. Après un début d'épopée magnifiquement réussi, il lui faut une sortie de scène à la hauteur. Ainsi, il essaie d'imposer l'image d'un chemin de croix, en affirmant que les Anglais lui ont offert la seule couronne qui lui manquait, la couronne d'épines. Dans le décor de cette île lointaine, il leur donne le très mauvais rôle de bourreaux, déforme ses conditions de captivité et met en scène un martyre.

• En se comparant au Christ, Napoléon va-t-il jusqu'à se déifier ?

PB : Napoléon est protéiforme, capable de changer de costume : au départ, il avait voulu être Jules César et Alexandre ; à la fin, il tente l'analogie risquée avec Jésus-Christ.

ER : La dernière grande histoire qu'il n'avait pas encore incarnée est celle du Christ dans sa Passion. Ses fidèles se prêtent au jeu, en assumant consciemment ou non le rôle d'évangélistes. Ils reviennent de Sainte-Hélène avec des histoires, des objets touchés par Napoléon, jusqu'à l'eau de la source qui coule près de sa tombe. Leurs témoignages seront même qualifiés par Heinrich Heine d'*« évangiles de Sainte-Hélène »*. Viendront ensuite les exégètes, qui feront de Napoléon un point fixe dans la succession des régimes et la mouvance des idéologies au XIXe siècle.

PB : Les objets exposés sont ceux qui entourent sa mort pathétique de prisonnier malade, et aussi ceux qui entretiennent le mythe, ces reliques que sont des morceaux de son cercueil, des objets qui lui ont appartenu, un bicorne en castor. Chateaubriand faisait le constat que Napoléon avait réussi car il avait touché l'imagination des peuples, à titre de héros ou de monstre. La valeur actuelle des objets napoléoniens s'explique par l'imaginaire qu'il a suscité.

• Napoléon croyait-il en Dieu ? Meurt-il en chrétien convaincu ?

ER : C'est un des mystères que nous n'éluciderons probablement jamais. Il mourut en précisant dans son testament : *« Je meurs dans la foi catholique »*, après s'être longuement entretenu avec l'abbé Vignali, entretien dont le prêtre sortit bouleversé. Mais il eut, au cours de sa vie et de son exil, des affirmations tranchées et contradictoires sur la foi, qui laissent penser que la question n'était pour lui pas si claire.

• En quoi la mort de Napoléon est-elle celle d'un souverain ?

PB : Napoléon n'a jamais renoncé à être empereur, malgré les circonstances misérables de sa détention, il a voulu préserver les apparences, et il est parvenu à

Les commissaires de l'exposition « Napoléon n'est plus ». De gauche à droite : Pierre Branda, responsable du patrimoine à la Fondation Napoléon, Emilie Robbe, conservatrice en chef du patrimoine responsable du département XIXe siècle et symbolique du musée de l'Armée, et Chantal Prévot, responsable des bibliothèques à la Fondation Napoléon.

rester crédible dans son rôle de souverain en imposant à son entourage et aux Anglais cette survivance de son personnage. Il meurt entouré d'une petite cour, qui, à échelle réduite, respecte des rites, des préséances dans les hommages. En cela, Napoléon arrive encore à vaincre le sort : il aurait pu paraître ridicule, mais son personnage l'emporte, son image est plus forte que la réalité, qui n'est ni enviable ni glorieuse.

• Vous exposez le testament original de Napoléon, conservé aux Archives nationales : que nous apprend-il ?

CP : Le testament de Napoléon, où s'expriment l'homme privé et l'empereur, montre qu'il tenta jusqu'au bout de garder le contrôle sur la mort et ce qui lui succéderait. Il affirme penser, au dernier moment, comme souverain, au peuple français, et comme homme, à son fils, qui avait trois ans lorsqu'on l'en a séparé. Il est à l'agonie, mais il a une pensée précise pour de nombreuses personnes qui l'ont aidé dans sa vie, depuis son enfance en Corse jusqu'à ses serviteurs à Sainte-Hélène. Tous ne sont pas nommés ni remerciés par des legs, ce silence étant ressenti comme un désaveu pour ceux qu'il ignore ; en revanche, quatre personnes sont citées et couvertes d'opprobre par l'Empereur : Augereau, La Fayette, Marmont et Talleyrand.

• Que symbolise la boîte d'orfèvrerie destinée par Napoléon à lady Holland ?

CP : Cette Anglaise, en bonne place dans le testament de l'Empereur, est la seule femme à y figurer qui ne soit pas de sa famille. Napoléon l'avait rencontrée, ainsi que son mari, en 1802, lors de la paix d'Amiens et, durant toute sa période d'exil, lady Holland lui envoya des livres et des cadeaux. A sa mort, il lui lègue ce qu'il considère comme sa plus belle boîte en or, ornée d'un camée antique que lui avait donné Pie VI à Tolentino. Elle en est d'ailleurs bouleversée, et elle prend la

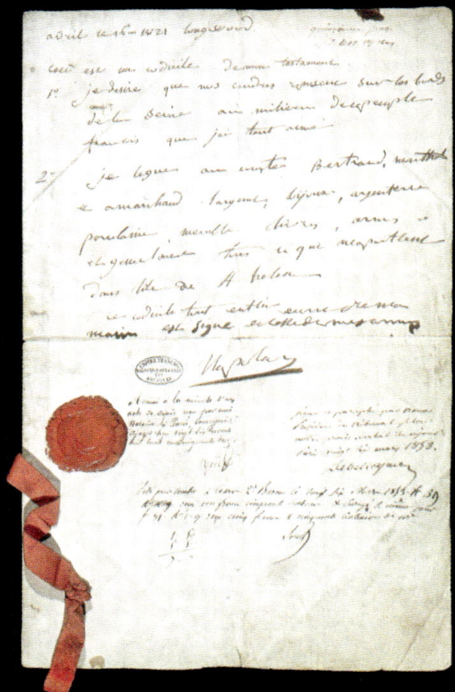

DERNIÈRES VOLONTÉS **En haut :** ***Napoléon sur son lit de mort*****, par Horace Vernet, non daté (Paris, musée de la Légion d'honneur). Ci-dessus, à gauche : premier codicille du testament de Napoléon, daté du 16 avril 1821 (Paris, Archives nationales). Dans ce codicille** ***« tout entier écrit de [sa] main »*****, la première des volontés de Napoléon est la suivante :** ***« Je désire que mes cendres reposent sur les bords de la Seine, au milieu de ce peuple français que j'ai tant aimé. »*** **Ci-dessus, à droite :** ***Vue de la statue de Napoléon Ier située dans le déambulatoire du tombeau impérial des Invalides*****, par Jean-Louis Charles Garnier, vers 1853-1854 (Paris, musée de l'Armée).**

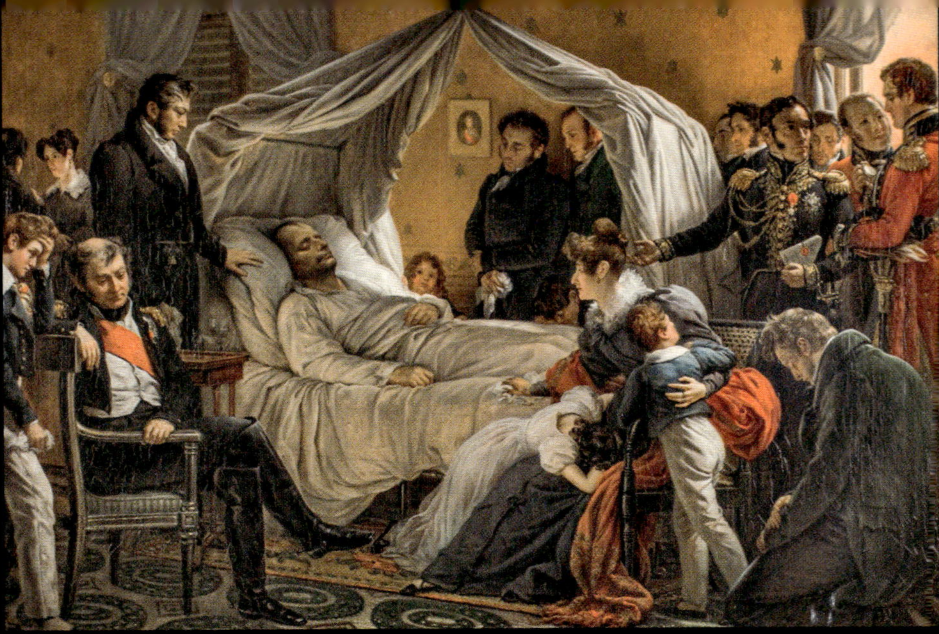

Immortel

Ci-contre : *Napoléon sur son lit de mort*, par Carl von Steuben, vers 1828 (Arenenberg, Napoleonmuseum Thurgau). Page de droite, à gauche : *Napoléon sortant de son tombeau*, micromosaïque d'émaux par De Rossi d'après Horace Vernet, 1869 (Paris, musée de l'Armée). En faisant de sa captivité à Sainte-Hélène un « martyre », Napoléon avait risqué l'analogie avec la Passion du Christ ; ici, Horace Vernet établit un parallèle entre la Résurrection et la sortie du tombeau de Napoléon. A droite : *Masque mortuaire de Napoléon Ier*, de « type Antommarchi », en plâtre, 1834 (Paris, Fondation Napoléon).

mesure politique de ce geste : ce don était une provocation au gouvernement anglais conservateur, car lady Holland était une figure de proue de l'opposition libérale.

• A propos des soutiens anglais de Napoléon, une phrase du testament intrigue : *« Je meurs prématurément, assassiné par l'oligarchie anglaise et son sicaire. Le peuple anglais ne tardera pas à me venger. »* Pourquoi le peuple anglais serait-il de son côté ?

PB : Napoléon se savait très populaire auprès du peuple anglais : par un curieux retournement de situation, il était passé du statut de l'Ogre à celui de champion des idées libérales, adulé par l'opposition à l'establishment anglais. Lorsqu'il était sur le bateau pour Sainte-Hélène, il avait fait escale à Plymouth, et il avait pu voir des milliers de gens massés sur les côtes pour l'acclamer, la violette à la boutonnière, signe de ralliement des fidèles de Napoléon. Surpris par cet engouement, le gouvernement britannique avait empêché l'accès au navire par des dizaines de canots, et fait chavirer les barques qui s'en approchaient, provoquant des noyades.

• Certaines failles dans les récits de la mort de Napoléon demeurent : quelles sont-elles ? Comment l'imagination les a-t-elle comblées ? Qu'en dit l'exposition ?

ER : L'exposition montre que si les récits de la mort concordent à 99 %, il reste 1 % d'incertitudes, dans lequel s'engouffrèrent très vite les imaginations : l'avait-on empoisonné ? Les Anglais avaient-ils pu voler sa dépouille et l'enterrer à Westminster, de façon à pouvoir marcher dessus tous les jours ?

PB : Les questions médicales sont présentées dans l'exposition, dans l'état des connaissances, alors qu'une enquête est ouverte. Aujourd'hui, un consensus sur l'autopsie pratiquée par les Anglais à la demande de Napoléon attribue la cause de la mort à un ulcère à l'estomac. On a retrouvé, certes, de l'arsenic dans ses cheveux, mais il est probablement dû à la teinture des tapisseries qui décoraient les murs de ses demeures, à Sainte-Hélène comme ailleurs. Une campagne de fouilles archéologiques et d'analyses est prévue sur place pour élucider ce point. Les connaissances médicales de l'époque étant limitées, certaines questions restent ouvertes. Dans le fond, Napoléon est un tel symbole qu'il ne peut être mort dans son lit normalement. . Quand il écrit : *« Je meurs assassiné par l'oligarchie anglaise et son sicaire »*, il entend qu'il a été tué à petit feu parce que coupé du monde, relégué, oublié. C'était un affectif, il avait besoin de présence aimante autour de lui, or il avait du personnel de cour, mais pas d'amis ni de famille, et son fils lui manquait cruellement.

• Quelle image de Napoléon mourant les artistes ont-ils contribué à diffuser ? L'aspect légendaire se détache-t-il de la réalité ?

ER : Il y eut des images de différentes sortes. De la veine réaliste, d'abord : celles des quelques artistes présents à Sainte-Hélène, comme Ibbetson, et celle du capitaine Crokat, admis à voir le corps et à en tirer un croquis, avant de partir porter la nouvelle au Colonial Office britannique. Bertrand lui-même fixa les traits mortuaires de l'Empereur, ainsi que l'aspect de la chambre. Ces détails, accompagnés de son récit, inspirèrent le peintre Steuben pour son tableau, réalisé sept ans après la mort de Napoléon en faisant poser tous les personnages proches de l'Empereur à Sainte-Hélène. Il y eut ensuite des « images d'Epinal » sur la mort du grand homme, dont les modèles préexistaient, avec des planches toutes prêtes montrant le tombeau de Rousseau ou la mort d'Henri IV, qu'il fallut adapter à Napoléon. Et puis Horace Vernet peignit, dès 1821, un tableau différent de tous les autres, qui fut d'ailleurs refusé au Salon de 1822. Il représentait non plus l'image de l'Empereur mourant dans son lit, mais l'idée même de l'Empereur au soir de sa vie. C'est un tableau presque fantastique, où l'île de Sainte-Hélène est réduite à sa plus simple expression, un modeste rocher battu par les flots, sur lequel se tiennent Montholon et la famille éplorée du général Bertrand, à côté d'une modeste tombe dont on voit seulement le monticule de terre, surmonté d'un bicorne et d'une épée. Au pied du rocher est échouée l'épave du navire de l'Empire, avec les noms des grandes batailles de Napoléon gravés au fond de la coque, tandis que de l'autre côté, dans les nues, les généraux d'Empire semblent attendre le défunt Empereur. Cette *Apothéose de Napoléon* est un tour de force, qui matérialise l'idée qu'avant même sa mort, Napoléon était passé à une tout autre réalité.

• Le vrai masque mortuaire de Napoléon a-t-il été conservé ? Est-ce celui que vous exposez ?

CP : Le mystère des masques mortuaires est un de ceux que nous avons tenté

d'élucider, à l'occasion de l'exposition. Sept masques mortuaires nous sont parvenus. Juste après la mort de l'Empereur, un chirurgien anglais, le médecin français de Napoléon, Antommarchi, et la femme du général Bertrand relevèrent une première empreinte des yeux, du nez et de la bouche, qui fut ramenée à Londres et servit de modèle pour des copies. Les deux masques que l'on estime les plus proches de cette première empreinte, perdue depuis, sont à Malmaison : le masque dit « Bertrand », confié à la famille Bertrand pour servir de modèle, et un autre, dit « Antommarchi ».
Nous exposons le masque « Bertrand », considéré comme une vraie relique, et deux autres, parmi les plus probables et les plus représentatifs. Le Dr Philippe Charlier, archéologue médecin légiste, a travaillé sur ces masques et sur les données recueillies sur eux en imagerie 3D, UV, tomographie, analyse des matériaux, par le Centre de recherche et de restauration des musées de France, pour déterminer lequel d'entre eux vient de Sainte-Hélène : le gypse qui compose le plâtre a un ADN. A l'exposition, une projection d'images montre les analyses ainsi que les études morphologiques sur les différents masques, qui déterminent au millimètre près si les structures osseuses du visage correspondent au « type Antommarchi » ou aux autres, s'il s'agit de moulages, de surmoulages, s'il y a une cohérence entre eux.

• Pourquoi Louis-Philippe se laissa-t-il convaincre de ramener les cendres de l'Empereur à Paris ?

ER : Il se rangea à l'avis de Thiers, son président du Conseil, que le retour des cendres de l'Empereur permettrait de fédérer l'opposition, et de récupérer la gloire de Napoléon. C'est le même Louis-Philippe qui installa la galerie des Batailles, à Versailles, et replaça la statue de Napoléon au sommet de la colonne Vendôme.

PB : Il y avait chez lui une volonté de synthèse que l'on peut qualifier de napoléonienne.

• Parallèlement à l'exposition « Napoléon n'est plus », le musée de l'Armée présente dans ses salles un parcours d'art contemporain : quelle en est l'idée majeure ?

EdeC : L'idée est de compléter les collections du musée de l'Armée, dont beaucoup d'œuvres sont constituées par des artistes postérieurs à Napoléon, par les œuvres d'artistes d'aujourd'hui. Ces derniers se sont réapproprié l'héritage de l'Empereur, son image et sa personnalité, pour donner leur regard, souvent distancé. Chacun a choisi un aspect de sa vie ou de son image : parmi eux, Yan Pei-Ming réinterprète un dessin de David préliminaire à la réalisation du *Sacre de Napoléon* ; Ange Leccia est allé tourner en Corse des images sur le thème du soleil déclinant ; Pascal Convert a mené un projet à partir du squelette du cheval de Napoléon, Marengo, conservé au musée de l'Armée de Londres, et dont le propos est de réhumaniser le maître en passant par l'animal. Fabrice Hyber fait un tableau qui est un paysage biographique sur Napoléon, sous forme de ricochet, d'une île à l'autre. On découvre aussi la série de Célia Muller, « les Delphine », portraits imaginaires de femmes présentes lors des campagnes de Napoléon, comme une cantinière suisse, qui est représentée en uniforme à la place du maréchal Jourdan, avec un enfant à son sein.

PB : Le musée de l'Armée montre, avec « Napoléon n'est plus », comment la mort de Napoléon a influencé notre présent. A l'inverse, le parcours d'art contemporain montre comment le présent réinterprète le passé.
Il était en outre important de ne pas avoir un regard seulement français sur Napoléon, car en France la légende noire a toujours cohabité avec la légende dorée. Ni l'une ni l'autre ne doivent confisquer le passé.

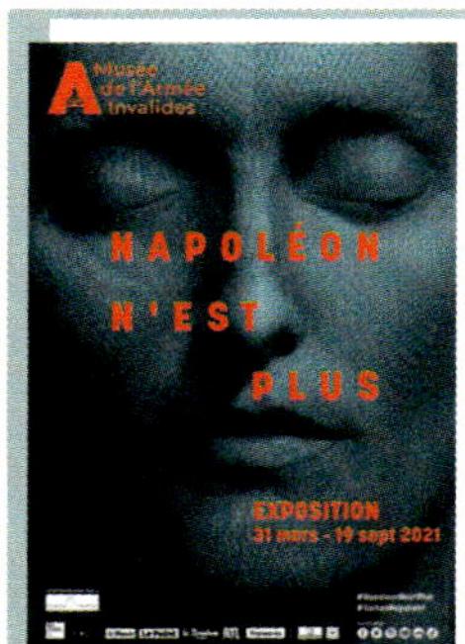

• « Napoléon n'est plus », du 31 mars au 19 septembre 2021 ;
• « Napoléon ? Encore ! De Marina Abramovic à Yan Pei-Ming », du 7 mai 2021 au 30 janvier 2022.
Musée de l'Armée. Hôtel national des Invalides, 129, rue de Grenelle, 75007 Paris. Rens. : 01 44 42 38 77 ; www.musee-armee.fr

Les voltigeurs de l'Empire

Par François-Joseph Ambroselli

Depuis plus de trente ans, la Fondation Napoléon œuvre pour que l'histoire impériale soit libérée des griffes des idéologues.

« *Notre ambition n'est pas de promouvoir Napoléon mais de faire de l'histoire.* » La profession de foi de l'historien Thierry Lentz, qui dirige depuis plus de vingt ans la Fondation Napoléon, a le mérite de la simplicité. Créée en 1987 grâce au legs de l'industriel Martial Lapeyre (1904-1984), collectionneur féru de reliques impériales, cette fondation reconnue d'utilité publique œuvre, sous la présidence du prince Victor-André Masséna, à l'approfondissement de la connaissance des deux empires français, et à la défense du patrimoine napoléonien et de tous les « *souvenirs qui nous viennent de ces deux grandes époques* ». Thierry Lentz et son équipe de douze passionnés travaillent et publient. Ils bataillent aussi contre « *l'inculture* » et « *la malveillance* », dans un siècle où la rigueur historique est menacée par les idéologues ; où l'Empereur est constamment « *amené dans le présent* » par des polémistes en mal de visibilité : « *Napoléon représente tout ce que certaines personnes détestent : l'autorité de l'Etat, la centralisation… la France en définitive* », déplore Thierry Lentz. Contre ces zélateurs d'idées informes, les meilleures armes demeurent les faits. Et un entrain à toute épreuve. Sans entrer dans la polémique, Thierry Lentz et ses compères prodiguent des « *clés d'informations* » aux professeurs, chercheurs, journalistes, politiciens, et à tous ceux qui veulent parler de l'histoire napoléonienne, car « *quand on parle d'un sujet, il faut le connaître un peu* », rappelle-t-il dans un sourire. L'un des deux sites Internet de la Fondation (www.napoleon.org) fait donc office de passeur : outre la recension des dernières actualités et des événements liés aux deux empereurs, on y retrouve des notices pédagogiques étayées de cartes, de chronologies, d'infographies, de biographies, de « quiz » et de vidéos, le tout agrémenté de conseils de lecture pour ceux qui veulent aller plus loin. Tous les sujets y sont traités en quelques paragraphes. Que ce soit le rétablissement de l'esclavage, le Code civil, le statut de la femme, le nombre de morts pendant les guerres, le congrès de Vienne : rien n'y échappe. Et ces « modules » d'enseignement ont reçu la bénédiction d'Eduscol, le grand site de l'Education nationale : « *Tous les contenus et vidéos peuvent être utilisés librement en cours par les enseignants et les élèves* », explique Thierry Lentz.

Le ministère a été ravi de constater la fiabilité et l'excellence de cette source. Depuis l'arrivée de Jean-Michel Blanquer aux commandes, les choses ont bougé. Les programmes scolaires ont été modifiés afin de remettre à l'honneur ce qui, depuis plusieurs décennies, était regardé avec suspicion : l'histoire de France. Et plus précisément celle du XIXe siècle avec ses passionnants soubresauts : « *Les élèves étudient désormais, outre la Révolution, l'Empire, la Restauration, la monarchie de Juillet et le Second Empire, qui étaient les parents pauvres des programmes précédents* », révèle Thierry Lentz. Lui-même constate le gouffre dans lequel le pays fut plongé il y a quelques décennies par les promoteurs d'une histoire dite « universelle » : « *J'enseigne à des étudiants de 2e année de licence qui ne connaissent pas l'histoire napoléonienne. Ils la découvrent complètement* », s'indigne l'historien. Et cette ignorance institutionnalisée concerne également toute une génération d'enseignants : « *A la demande du rectorat, nos équipes ont fait un gros travail de préparation de cours, de documentation, de formation parce que certains professeurs devaient enseigner des sujets qu'eux-mêmes n'avaient presque jamais abordés.* »

Très présente sur les réseaux sociaux, la Fondation diffuse aussi chaque semaine une lettre d'information qui compte douze mille abonnés. Cet outil lui permet de tenir informés ses fidèles de l'avancement de ses projets patrimoniaux. Car ses membres ne font pas seulement de la pédagogie : ils vont sur le terrain et aident les musées ou les pouvoirs publics pour la restauration d'objets ou de monuments. En 1989, c'était l'Arc de triomphe. En 2021, c'est le tombeau de Napoléon aux Invalides : « *Nous avons lancé une souscription qui a récolté près de 840 000 euros* », se réjouit Thierry Lentz. La remise sur pied des Domaines nationaux de Sainte-Hélène, que la Fondation a menée de concert avec le gouvernement de l'île et le ministère des Affaires étrangères entre 2010 et 2015, demeure aussi un accomplissement dont il se dit « *assez fier* » : « *Nous avons créé une société d'exploitation en commun pour pérenniser les bâtiments et les faire fonctionner pendant de nombreuses années* », précise l'historien.

Si les collaborateurs de la Fondation ont des moyens limités, ils ont une énergie débordante. Rien ne les arrête. Pas même les océans. A la tête d'une collection de 1 500 objets impériaux, dont une majorité est issue du legs de Martial Lapeyre, ils prêtent aux musées du monde entier : Brésil,

TRANSMISSION Page de gauche : Victor-André Masséna, président de la Fondation Napoléon depuis 2005, et Thierry Lentz, son directeur. Page de droite, en bas : ***Projet de machine aérostatique*****, par l'ingénieur Lelièvre, 1805 (Paris, Archives nationales). A voir à l'exposition « Dessiner pour Napoléon ». Ci-contre :** ***Diadème Leuchtenberg transformable en broche et ornements de cheveux*****, par Jean-Baptiste Fossin, vers 1830-1840 (Paris, collection Chaumet).**

Mexique, Australie, Etats-Unis, Canada... Et bien sûr l'Europe. Le bicentenaire de la mort du conquérant est l'occasion de présenter leurs trésors à Paris, dans les grandes expositions du musée de l'Armée, de La Villette et des Archives nationales, mais aussi à Châteauroux, à Liège ou encore à Waterloo : *« Nous avons le prêt facile. Environ 200 objets sortent de nos réserves cette année »,* s'enorgueillit Thierry Lentz. Et le garde-meuble de la Fondation est garni de pièces exceptionnelles. L'un des fleurons de la collection aura l'honneur d'être exposé au Metropolitan Museum de New York l'année prochaine : il s'agit du dernier dessin préparatoire exécuté par David avant de prendre le pinceau pour le tableau du sacre : *« C'est sans doute la feuille qui a été présentée à l'Empereur ! »* s'exclame celui qui, après vingt ans de fréquentation assidue, garde pour son impérial sujet un enthousiasme intact.

Fair-play, la Fondation *« prête à tout le monde »,* même aux Autrichiens et aux Anglais : Napoléon fascine aussi ses anciens adversaires. Lorsqu'on demande à Thierry Lentz quel regard portent les étrangers sur « l'Ogre », il est bref : *« Le monde nous l'envie. »*

Retrouvez toute l'actualité de la Fondation Napoléon sur www.fondationnapoleon.org et sur www.napoleon.org

AGENDA

A l'occasion du bicentenaire de la mort de l'Empereur, l'année 2021 sera ponctuée d'une multitude d'expositions, conférences, concerts, ateliers, colloques, spectacles, salons, reconstitutions, festivals, honorant la mémoire du conquérant et son héritage dans les arts, l'économie, la politique, et la science. Coproductrice de nombreux événements, la Fondation Napoléon a rassemblé l'ensemble des institutions prenant part aux festivités au sein du label « 2021 Année Napoléon ». ***Le Figaro Hors-Série*** **a sélectionné les manifestations historiques et culturelles à ne pas manquer.**

Le calendrier complet des commémorations est à retrouver sur le site www.fondationnapoleon.org

EXPOSITIONS

PARIS

• « Napoléon », co-organisée par la RMN-Grand Palais et La Villette, du 14 avril au 19 septembre 2021.
Il s'agit du rendez-vous napoléonien de l'année : plus de 160 objets et des reconstitutions spectaculaires mettent en scène le destin fulgurant de l'Empereur, évoquent sa vie intime et témoignent de l'éclat de sa cour.
La Grande Halle de La Villette, www.expo-napoleon.fr / 01 40 03 75 75.

• « Napoléon n'est plus », du 31 mars au 19 septembre 2021.
Organisée avec la Fondation Napoléon, cette magnifique exposition revisite les grands thèmes qui entourent la mort du conquérant : l'agonie, l'autopsie, la veillée funèbre, son testament, son enterrement à Sainte-Hélène, le retour des cendres, ou la construction du tombeau aux Invalides.
Musée de l'Armée, www.musee-armee.fr / 01 44 42 38 77.

• « Dessiner pour Napoléon. Trésors de la secrétairerie d'Etat impériale », du 10 mars au 19 juillet 2021.
Une plongée fascinante dans les dessins et les plans que le cabinet de l'Empereur recevait quotidiennement pour être informé de la situation de l'Empire. Restaurés grâce à une souscription nationale lancée par la Fondation Napoléon, certains sont signés par les grands noms de la peinture, comme David ou Isabey, ou encore par le graveur Denon, ou par les architectes Fontaine et Valadier.
Archives nationales, www.archives-nationales.culture.gouv.fr / 01 40 27 64 20

• « Joséphine & Napoléon, une histoire (extra)ordinaire », du 8 avril au 12 juin 2021.
150 œuvres d'art, bijoux, objets personnels, lettres ou documents d'archives reviennent sur la relation mouvementée du couple impérial.
Maison Chaumet, www.chaumet.com / 01 44 77 24 24.

• « Les Palais disparus de Napoléon Ier », du 15 septembre 2021 au 15 janvier 2022.
Les palais des Tuileries, de Saint-Cloud et de Meudon renaissent de leurs cendres dans la galerie des Gobelins, grâce à d'ingénieuses restitutions numériques et à 350 pièces de mobilier qui garnissaient jadis les appartements impériaux.
Mobilier national, 01 44 08 52 00 / www.mobiliernational.culture.gouv.fr

L'ADIEU Le 7 août 1815, Napoléon embarque pour Sainte-Hélène à bord d'un navire de la Royal Navy, le *Northumberland*. A ses officiers venus le saluer, il déclare : *« Dites à la France que je fais des vœux pour elle. »* A gauche : *Adieu, ma belle France*, par Oscar Rex, vers 1900 (musée des Châteaux de Malmaison et de Bois-Préau). A droite : *Buste de Napoléon*, d'après Antonio Canova (musée des Châteaux de Malmaison et de Bois-Préau).

• **« Sur les pas de Napoléon Ier à la Monnaie de Paris », du 16 septembre 2021 au 6 mars 2022.**
Le Quai de Conti met en lumière l'impact qu'eut Napoléon dans l'évolution de la monnaie française, analyse la symbolique de l'Aigle impérial, revient sur le travail minutieux des graveurs aux ordres de Vivant Denon, ainsi que sur leur rôle dans la propagande napoléonienne.
Musée de la Monnaie de Paris, www.monnaiedeparis.fr / 01 40 46 56 66.

Île-de-France

• **Rueil-Malmaison (92) « Napoléon aux 1 001 visages », du 5 mai au 7 septembre 2021.**
Une exposition au programme ambitieux : tenter de retrouver les traits authentiques de l'Empereur par l'analyse de ses innombrables portraits.
Musée national du château de Malmaison, www.musees-nationaux-malmaison.fr/chateau-malmaison / 01 41 29 05 55.

• **Yerres (91) « Martin Guillaume Biennais, l'orfèvre de Napoléon Ier », du 29 mai au 3 octobre 2021.**
Une trentaine de chefs-d'œuvre de Biennais, cet orfèvre au talent resplendissant – considéré comme le meilleur de l'ère napoléonienne –, sont présentés dans une splendide villa qui, avant d'appartenir à la famille du peintre Gustave Caillebotte, fut la demeure de sa veuve.
Propriété Caillebotte, www.proprietecaillebotte.fr / 01 80 37 20 61.

• **Fontainebleau (77) « Un palais pour l'Empereur. Napoléon Ier à Fontainebleau », du 14 septembre 2021 au 4 janvier 2022.**
Présenter le palais tel que l'ont aménagé Napoléon et Joséphine : telle est l'ambition de cette exposition prometteuse, ponctuée de plus de 200 œuvres issues des collections bellifontaines et de musées français ou étrangers, qui redonnent à cette *« maison des siècles »* ses couleurs impériales.
Château de Fontainebleau, www.chateaudefontainebleau.fr / 01 60 71 50 60.

Province

• **Ajaccio (2A) « Dans le marbre et l'airain : la mémoire des Bonaparte en Corse », du 10 avril au 11 juillet 2021.**
La maison natale de l'Empereur s'aventure sur les traces de sa famille : sculptures, dessins, aquarelles, gravures, peintures, photographies, documents d'archives mettent en valeur les monuments funéraires napoléoniens dispersés sur l'île de Beauté au XIXe siècle.
Musée national de la maison Bonaparte, www.musees-nationaux-malmaison.fr/musee-maisonbonaparte / 04 95 21 43 89.

• **Ajaccio (2A) « Napoléon, légendes », du 25 juin au 1er octobre 2021.**
Le Palais Fesch raconte la propagation par les beaux-arts des différentes légendes napoléoniennes : celle qu'il entretint de son vivant, puis celle qui apparut après sa mort et qui évolua au gré des tempêtes politiques et des courants artistiques et littéraires.
Palais Fesch-musée des Beaux-Arts, www.musee-fesch.com / 04 95 26 26 26.

• **Ajaccio (2A) « Les Bonaparte et l'Antique, un langage impérial », du 25 septembre 2021 au 9 janvier 2022.**
Une sélection d'ouvrages magnifiques issus de la bibliothèque municipale d'Ajaccio témoigne de la passion de l'élite européenne pour l'Antiquité romaine et grecque au tournant du XVIIIe et du XIXe siècle, répertoire dans lequel Napoléon puisa pour se constituer un apparat.
Musée national de la maison Bonaparte, www.musees-nationaux-malmaison.fr/musee-maisonbonaparte / 04 95 21 43 89

• **Brienne-le-Château (10) « Entre l'Aube et la Marne, 1814, la naissance d'un mythe », du 28 mai au 19 septembre 2021.**
Tableaux, uniformes, dioramas et autres objets rendent compte de la campagne de France et des efforts de Napoléon pour barrer la route des coalisés et conserver son trône.
Musée Napoléon, www.musee-napoleon-brienne.fr / 03 25 27 65 80.

• **L'île d'Aix (17) « Sous la dictée de l'Empereur », du 2 juin au 30 septembre 2021.**
La charmante maison dans laquelle Napoléon rédigea, en juillet 1815, sa lettre de reddition aux Anglais célèbre les dernières années de l'Empereur et réaménage l'une de ses salles en disposant mobilier, armes, portraits et costumes autour du célèbre tableau de Jean-Baptiste Mauzaisse, *Napoléon Ier dictant ses Mémoires.*
Musée napoléonien, www.musees-nationaux-malmaison.fr/musees-napoleonien-africain / 05 46 84 66 40.

• **Châteauroux (36) « Bertrand – Napoléon, le retour des héros », à partir du 19 juin 2021.**
Dans l'hôtel particulier du XVIIIe siècle ayant appartenu au général Bertrand – qui accompagna Napoléon à Sainte-Hélène –, l'association du Souvenir napoléonien organise une exposition de reliques impériales : tableaux, gravures, croquis pris sur le vif, meubles, souvenirs personnels…
Musée-hôtel Bertrand, www.souvenirnapoleonien.org / 02 54 61 12 30.

• **Lunéville (54) « Soyer père et fils. Miniaturiste et scientifique au cœur de l'Empire », de mars à octobre 2021.**
Des centaines de miniatures, de tableaux, de meubles, de gravures, de bronzes, de céramiques, de livres anciens, de documents d'archives évoquent la carrière de

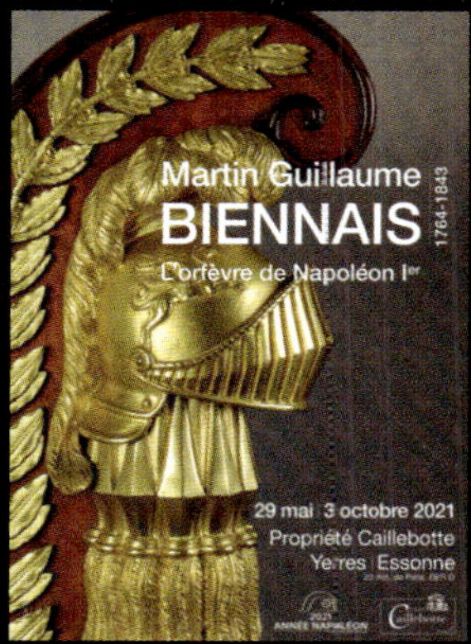

DERNIÈRES PAROLES
Ci-contre : ***Napoléon Ier dictant ses Mémoires aux généraux Montholon et Gourgaud,*** **par Jean-Baptiste Mauzaisse, 1841 (île d'Aix, Musée napoléonien). Longtemps restée anonyme, cette toile fut authentifiée en 2009 lors d'une restauration qui fit apparaître la signature du peintre, et la date de sa réalisation.**

deux « esprits universels » pris dans le tourbillon de l'Empire : le peintre miniaturiste Jean-Baptiste Soyer (1752-1828), et son fils, le botaniste Hubert-Félix Soyer-Willemet (1791-1867).
L'Espace muséal de l'hôtel abbatial de Lunéville, www.luneville.fr / 03 83 76 48 51.

• **NICE (06) « Napoléon, héros de la littérature », du 15 octobre 2021 au 9 janvier 2022.**
Au XIXe siècle, Napoléon est devenu un mythe célébré par de grands écrivains comme Balzac et Stendhal, qui firent de sa témérité et de son ambition des vertus auxquelles il fallait désormais aspirer. L'exposition fait le récit de cette réhabilitation littéraire.
Musée Masséna, www.nice.fr / 04 93 91 19 10.

BELGIQUE

• **LIÈGE « Napoléon – Au-delà du mythe », du 3 avril 2021 au 9 janvier 2022.**
Plus de 300 pièces originales retracent, dans un parcours immersif qui s'étend sur 3 000 m², la vie de l'Empereur, sa personnalité complexe, le contexte de son accession au pouvoir, ses grandes batailles, racontent son sacre, dévoilent la somptuosité de sa cour, et percent la carapace épaisse du mythe.
Gare TGV de Liège-Guillemins, www.europaexpo.be / +32 4 224 49 38.

• **BRAINE-L'ALLEUD « Napoléon, de Waterloo à Sainte-Hélène, la naissance de la légende », du 5 mai au 17 octobre 2021,**
Le mémorial de la célèbre bataille retrace les six dernières années de l'Empereur et revient sur la construction de sa légende : lithographies, objets du quotidien passés entre ses mains, caricatures, extraits de films jalonnent le parcours.
Mémorial de la bataille de Waterloo 1815, www.waterloo1815.be / +32 2 385 19 12.

CONFÉRENCES

• **« Sainte-Hélène, deux cents ans après »** par Pierre Branda, jeudi 25 mars, 18 h 30. **Chapelle des Rédemptoristes, rue Paul-Louis Courier, 36000 Châteauroux. Organisée par la délégation du Berry-Val de Loire du Souvenir napoléonien. Entrée gratuite. Rens. : berry.delegation@orange.fr / 06 86 17 46 22.**

• **« Les Archives inédites des Cent-Jours »** par Charles-Eloi Vial, mardi 13 avril. **Fondation Napoléon, 7, rue Geoffroy-Saint-Hilaire, 75005 Paris. Rés. : ce@napoleon.org / 06 30 60 92 51.**

• **« L'Aiglon »** par Laetitia de Witt, vendredi 16 avril, 18 h 30. **HEI Campus Balsan, 2, allée Jean-Vaillé, 36000 Châteauroux. Organisée par la délégation du Berry-Val de Loire du Souvenir napoléonien. Entrée gratuite. Rens. : berry.delegation@orange.fr / 06 86 17 46 22.**

• **« Au chevet de Napoléon à Sainte-Hélène : Ali et Marchand »** par Alain Cattagni, mercredi 19 mai, 18 h 30. **Musée de Sens, 135, rue des Déportés et de la Résistance, 89100 Sens. Rens. : www.musees-sens.fr / 03 86 64 46 22.**

• **« Pour Napoléon »** par Thierry Lentz, mardi 25 mai. **Fondation Napoléon, 7, rue Geoffroy-Saint-Hilaire, 75005 Paris. Rés. : ce@napoleon.org / 06 30 60 92 51.**

• **« Napoléon vu par les derniers témoins »** par David Chanteranne, vendredi 28 mai. **Mémorial de la bataille de Waterloo 1815, route du Lion 1815, 1420 Braine-l'Alleud, Belgique. Rens. : www.waterloo1815.be / +32 2 385 19 12.**

• **« Comment s'enrichir sous Napoléon »** par Jean Tulard, mardi 8 juin. **Fondation Napoléon, 7, rue Geoffroy-Saint-Hilaire, 75005 Paris. Rés. : ce@napoleon.org / 06 30 60 92 51.**

COLLOQUES

• **« La Mort de Napoléon », du mardi 6 avril au jeudi 8 avril. Auditorium Austerlitz, musée de l'Armée, 129, rue de Grenelle, 75007 Paris. Rens. : www.musee-armee.fr / 01 44 42 38 77.**

• **« La Seine-et-Marne et Napoléon : intimité, pouvoirs, mémoires », mardi 18 mai au château de Fontainebleau, place du Général-De-Gaulle, 77300 Fontainebleau ; mercredi 19 et jeudi 20 mai aux Archives départementales de Seine-et-Marne, 248, avenue Charles-Prieur, 77190 Dammarie-les-Lys. Rens. : www.napoleon-en-seineetmarne.fr / 01 64 87 37 16.**

• **« Les Savants en Egypte et la campagne militaire », jeudi 7 et vendredi 8 octobre. Musée archéologique de Saint-Raphaël, rue de la Vieille-Eglise, 83700 Saint-Raphaël. Rens. : www.ville-imperiale.com / 04 94 19 25 75.**

• **« Les Guerres napoléoniennes dans l'histoire : de 1815 à nos jours, historiographie et apports à l'histoire de la guerre », mardi 30 novembre et mercredi 1er décembre. Auditorium Austerlitz, musée de l'Armée, 129, rue de Grenelle, 75007 Paris. Rens. : www.musee-armee.fr / 01 44 42 38 77.**

CONCERTS

• **« Mort et transfiguration impériale », le 8 avril, les 3, 6, 10, 17, 19, et 20 mai, et les 7 et 14 juin, à 20 h. Cathédrale Saint-Louis des Invalides, 75007 Paris. Rens. : 01 44 42 38 77. Billetterie : www.musee-armee.fr**
Du 8 avril au 14 juin, neuf concerts inédits feront résonner, sous les voûtes de la cathédrale Saint-Louis des Invalides, des chefs-d'œuvre de Beethoven, de Mozart, de Weber, du compositeur contemporain Karol Beffa, ainsi que des musiques composées à la gloire de Napoléon sous l'Empire.

Bibliothèque impériale

PAR FRANÇOIS-JOSEPH AMBROSELLI, MICHEL DE JAEGHERE, ISABELLE SCHMITZ, ALBANE PIOT, JEAN TULARD, FRÉDÉRIC VALLOIRE, GEOFFROY CAILLET, CHARLES-ÉDOUARD COUTURIER, EMMANUEL DE WARESQUIEL, JEAN-LOUIS THIÉRIOT ET VINCENT TRÉMOLET DE VILLERS

CATALOGUES

Napoléon
Collectif

Un catalogue à la hauteur de l'exposition qu'il accompagne et du destin qu'il retrace. Toutes les facettes de la vie de l'Empereur y sont décryptées par un cortège de spécialistes réunis sous la direction des deux commissaires principaux, Bernard Chevallier et Arthur Chevallier : son apprentissage au collège militaire de Brienne, sa carrière de général, son « sauvetage » de la République, son sacre, les fastes de sa cour, son intimité amoureuse… Les auteurs reviennent aussi sur les deux sujets qui passionnent les belles âmes – le rétablissement de l'esclavage et le sort réservé aux femmes – pour y inviter les indignés à un peu de rigueur historique. *F-JA*

RMN-Grand Palais, 272 pages, 25 €, à paraître le 12 avril 2021.

Napoléon n'est plus
Collectif

Rassembler sous un même titre l'ensemble des recherches menées sur les derniers instants de l'Empereur : tel est le défi relevé par le comité scientifique de l'exposition du musée de l'Armée. Sous l'autorité de Jean Tulard, dix-sept spécialistes analysent le rapport de Napoléon à « *l'autre vie* », à Dieu, à la religion, inspectent son testament, ses masques mortuaires,

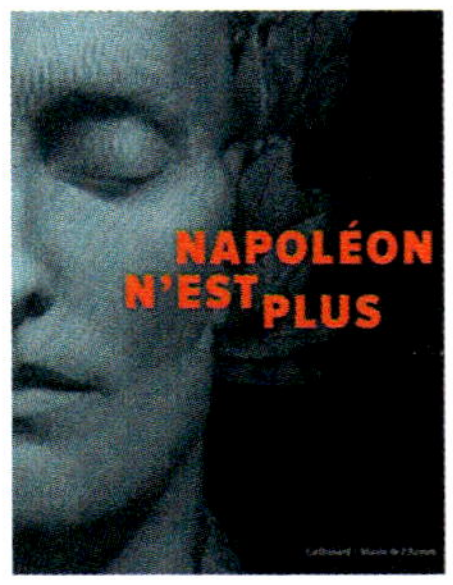

sa tombe insulaire, font le récit de son agonie, du retour de ses cendres et décryptent le mythe. *F-JA*

Gallimard/Musée de l'Armée, 352 pages, 35 €, à paraître le 1er avril 2021.

VIENT DE PARAÎTRE

Pour Napoléon
De Thierry Lentz

Il est des livres qu'on écrit par amour, par passion, par intérêt. Celui-là est né d'un agacement. Celui d'entendre dire sur Napoléon trop de bêtises par des spécialistes autoproclamés des luttes intersectionnelles, qui auraient pu prendre la peine de lire au moins quelques livres, et qui finiraient, si on ne les arrêtait, par réduire l'aventure de Napoléon à celle d'un dictateur « totalitaire », machiste, partisan, par racisme systémique, de l'esclavage, conquérant sans scrupules semant la mort sur son passage, préfiguration de Hitler. Thierry Lentz a surmonté son irritation pour reprendre ici en historien, point par point, le dossier. En émerge la figure exceptionnelle d'un homme de guerre de génie doublé d'un homme d'Etat auquel nulle légende noire ne pourra enlever qu'il a dessiné pour deux siècles le visage de la France moderne. *MDeJ*

Perrin, 220 pages, 15 €.

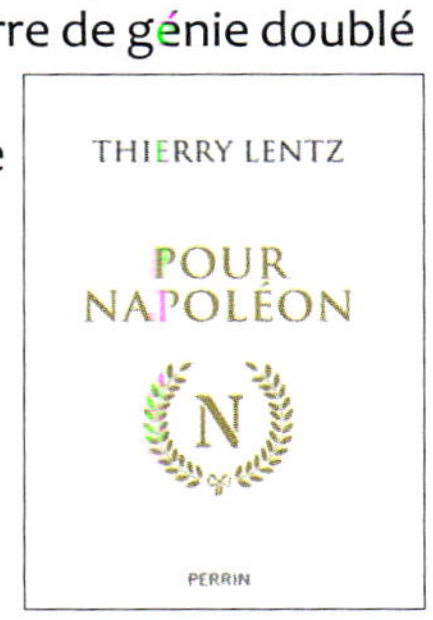

Marengo ou l'étrange victoire de Bonaparte
De Jean Tulard

Marengo occupe une place à part dans la geste napoléonienne. Parce que Bonaparte y a vaincu ses ennemis au terme d'une guerre éclair et que son passage du Grand-Saint-Bernard sur un cheval fougueux a été immortalisé par David ; que Stendhal a assisté à la bataille ; que Balzac en a fait l'arrière-plan de l'un de ses romans les plus ténébreux. Pourtant, tout est faux. C'est Moreau qui a gagné la guerre à Hohenlinden. Bonaparte avait été, par sa faute, à deux doigts de tout perdre. Il avait passé les Alpes à grand-peine sur un modeste mulet. Il n'a dégusté là ni poulet ni nouvelle recette de veau. Stendhal n'y a jamais mis les pieds. Jean Tulard revisite et met en pièces la légende avec une allégresse de jeune homme, une maestria dans la férocité. Une merveille. *MDeJ*

Buchet-Chastel, 208 pages, 19,50 €.

Napoléon. Dictionnaire historique
De Thierry Lentz

Pour l'enfant de dix ans qu'il était en 1969, quand on fêta le bicentenaire de la naissance de l'Empereur, Napoléon était un héros universel, omniprésent. Un demi-siècle et quarante ouvrages sur le Premier Empire plus tard, le directeur de la Fondation Napoléon livre, pour

le bicentenaire sa mort, un *Dictionnaire historique,* passionnant kaléidoscope de la figure de l'Empereur et de son rayonnement politique, militaire, artistique, qui allie l'expertise historique à la clarté du style. On y croise les grands acteurs de l'Empire, les rivaux européens, le peuple, « *toujours chéri et idéalisé, mais peu consulté* » ; on y revit les campagnes de Napoléon, avec sa conception de la guerre, « *une affaire entre Etats qui ne mettait pas fin aux règles d'or de la civilisation* » ; on y découvre l'état du monde et de la France, telle qu'il la construisit et telle qu'il la laissa. *IS*

Perrin, 1 040 pages, 29 €.

Cent Jours
D'Emmanuel de Waresquiel

Dans la nuit du 19 au 20 mars 1815, Louis XVIII quitte les Tuileries. Le 8 juillet suivant, Louis « deux fois neuf » fait sa seconde entrée dans la capitale. Il a connu, entre-temps, l'exil à Gand, les tentatives laborieuses pour recouvrer le pouvoir et le retour humiliant dans les fourgons de l'étranger. Napoléon, en son absence, a ressuscité les passions révolutionnaires pour justifier une aventure sans issue, semant des germes de discorde civile qui empoisonneront tout le XIXe siècle. Emmanuel de Waresquiel met ici sa connaissance exceptionnelle de la période et son merveilleux talent d'écriture au service d'une histoire des Cent-Jours racontée du côté du vaincu. *AP*

Tallandier, « Texto », 688 pages, 12,50 €.

Histoire des Cent-Jours
De Charles-Eloi Vial

Fallait-il un nouveau livre sur les Cent-Jours après ceux d'Emile Le Gallo, de Dominique de Villepin et d'Emmanuel de Waresquiel, sans parler des *Vingt Jours* que j'avais publié en 2001, considérant que tout s'était joué entre le 1er et le 20 mars 1815 ? Charles-Eloi Vial réagit contre « *la vision centralisée* » de la période, en s'intéressant aux réactions de la province. Ce qu'il nous montre, c'est une France apathique, attentiste, pour ne pas dire désabusée, une France silencieuse prise au milieu de deux minorités radicalisées, les blancs et les bleus. Nous voilà loin des envolées lyriques sur le vol de l'Aigle ou de la vision épique de Waterloo. Vial se délecte en revanche des intrigues de Fouché et de Talleyrand, les seuls à garder leur sang-froid. *JT*

Perrin, 672 pages, 27 €.

Napoléon à Sainte-Hélène
De Pierre Branda

Solide historien, directeur du patrimoine de la Fondation Napoléon, l'auteur raconte avec vivacité la captivité impériale, éloignée de l'image populaire de l'Aigle sur le rocher accablé par son sort et ruminant sa gloire passée. Sauf dans ses derniers mois, c'est un Napoléon combatif, soucieux de sa grandeur que l'on côtoie. Branda n'enferme pas son récit dans cette île-prison. Il se rend dans

les capitales européennes d'où l'on surveille de très près le prisonnier. Les uns craignent son évasion, les autres la préparent, certains en rêvent. L'historien a tout lu, tout vu, tout envisagé et dénoué tous les fils de cette histoire plus compliquée que le seul affrontement entre les geôliers et Napoléon. *FV*

Perrin, 480 pages, 27 €.

Les Douze Morts de Napoléon
De David Chanteranne

Rédacteur en chef de *Napoléon Ier, revue du souvenir napoléonien,* David Chanteranne construit une œuvre originale. D'abord *L'Insulaire, les neuf vies de Napoléon,* à travers les îles – Corse, Elbe, Aix, Sainte-Hélène –, puis *Napoléon aux cent visages,* cent portraits commentés, et, en 2021, *Les Douze Morts de Napoléon.* Celui-ci meurt dans son lit après avoir échappé à la mort, entre autres, rue Saint-Nicaise, lors de l'explosion de la machine infernale, à Ratisbonne, victime d'une balle perdue, à Schönbrunn, où Staps n'a pas le temps de le poignarder, à Moscou en flammes et enfin à Waterloo, sans parler d'une tentative de suicide à Fontainebleau en 1814. Le récit de ces « morts manquées » s'organise autour de Sainte-Hélène de façon vivante et sous une forme inédite. Une lecture passionnante. *JT*

Passés Composés, 256 pages, 21 €.

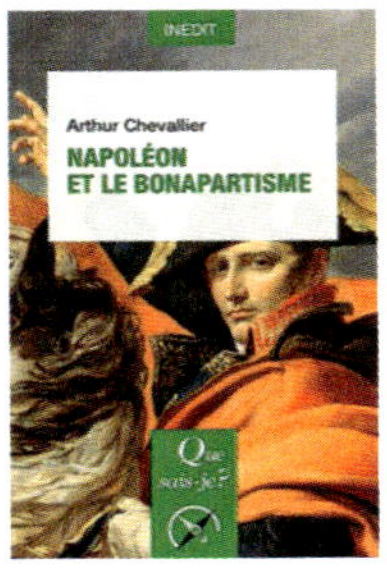

Napoléon et le bonapartisme
D'Arthur Chevallier

Arracher le bonapartisme à la politique pour le rendre à l'histoire et revenir à Napoléon pour comprendre le bonapartisme : c'est le pari relevé par Arthur Chevallier dans ce brillant essai, qui défriche vigoureusement l'aura légendaire de l'Empereur et cerne son œuvre au plus près. Exit la grossière caricature du dictateur : l'auteur démontre à point nommé que Napoléon est d'abord l'architecte d'un Etat de droit qui est encore largement le nôtre et que le bonapartisme est, en dernière analyse, *« l'articulation d'une aventure individuelle, d'une époque et d'une postérité »*. Une mise au point passionnante et salutaire. *GC*

Que sais-je ?, 128 pages, 9 €.

Napoléon, le dernier Romain
De Jacques-Olivier Boudon

Pour avoir voulu imposer ses volontés au monde, pour avoir poursuivi l'immortalité, pour s'être mis dans les pas de César, pour avoir transformé la République française en Empire, Napoléon fut le dernier des Romains. Dans cet essai passionnant, l'Empereur est confronté à ses devanciers de la Rome antique : Jacques-Olivier Boudon montre comment le « Petit Caporal » voulut pérenniser son œuvre civile et glorifier son génie de la guerre. S'il échoua à établir une *pax franca* et à fonder une dynastie, il réussit néanmoins à inscrire son nom dans l'éternité de l'Histoire. *F-JA*

Les Belles Lettres, 168 pages, 21 €, à paraître le 9 avril 2021.

BIOGRAPHIES

Napoléon ou le mythe du sauveur. De Jean Tulard

C'est depuis sa parution en 1977 la biographie de référence autour de laquelle s'est ordonnée la renaissance des études napoléoniennes. Jean Tulard y conjugue le respect des sources, l'art de la synthèse, le souci de faire la part de l'histoire et de sa réécriture par les témoins de l'épopée, la maîtrise de toute la littérature spécialisée à laquelle renvoie chacun de ses chapitres.
Elle reparaît aujourd'hui à l'occasion du bicentenaire avec un supplément qui fait le point sur l'évolution de la bibliographie, l'apparition de nouveaux documents, l'état actuel de la question.
A l'heure où ses premiers disciples abordent l'âge de la retraite, Jean Tulard n'a rien perdu de son alacrité. Il s'y impose par sa précision, son art d'aller à l'essentiel en même temps que par un bonheur d'écrire inentamé. *MDeJ*

Pluriel, 544 pages, 12 €.

Napoléon et les siens. Un système de famille
De Vincent Haegele

Conservateur des bibliothèques de Versailles, Vincent Haegele entreprend un véritable retour aux sources afin d'atténuer la noirceur du portrait du clan Bonaparte, rongé par la cupidité, pour en révéler une image plus fidèle à l'Histoire. Depuis le berceau corse jusqu'en 1815, il campe la silhouette de chacun des membres de cette dynastie, signant un ouvrage aussi dense que plaisant. *C-EC*

Perrin, 450 pages, 24,90 €.

Bonaparte
De Patrice Gueniffey

Quand survient cet instant unique où *« l'homme sait à jamais qui il est »* ? Tel est, au-delà de l'analyse brillante des événements qui portèrent Bonaparte au consulat à vie, le centre de gravité de l'ouvrage que Patrice Gueniffey consacre au personnage, à sa psychologie, à son destin, à sa complexité. Pointant la contradiction historiographique qui veut que, d'un côté, Bonaparte n'ait été qu'aventure et volonté de puissance et, de l'autre, qu'il n'ait été que le fruit des circonstances et le fils de la Révolution, Gueniffey suggère des réponses lumineuses, à l'extrême bord d'une histoire introspective et intimiste.
Un livre remarquable par son ampleur et l'originalité de son uestionnement. *EdeW*

Gallimard, « Folio histoire », 1 120 pages, 14,90 €.

Talleyrand. Le prince immobile
D'Emmanuel de Waresquiel

Fut-il un génie de la diplomatie, un grand seigneur roué, un évêque apostat, un visionnaire, un opportuniste, une canaille ? Ou tout cela à la fois ? *« Je veux que, pendant des siècles, on continue à discuter sur ce que j'ai été »*, aurait-il déclaré. Talleyrand a été exaucé. Rarement biographe aura su aussi bien se hisser à la hauteur de son modèle pour lui donner chair et vie en même temps que cohérence et intelligibilité, associer l'ironie, le plaisir de lecture, la subtilité. La biographie d'Emmanuel de Waresquiel est un chef-d'œuvre. *MDeJ*

Tallandier, « Texto », 1 088 pages, 12,90 €.

Fouché. Les silences de la pieuvre. D'Emmanuel de Waresquiel

Les temps troublés font le bonheur des aventuriers, des carriéristes, des opportunistes et des grands carnassiers qui veulent planter leurs crocs au festin du pouvoir. Préfet des études chez les Oratoriens, régicide, ministre de la Police de Bonaparte, comte d'Empire, duc d'Otrante, président du gouvernement provisoire, ministre de Louis XVIII, Joseph Fouché réussit à traverser crises et bouleversements avec une aisance hors du commun. Avec la plume qui n'appartient qu'à lui, Emmanuel de Waresquiel ressuscite l'itinéraire inouï de ce personnage, en même temps qu'il brosse un tableau fascinant de la période révolutionnaire et livre, par l'exemple de « la pieuvre », un précis d'arrivisme à l'usage des apprentis Rastignac de notre temps. *J-LT*

Tallandier, « Texto », 992 pages, 12,90 €.

Joséphine. De Pierre Branda

Au crépuscule de sa vie, l'Empereur se souviendrait d'elle comme « *la personne la plus remplie de grâce qu'[il] ai[t] jamais vue* ». Un alliage de finesse, d'élégance, de sensualité, et de sens politique. De son enfance en Martinique à son couronnement à Notre-Dame, Pierre Branda mène l'enquête sur l'« incomparable Joséphine », et offre à son lecteur une biographie passionnante, au récit alerte, qui dépasse les éternelles considérations sur l'envoûtante féminité de Joséphine pour analyser la femme de pouvoir, qui, jusqu'au bout, voulut rester au centre du jeu politique. *IS*

Perrin, « Tempus », 604 pages, 10 €.

DÉJÀ CLASSIQUES

Dictionnaire Napoléon. Sous la direction de Jean Tulard

Avec cette somme impressionnante, Jean Tulard et son équipe nous mènent pendant quelque 2 000 pages dans les couloirs, près des chausse-trapes mais aussi devant les hautes figures et sur les grandes étendues de l'épopée napoléonienne. On sait tout sur l'Etrurie comme sur Cambacérès ; sur Marie Walewska comme sur les perroquets de Joséphine. Chaque consultation fait ricochet et l'on voudrait passer des heures à se perdre dans ce fleuve. *VTV*

Fayard, 1 977 pages, 65,90 €.

15 août 1811. L'apogée de l'Empire. De Charles-Eloi Vial

Beaucoup ont cherché dans l'année 1811 les « *signes avant-coureurs d'une crise globale du système* » napoléonien. La nouveauté que propose Charles-Eloi Vial consiste à les traquer à travers une journée : celle du 15 août 1811, fête nationale de l'Empire. En la scrutant à travers différents points d'observation (les Tuileries, la France, l'Empire entier), il dresse un panorama en forme d'enquête sur un système napoléonien atteint de plein fouet par les effets du Blocus continental. En s'attachant à l'algarade dont l'Empereur accabla ce soir-là l'ambassadeur de Russie, il donne à comprendre comment se décida la guerre qui entraîna Napoléon dans la désastreuse campagne de 1812 et finit par enterrer son règne.

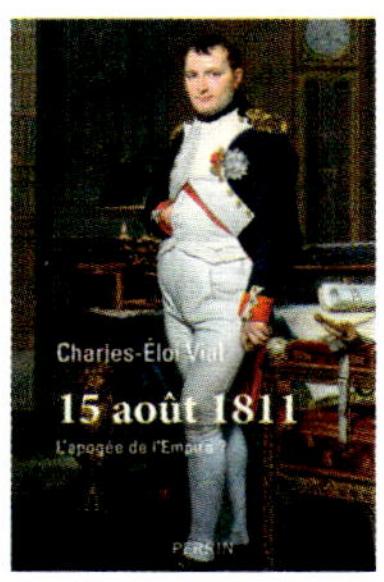

Un livre magnifique, récompensé par le grand prix du livre d'histoire du *Figaro Histoire*. *GC*

Perrin, 432 pages, 24 €.

L'Art militaire de Napoléon. De Jacques Garnier

Après avoir publié l'intégralité des *Bulletins de la Grande Armée* et révélé « *les secrets de Waterloo* », Jacques Garnier confirme dans *L'Art militaire de Napoléon* qu'il est l'un des meilleurs connaisseurs des campagnes napoléoniennes. A travers l'analyse très détaillée de ses campagnes, l'auteur montre ce fameux instinct qui conduit Napoléon à donner sur le champ des ordres fulgurants et décisifs. Mais il est aussi un parfait stratège, sachant préparer un combat. C'est le cas à Austerlitz où tout se déroule selon le plan prévu et où toutes les fautes de l'ennemi ont été sciemment provoquées. Alors pourquoi Napoléon n'a-t-il pas été un perpétuel vainqueur ? Jacques Garnier note à juste titre que « *son pire ennemi n'aura été autre que lui-même. C'est sa démesure qui le conduira à la défaite finale* ». *JT*

Perrin, 352 pages, 23 €.

ALBUM

Napoléon. L'esprit des lieux. D'Annabelle Matter, Alexis Gerard et Jean-Christophe Buisson

De la pointe corse de la Parata à la mosquée Al-Azhar du Caire, des champs de bataille aux palais que remeubla Napoléon, Annabelle Matter et Alexis Gerard ont parcouru 140 000 kilomètres et visité 403 lieux sur les traces de l'Empereur. Cette odyssée photographique, rehaussée par la prose vivante de Jean-Christophe Buisson, trouve son point d'orgue sur l'île de Sainte-Hélène, dans la maison aux volets verts d'où Napoléon livra sa dernière bataille contre la mort. *F-JA*

Michel Lafon, 220 pages, 35 €.

L'étoffe des songes

Par Jean-Marie Rouart, de l'Académie française

Napoléon est entré vivant dans le mythe. Sa vie tout comme l'éclat de sa légende sont devenus source d'inspiration pour toutes les générations.

Napoléon ne s'y est pas trompé. Il s'exclamait : *« Quel roman que ma vie ! »* Mais on pourrait ajouter : quel roman, en effet, non seulement pour ses contemporains, mais pour nous tous. Et c'est peut-être là la clé de l'emprise de sa légende sur les Français, mais aussi sur tous les peuples qui, comme les Russes ou les Anglais, auraient pu légitimement lui tenir grief de ses conquêtes. C'est que Napoléon a réussi le prodige de dépasser son personnage historique de première grandeur pour entrer vivant dans le mythe. Et s'il appartient aux historiens qui ne se sont pas fait faute d'analyser son action et sa vie sous toutes les coutures, il a des relations secrètes avec la littérature. Les écrivains ont compris qu'il était un des leurs. Non pour avoir écrit quelques fadaises de jeunesse comme *Clisson et Eugénie*, mais parce que son destin plongeait ses racines dans le monde ténébreux de l'irrationnel, dans les arcanes de l'invisible et du surnaturel. Sa vie comme celle de don Quichotte, de Rastignac, de Rubempré, de Fabrice Del Dongo et du prince André nourrit notre imagination, attise notre réflexion, aiguise notre volonté, stimule notre ardeur.

J'ai écrit d'une manière qui pouvait paraître emphatique que Napoléon m'avait sauvé la vie. Je m'explique : à dix-huit ans, pauvre, vivant dans une chambre de bonne, échouant régulièrement à mon bac, quitté par une petite amie qui ne voulait pas être entraînée dans le maelström de mes échecs, j'éprouvais la tentation du néant. Je fus sauvé, miraculé, par la lecture du *Mémorial de Sainte-Hélène*. Je découvris un grand frère en désespoir, un mal-aimé, qui avait connu des échecs à répétition, mais avait tiré de l'adversité un prodigieux ressort. Le vrai, c'est qu'on peut s'identifier à Napoléon (sans pour autant être interné à Sainte-Anne). Alors que, toute révérence gardée, il ne vient à personne l'idée de s'identifier à Richelieu, à Louis XIV ou à De Gaulle. Ce sont des portraits en pied solennellement figés dans la grande galerie de l'Histoire et qu'on n'a nulle envie de déranger pour nous aider à régler nos petits problèmes personnels. Ce ne sont ni des amis ni des frères qui peuvent vous chuchoter à l'oreille des leçons de vie. Comme le font les héros de romans que nous chérissons.

Balzac aurait bien voulu être Napoléon. Ne le pouvant pas, il a insufflé à tous ses personnages la formidable énergie du Corse. A leur manière, ce sont des demi-solde. La disparition de leur Grand Maître dans l'ordre des hautes ambitions les a laissés désemparés. Que ce soit Rastignac pour la bonne société, Vautrin pour la mauvaise, ou le parfumeur César Birotteau écrasé par son ambition et qui connaît un Waterloo commercial, tous réorchestrent, dans un mode mineur et dans un monde médiocre, la grande épopée dont ils ne peuvent se guérir. Mais Fabrice Del Dongo, et Julien Sorel, Raskolnikov, ou Bel-Ami, ou le Sturel de Barrès, voire Barrès lui-même, ont été allaités par la légende. Elle pénètre si profondément les êtres, écrivains ou non, que De Gaulle reconnaissait devant Malraux que c'était l'exemple de Napoléon, immortel dans l'inconscient collectif, qui avait mené tant de jeunes gens intrépides à la France libre. Et nous-mêmes, grâce à lui, combien de batailles avons-nous gagnées dans nos rêves ?

Julien Gracq éprouvait un moment de stupeur en voyant accolés ces deux noms « Napoléon, Stendhal », l'Empereur, un besogneux consul à Civita-Vecchia, une gloire tonitruante et, pour ses contemporains, le plus obscur des romanciers méconnus. Et malgré tout, dans la mystérieuse mythologie de notre temps, ils se rejoignent dans l'imaginaire et s'égalisent. Chateaubriand ne s'y est pas trompé, tour à tour adulateur, contempteur, il prend conscience de l'importance de son grand rival, le seul à la mesure de cet orgueilleux Narcisse, et il le rallie outre-tombe. Sachant les caprices de la postérité, il décide, tout bien pesé, d'accrocher son char à cette étoile qui brillera dans l'avenir d'un éclat incomparable pour être certain qu'ils franchiront ensemble le cap périlleux de la postérité. Et après lui, Hugo, Vigny, Léon Bloy, Barrès, Drieu la Rochelle, Aragon, tous vont interroger le sphinx des Invalides pour tenter de comprendre cet entêtant mystère : l'énigme de la destinée.

Le sphinx des Invalides

Dans son *Napoléon, ou la destinée* (Gallimard, 2012), Jean-Marie Rouart *(en haut)* a voulu faire revivre un *« autre Napoléon, un homme souvent au bord du gouffre qui s'efforce de déchiffrer l'énigme de sa destinée »*.